ESG, ESD 두번째

지속가능한 영유아학습공동체 실천 이야기

이금자 · 김희진 지음

차례

머리말 · 4

제1장 교사학습공동체

│ 들어가며_ 협의의 문화를 만들어 가는 일 · · · · · · · · · · · · · · · · · 12
1. 놀이학습공동체의 시작: 문을 열다 · 16
2. 장(場)을 열다 · 22
3. 머무르다 · 30
　　사례 1　 · 30
　　사례 2　 · 47
4. 우리는 왜 함께 배우는가? · 61

제2장 원장연구소모임

│ 들어가며_ 우리가 가진 물음들 · 66
1. 원장으로서 나, 나라는 원장 · 79
2. 우리가 만들어 간 공동체 · 86
3. 돌봄의 관계로 맺어진 우리 · 90
4. 그래서 우리 모임은 여전히 ING: "지속할 수 있는 성장을 위한 우리의 협력과 연대" · · · 106
5. 우리 어린이집, 어떻게 만들어 나갈까? · · · · · · · · · · · · · · · · · 118
6. 마지막: 사랑을 주고받는_공동체를 지향하며 · · · · · · · · · · · · 133
7. 원장님들의 참여 후기 · 135

제3장 더좋은보육채널을 아시나요?

| 들어가며_ 그 시작, 나를 돌아보는 일 ··· 140
1. 공동체를 바라보는 나의 시선 ··· 143
2. 가치를 공유하는 리더 ·· 146
3. 우리가 일하는 방식: 함께, 대화, 선한 가치, 나다운 ················· 149
4. 우리가 만들어 가는 더좋은보육채널 ······································ 163
5. 마음을 잇는 공동체의 교육적 만남 ·· 167
6. 가치 실현을 고민하는 연구원들 ·· 170
7. 서로 지어져 가는 공동체 ·· 176

제4장 현장 실천을 돕는 자료

1. '협력공동체(Governance)'로 그리는 어린이집 운영 계획안 ······· 182
2. 돌봄의 윤리(S)를 실천하는 학급 운영 계획안 ························· 190
3. 지속가능한 공동체를 만들어 가며 성찰을 돕는 '근본 물음들' ····· 200
4. 지속가능한 실천을 돕는 학습공동체 계획안 ··························· 206
5. 부모공동체 지원을 위한 계획안 ·· 211

참고 문헌 ·· 216

머리말

나를 가꾸듯 우리를 가꾸는 정원, '우리'가 함께 머무는 공동체
　'영유아 교육기관'이라는 정원에는 살아 숨 쉬는 생명체들로 가득하다. 정원에는 민들레, 봉숭아 꽃, 장미, 애기똥풀, 들풀들. 이름 모를 자그마한 생명체 하나하나가 어우러져 있다. 거대한 나무가 홀로 그늘을 만들지라도 혼자만으로 정원일 수는 없다. 하찮아 보이는 들풀이어도 여럿이 자기에게 주어진 토양에 뿌리를 내리는 시간을 보내야 비로소 정원이라 부른다. 겉으론 그저 그런 정원 같아 보여도 그 안으로 들어가 보면 저마다 독특한 형질을 지닌 식물들이란 걸. 더 가까이, 더 자세히 보아야 보이는 것들이다. 정원에 모여 사는 생명체들은 저마다의 서사가 있는 건 분명해 보인다.

　이 정원을 잘 가꾸려면 식물들 하나하나의 특성과 성질을 잘 아는 '정원사'가 있어야 한다. 좋은 땅은 주인이 정성을 다하고 책임감이 뒤따라야 형질을 유지할 수 있다. 주인이 버린 땅은 금세 억 센 풀들이 순식간에 땅을 삼켜 버리기도 한다. 아무리 허술해 보이는 땅일지라도 주인의 손끝에서 만드는 정성이 있다면 언젠가는 열매를 맺기 마련이다.

　<u>영유아 교육기관은 하나의 정원과 같이 고유한 형질을 품고 있다. 이 정원은 하나의 공동체로도 보인다.</u> 이름 모를 풀들까지도 품어야 비로소 우리가 함께 거주할 토양으로 '공동체'가 된다. 생명체들은 공동체에서 배우고 성장하기도 하며 나름의 방식으로 자기 정체성을 만들며 산다. 다음 세대에 물려줄 꽃밭은 먼저는 자기가 어떤 존재인지를 이해하고, 그 안에서 자기 역할을 알아 간다. 때론 거센 바람을 맞아 강제로 재배치를 해야 할 순간들을 버틸 때도 있다. 이 시간을 통과한 생명체들은 또 하나의 열매를 맺는 기쁨을 맛볼 수 있다. 어쩌면 모든 살아 있는 생물들은 자신이 어떤 정원에서 살고 있는지도 모른 채 하루하루 주어진 상황에 살기에 급급한지도 모른다. 비록 인식하는지 몰랐더라도 우리는 모두 어느 정원에 살고 있고, 그 공동체와 상호작용하며 배우고 성장해 나가는 존재들이 아닌가.

영유아 교육기관의 학습공동체는 정원을 어린이집 공동체로 비유한 우리의 시적 상상력에서 시작되었다. 이 그림은 고정된 것도 아니고 불변의 구조도 아니다. 서로가 서로와 관계를 잇고 연결 지어 가는 독특함을 가진 공동체이다. 정원을 통해 배움과 성장을 꿈꾸듯 영유아 교육기관 교사들은 이들 관계 안에서 저마다의 의미를 생성해 나가며 앎을 엮어 간다. 여기서 우리가 주목한 점은 영유아 교육기관과 같은 '공동체'에서 교사와 원장님들이 교육의 변혁적인 주체라는 것이었다. 미래 교육의 주체로서 이들이 잘 세워지려면, 먼저 그들이 지속가능한 성장을 만드는 거버넌스(G)와 사회(S) 가치들을 경험해야 하지만, 그런 경험을 해 본 사람은 드물었다.

ESD에서 교육자들은 변혁적인 역할을 해야 할 몫이 있다. 시민으로 살아가는 사람이자, 배움과 성장을 지속적으로 추구하는 영유아 교육기관의 교사와 원장은 기관의 경계를 넘어서도 학습공동체를 만날 수 있어야 한다. 영유아 교육기관은 사회와 연결되어 있고, 그 사회에 속한 영유아 교육자들 또한 주어진 기관의 틀을 넘어서 다른 기관, 영유아 교육기관 밖의 사회에서도 앎을 엮어 가는 학습하는 존재이기 때문이다. 교사들은 영유아 교육기관이라는 공동의 장에서 모두가 더불어 성장을 꿈꾸며 의미를 만든다.

지난해 책 발간 이후에, 우리는 생성되는 질문들에 고민이 되었다. '학습공동체 안에서 배움을 잇도록 하면 교사들과 원장님들은 어떤 배움을 얻게 될까?', 'ESG·ESD 가치를 실행하는 교육자들은 어떤 고민을 경험할까?', '지속가능한 미래를 위한 ESG·ESD 가치로 어떤 실천을 해야 할까?', '더 나은 실천을 하기 위해 어떤 지원이 필요할까?' 등. 이러한 질문과 문제의식은 본격적인 교육적 실험에 시발점이 되었다. 우리는 영유아 교육기관의 지속가능한 성장을 위해 몇 개의 학습공동체를 구상하였고, 학습공동체는 2024년 12월부터 2025년 7월까지 운영하게 되었다.

"지속가능한 성장을 위한 학습공동체 이야기"를 시작하며

요즘 우리는 유례없는 변화의 시기를 지나고 있다. 영유아 교육 현장은 유보통합, 평가제 개편, ESG·ESD 확산이라는 커다란 전환점을 맞이하고 있다. 교사와 원장 그리고 이해관계자들은 교육의 방향과 운영 방식을 새롭게 고민해 왔고, 그 대안적인 방법으로 '학습공동체'가 중심에 있는 듯하다. 일반적으로 학습공동체의 4가지 전제 조건은 '공유된 가치와 비전 설정', '반성적인 대화', '동료 교사 간의 협력성', '학생(학습자) 학습에 중점'으로 본다. 우리가 만드는 학습공동체는 '반성과 성찰', '대화', '협력', '놀이 중심'의 요소들은 핵심 가치이자 교육 방법으로 스며들게 하였다. 학습공동체는 교사와 원장, 부모와 지역사회가 함께 성장하고 서로에게 배움을 지향하였다. 우리가 생각하는 학습공동체는 아이들의 더 나은 삶을 위한 환경을 만들어 가는 살아 있는 운동이다. 이 책은 바로 그 운동을 실제로 경험하며 우리의 실험을 기록하고 해석한 이야기이다.

이 책은 이론이 아니다. 실제로 영유아 교육기관의 교사와 원장님들로 구성한 학습공동체 운영 내용과 원리를 담은 '실무서'에 가깝다. 지난 몇 년간 '더좋은보육채널'은 전국의 육아종합지원센터와 협력하여 수많은 교사와 원장님들과 학습공동체를 직접 운영했으며, 이 과정에서 실천 노하우를 축적해 왔다. 이러한 여정 속에서 우리는 몇 가지 사실을 확신하게 되었다.

- 지속가능한 교육 현장은 '공동의 성찰과 실천'에서 시작된다.
- 좋은 교육은 좋은 관계에서 비롯된다. 그리고 관계는 대화와 나눔을 통해 형성된다.
- 교사와 원장이 학습자이자 협력자로 있을 때, 조직은 변화하고 아이는 자란다.

책은 총 4장으로 구성했다. 각 장은 학습공동체를 이끌고자 하는 영유아 교육기관과 이해관계자들에게 새로운 시선을 더하는 사례들과 현장의 실천을 돕는 자료들을 포함하고 있다.

제1장: 교사학습공동체 - 협의의 문화를 만들어 가는 일

교사들이 함께 모여 '우리 반 아이들은 어떻게 놀이하였는가'라는 질문에서 시작하여, 수업과 돌봄을 넘어 관계, 감정, 실천의 언어로 성장해 가는 과정을 다루었다. 이 장에서는 지속가능발전교육(ESD)을 실천하는 학습공동체와 놀이 소모임의 운영 사례를 보여 주었다. 교사들이 학습공동체를 통해 어떠한 배움과 성장을 경험했는지, 이 내용에서 우리가 앞으로 지속가능한 학습공동체를 운영하는 데 성찰과 통찰을 더하며 새로운 상상력을 이어 가도록 지원한 사례를 담았다.

제2장: 원장연구 소모임 - 말하다, 생각하다, 실천하다: 지어져 가는 해석 공동체

원장님들이 모여 서로의 운영 철학, 자기 이해와 성찰, 어린이집 공동체에 대한 시선, 붙잡아야 할 가치에 관한 핵심 질문을 통해 성찰하고 숙론하는 시간에서 나눈 이야기를 해석한 내용이다. 원장연구 소모임은 어린이집이라는 공동체를 운영하는 리더로서 각자 무엇이 최선인지를 찾아가며 이 과정에서 서로에게 배우고 스스로 깨달으며 배움과 성장을 만들었다. 원장님들의 학습공동체는 성찰과 반성의 시간, 통찰이 더해지면서 다시 현장으로, 다시 삶으로 연결되었다. 지속가능한 공동체 운영의 주체로서 원장님들에게 진짜 필요한 건 무엇인지 이 사례를 통해 지혜를 얻는다. 이 장에서 우리는 원장님들의 목소리를 귀 기울여 볼 기회를 얻을 수 있다. 서로가 서로에게 지어져 가는 해석공동체에서 원장님들의 생생한 시선을 만나며 앞으로 우리가 나아갈 길을 상상하도록 도전한다.

제3장: 더좋은보육채널을 아시나요? - '가치'로 세워지는 공동체

우리는 학습공동체가 영유아 교육 현장의 여러 형태로 실천해 오도록 이끈 주체가 더좋은보육채널이란 걸 깨닫게 되었다. 처음 후속작을 기획할 때는 한 번도 상상하지 않았던 생각이었다. 우리가 지향하는 학습공동체 운영 방식이나 내용은 더좋은보육채널이라는 공동체 안에서 공유해 온 가치이자 문화였다. 이 안에서 함께 사고를 공유하고 무엇을 현장에 나눌지를 고민하던 우리의 시선들은 그 자체가 공동체적 성격이 있었다. 더좋은보육채널이란 공동체의 이야기는 또 다른 형태의 학습공동체 사례로 볼 수 있다. 그동안 더좋은보육채널이 지향해 온 가치들이 세부적인 사업들에 어떻게 스며들었는지, 어떤 의미가 있는지를 되짚어 보고 해석한 내용을 담았다. 앞으로 새로이 실천해 나갈 영유아 교육기관과 이해관계자들이 '사회적 책임 주체'로 서야 하는 이유와 방향을 재정향하는 데 조금이라도 시선을 더할 수 있길 바란다.

제4장: 영유아 교육기관에서 학습공동체를 실천하도록 돕는 자료

'협력공동체(Governance)'로 그리는 어린이집 운영 계획안, 돌봄의 윤리(S)를 실천하는 학급 운영 계획안, 지속가능한 공동체를 만들어 가며 성찰을 돕는 '근본 물음들', ESG·ESD 가치로 그리는 학습공동체 운영. 지속가능한 실천을 돕는 학습공동체 계획안 등 현장에서 학습공동체를 실천하는 데 돕는 실제 자료들을 포함하고 있다. ESG·ESD 가치를 반영하여 여러 학습공동체를 현장에서 실천해 나갈 때 실질적으로 적용할 수 있으므로 편의성은 있으나, 공유해 드리는 사례에 제한받지 않고 현장의 특성과 여건을 고려하여 유연하게 활용할 수 있다.

이 책은 각자의 관심사에 따라 필요한 부분부터 읽어도 무리 없이 읽을 수 있는 실천서이다. 우리는 교사들, 원장님들의 목소리를 있는 그대로 독자들에게 들려주고 싶었다. 크게 분류한 세 가지 유형의 사례는 학습공동체를 운영한 점은 그리 다르지 않다. 교사들이 놀이를 매개로 학습공동체를 실천해 온 사례, 원장님들이 지속가능한 좋은 어린이집을 만들기 위해 실천공동체를 운영한 사례 그리고 이러한 사업을 운영해 온 더좋은보육채널은 모두가 '학습공동체'를 통한 더 나은 배움으로 함께 성장을 목적을 두고 실천했다. 다만 서로 다른 주체가 모여 있었기 때문에 그 모임을 풀어 나가는 방식과 실천은 조금씩 달랐다. 우리가 실천한 지속가능한 성장을 위한 학습공동체 운영 체계나 전문성 지원 방법은 영유아 교육기관의 이해관계자들에게 하나의 '새로운 시선'이 된다면 그것으로도 우리에겐 의미 있고 감사한 일이다.

감사의 마음을 담아

　이 책은 두 사람만 쓴 책이 아닙니다. 하나의 책이 나오기까지 수많은 사람의 기다림과 수고가 뒷받침되었음을 알기에 이번에도 그 시간을 든든히 함께해 준 학습공동체 선생님들, 원장님들께 감사의 마음을 전합니다. 매주 바쁜 일과 후에도 모임에 참여하여 아이들과의 하루를 진솔하게 나눠 주신 선생님들, 기관의 문을 흩짝 열고 학습공동체의 가능성을 믿고 지지해 주신 원장님들(수정삼성·에버랜드·시립광교풍경채·삼성바이오드림파크 어린이집) 그리고 함께 고민하고 이론을 연결하며 좋은 어린이집을 만들기 위해 마음을 다해 실천해 주신 원장연구 소모임의 모든 원장님들(유진선·이선주·이영미·이영은·최양윤·홍정선)께 깊은 감사의 마음을 전합니다. 여러분이 있었기에 우리는 '더 나은 보육'을 꿈만 꾸는 것이 아니라, 한 걸음씩 현실로 만들 수 있었습니다.

　늘 곁에서 존재만으로도 감사한 부모님과 가족들, 교회 공동체 그리고 함께하는 가치를 증명해 준 더좋은보육채널 김나래 책임연구원, 민은정 연구원에게도 고마운 마음을 전합니다. 하나님이 허락하신 공동체에서 더 낮은 마음으로 더 선한 가치를 나누며 살기를 다시 다짐하며 책장을 마무리합니다.

2025년 9월
ESG·ESD 두 번째 책을 전하며
이금자·김희진 드림

제1장 교사학습공동체

ESD를 지원하는 교사협력공동체
놀이를 이해하고 지원하는 교사들의 모임

들어가며_ 협의의 문화를 만들어 가는 일

✽ 김희진

더좋은보육채널의 학습공동체는 '교사 스스로가 자기 자신과 서로를 신뢰하며 전문적으로 함께 성장하는 문화를 만드는 일'을 지향한다.

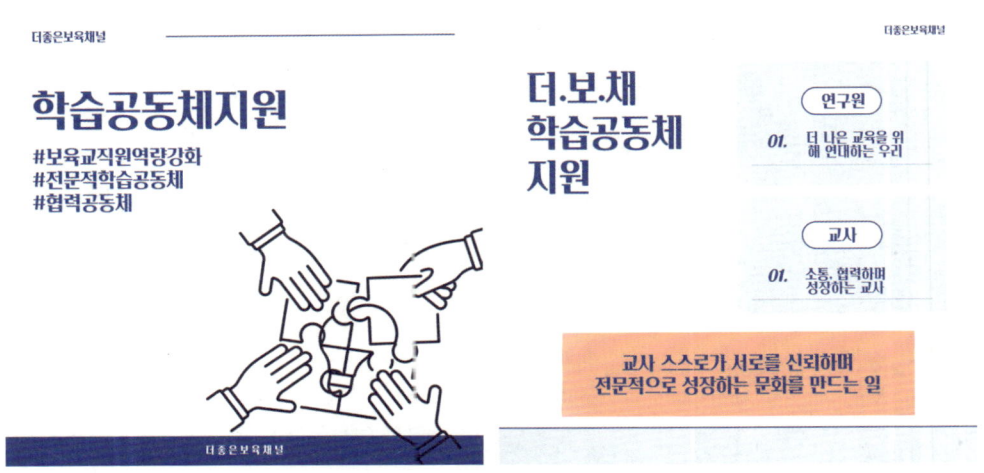

유네스코(2022)는 『함께 그려보는 교육의 미래 – 교육을 위한 새로운 사회계약』을 통해 교사는 지속가능한 미래를 만들기 위한 변혁의 핵심 주체임을 강조하며, 공적이면서도 개인적인 교육의 복잡한 과정을 수행하기 위해서는 '풍요롭고 협력적인 교사 커뮤니티(유네스코, 2022:90)'가 필요하다고 주장한다. 나아가 교사의 역할은 '협력적 직업(유네스코, 2022:91)'으로 재정립되어야 한다고 말한다. 교사는 학생과의 교육적 만남을 통해 함께 참여하고 협력하며, 교육의 전 과정에 능동적으로 참여해야 하는 존재이기 때문이다.

이를 기반으로 유네스코(2022)는 교육을 위한 교사의 전문성 함양을 위한 대화와 행동의 원칙을 다음과 같이 설명한다.

첫째, 협력과 팀워크는 교사 역할의 핵심적인 특징으로 자리매김해야 한다.

가르치는 일은 더 이상 교사가 문을 닫은 교실 안에서 홀로 학생을 이끄는 개인적인 활동에 머물러서는 안 된다. 교사는 학생의 학습을 보다 정교하게 지원하기 위해 동료 교사 및 타 전문 인력과의 협력 속에서 실천해야 하며, 이러한 협력은 교사에게 새로운 통찰과 아이디어를 제공하는 공동의 파트너십을 통해 가능하다.

둘째, 지식 생산과 성찰, 그리고 연구는 교수 활동의 본질적인 일부로 통합되어야 한다.

실천에 기반한 지식을 구성해 나가는 교사의 전문성은 이론과 실천의 연계를 필요로 하며, 이는 개인적·집단적 성찰을 통해 확장된다. 교사는 성찰적 실천가로서의 정체성을 갖고, 동료와의 대화를 통해 자신의 교육 실천을 언어화하며, 그 의미를 재구성해 나가는 과정을 통해 전문성을 심화시킬 수 있다.

셋째, 교사의 자율성과 자유는 교육적 실천을 지속가능하게 만드는 핵심 기반이다.

교사는 지속적인 탐구와 지적 참여를 통해 학습자로서 성장해야 하며, 이를 위해 신뢰와 안전이 보장되는 조직 문화 속에서 개방적이고 주체적으로 일할 수 있어야 한다. 이러한 문화는 교사로 하여금 새로운 사고와 시도를 가능하게 하며, 기관에 대한 소속감과 주인의식을 형성하게 한다.

넷째, 교사는 교육의 미래에 대한 공공 담론과 사회적 대화에 적극적으로 참여해야 한다.

이는 의견의 개진을 넘어서 교사의 성찰과 실천이 사회적 의사결정 과정에 영향을 미칠 수 있어야 함을 의미한다. 이를 가능하게 하기 위해서는 교사의 목소리가 존중받고 반영될 수 있는 제도적 구조와 환경이 함께 마련되어야 한다.

특히 놀이 중심 교육과정을 운영하는 영유아 교사는 주체적으로 교육과정을 해석하고, 그에 기반하여 영유아의 놀이를 이해하고 적절히 지원하는 실천가로서의 역할을 수행해야 한다. 때문에 영유아 교사에게는 더욱 필요한 역량이 있다(이경화 외, 2018). 그 역량을 살펴보면 다음과 같다. 먼저 교사에게는 눈앞에 보이지 않는 대상을 재현할 수 있는 재현적 기능과 기존의 경험을 토대로 이미지를 재구성하고 창안하는 능력인 '상상력', 구성원 간의 대화를 통해 사회문화적 맥락을 고려한 아이디어를 도출하기 위한 '집단 창의성', 다양한 문제 상황을 지적으로 해결해 나가며 실천적 지식을 형성해 나가기 위한 '반성적 사고', 영유아, 학부모와의 관계 맺음을 위한 '공감 능력'이 필수적 역량이다(이경화 외, 2018).

이는 유네스코(2022)가 제시한 지속가능한 교육을 위한 '대화와 행동의 원칙'과 밀접하게 연결되어 있다. 교사의 상상력은 자율성과 자유가 보장되는 공동체 안에서 비로소 안전하게 표현될 수 있다. 학습공동체는 정답을 요구하지 않고 다양한 가능성을 탐색하는 문화를 지향하며, 교사가 자신의 교육적 상상을 펼치고 실험해 볼 수 있는 장이 된다. 여기서 교사는 '새로운 놀이의 가능성', '다른 방식의 지원' 등을 상상하며 교육과정의 경계를 유연하게 넓혀 간다.

집단 창의성은 공동체 구성원 간의 협력과 팀워크 속에서 촉진된다. 학습공동체는 교사들이 서로의 놀이 관찰, 기록, 해석을 나누며 하나의 놀이를 다방면으로 바라보고 재구성할 수 있는 협력의 공간이다. 이는 단순한 정보 교환을 넘어 실천을 만들어 가는 창의적 협업의 과정이다. 반성적 사고는 학습공동체의 핵심 동력이다. 교사들이 자신의 실천을 언어화하고, 동료의 시선을 통해 다시 조망하며, 의미를 재구성하는 과정이 바로 집단 성찰의 과정이며, 이것이 곧 실천에 기반한 지식 생산을 가능하게 한다. 학습공동체는 성찰이 개인의 내면에 머무르지 않고 공동의 지식이 되도록 돕는 지적 공간이다.

마지막으로, 공감 능력은 학습공동체가 '관계적 윤리'를 실현하는 문화 공간이 되도록 한다. 교사는 동료의 고민과 실천을 존중하며 듣고, 서로의 이야기를 자신의 질문으로 받아들이는 태도 속에서 교육의 공공성과 공동체의 사회적 역할을 함께 자각하게 된다. 이는 곧 교사들이 사회적 대화와 교육적 의사결정의 주체로 설 수 있도록 하는 기반이 된다.

이러한 교사의 전문성을 함양하기 위한 실천적 장으로서 학습공동체는 집합 교육 형태의 연수나 일방적인 피드백을 제공하는 장을 넘어서야 한다. 교사들이 함께 놀이를 관찰하고, 그 의미를 탐색하며, 자신의 신념과 실천 사이에서 끊임없이 성찰할 수 있도록 돕는 공간이어야 한다. 특히 동료와의 깊이 있는 소통과 협력은 개별 교사의 성찰을 풍부하게 하고, 실천을 변화시키는 계기로 작용한다. 공동체는 이러한 상호작용을 통해 교육과 놀이에 대한 고유한 의미를 함께 발견하고, 공유된 방향성을 형성해 나가는 실천 기반의 장이 되어야 한다.

'더좋은보육채널(이하 더보채)'의 연구원들은 이러한 학습공동체 철학을 바탕으로, 교사들이 마음을 열고 자기 자신을 표현할 수 있는 장을 마련해 왔다. 이는 교사 개개인의 실천이 타인의 평가로 위축되는 것이 아니라, 서로의 신뢰 속에서 오히려 확장될 수 있다는 가능성을 보여 준다. 이 과정에서 교사들은 자신의 고민과 질문을 자유롭게 나누며, 평가받는 존재로서의 두려움을 내려놓고, 더 나은 놀이 지원을 위한 성장을 향한 '열망'을 품게 된다. 즉, 더보채의 학습공동체는 교사들이 서로를 지지하며 함께 성장하는 문화를 창출하는 실천의 공간이며, 이를 통해 교사들은 자신의 전문적 정체성을 스스로 구성해 나가게 된다. 이러한 문화 안에서 교사는 실천적 전문가로서의 역량을 강화하며, 이는 궁극적으로 기관의 지속가능한 성장으로 이어지는 중요한 기반이 된다.

여기, 지속가능한 성장을 위해 모인 교사들의 학습공동체 사례가 있다.

1. 놀이학습공동체의 시작: 문을 열다

　나의 첫 학습공동체는 코로나가 한참 기승을 부릴 무렵 한 어린이집에서 누리 보조교사를 할 때이다. 코로나로 인해 연구 현장은 닫혔고, 긴 대학원 생활을 하며 나는 지쳐 있었다. 무언가 새로운 전환점이 필요했다. 무엇보다 초등학교에 입학한 딸에게 엄마인 내가 필요한 시기였다. 여러 가지 상황 속에서 '내가 지금 할 수 있는 일은 무엇일까'하는 물음이 매일같이 나를 뒤따랐다.

　그때, 지금의 대표님이 운영하시는 어린이집에서 누리 보조교사로 일해 보는 건 어떻겠냐는 제안을 받았다. 나는 망설이지 않았다. 여러 가지 조건이 나의 상황과 맞기도 했지만, 무엇보다 '2019 개정 누리과정 이후 현장은 어떻게 변화했을까?' 하는 연구자로서의 궁금증이 컸다. 정식 절차를 거쳐 어린이집에 입사하였고, 나는 그곳에서 예상치 못한 또 다른 배움을 마주하게 되었다.

　코로나19로 인해 현장은 내가 교사와 연구자로 경험했던 그때와 많이 달라져 있었다. 아이들과 교사들은 모두 마스크를 쓰고 있었고, 매일같이 들려오는 확진자 소식은 긴장을 늦출 수 없게 만들었다. 교사에게는 마치 코로나19가 피해 가야 하는 것처럼 '교사가 먼저 감염되어서는 안 된다'는 무언의 압박으로 인해 교사들은 코로나19로부터 안전하게 아이들과 스스로를 '지켜내는 일'에 더 많은 힘을 쏟을 수밖에 없었다.

　하지만 아이들은 놀이했다. 책상 위에 블록을 올려놓고 의자를 끌어와 친구들과 블록 길을 만들고 책상 아래로 떨어지지 않고 누가 더 오래 팽이를 돌리는지 시합을 했다. 책상에 앉아 시트지로 장난꾸러기 스티커를 만들어 선생님께 자랑했고, 친구들에게 공유하며 놀았다. 아무것도 없이 흙과 돌만 있어도 자기들의 놀이를 만들어 가는 것처럼 아이들은 그 상황 속에서도 놀았다. 아이들은 그런 존재였다. 아이들의 놀이가 커 가니 교사들도 점점 그 아이들의 놀이를 바라보기 시작했다. 2019 개정 누리과정 이후 놀이 중심 교육과정은 교사의 계획보다 아이들의 흥미에서 시작되어야 함을 인식하고 있는 교사들은 놀이하는 아이들을 보며 그 놀이를 어떻게 지원할 것인가를 고민하기 시작했다.

　그때, 나는 누리 보조교사로서 그들을 도왔다. 선생님께서 부탁하시는 교구를 제작해 드렸고,

제1장 교사학습공동체

아이들이 보는 책을 보수했다. 아이들의 생일파티를 준비했고 코로나임에도 간소하게나마 진행되어야 하는 행사를 위한 준비를 했다. 그런 그들의 고군분투를 보고 있자니 조금이나마 더 도움이 되고 싶었고, 종종거리며 아이들의 놀이와 안전을 위해 고민하는 교사들이 측은하기도 하였다. 아이를 키우는 엄마가 되어서 그런지, 연구실 밖으로 걸어 나와 더 이상 연구자가 아닌 나라는 사람이어서 그런지, 어느 순간 나의 시선이 이전과 달라졌음을 느꼈다. 놀이 중심 교육과정을 운영하는 교사로서 무엇을 더 해야 하고 덜 해야 함이 아닌, 아이들을 향한 교사들의 '진심'에 더 마음이 갔다. 그들은 예측할 수 없는 다양한 위기 속에서도 아이들의 놀이를 존중하려 애썼고, 그 애씀은 나에게 깊은 울림으로 다가왔다. 그러던 어느 날, 원장님께서 생각하지 못한 제안을 하셨다.

"놀이 협의를 위한 교사 자조 모임을 구성하려고 해요. 그 모임을 이끌어 보시겠어요?"

사실 나는 그때까지 내가 리더가 되어 협의를 이끌어 본 적이 없었다. 무엇을 어떻게 해야 할까? 하는 생각에 잠시 머뭇거렸지만, 사실 두려움보다 설렘이 앞섰다. 교사들과 직접 마주 앉아 '놀이'에 대해 깊이 이야기할 수 있다는 사실이 기뻤다. 또한 나는 궁금했다. 교사들은 '지금의 교육과정을 어떻게 받아들이고 있을까?', '누리과정 이전과는 무엇이 달라졌을까?', '아이들의 놀이를 그들은 어떤 시선으로 바라보고 있을까?' 등 두려움과 설렘, 하지만 여러 가지 질문을 품고, 첫 놀이연구소 모임을 위한 계획을 조심스럽게 시작했다.

첫 번째 놀이 연구 소모임의 계획안은 다음과 같다.

● **목적**
- 놀이를 바라보는 나의 시선을 인식하고, 타인과 나눔을 통해 놀이에 대한 스스로의 관점을 넓힌다.
- 놀이 관찰, 기록, 교사들과의 협의를 통해 놀이하는 영유아의 존재를 발견하고, 놀이 특성을 이해한다.
- 놀이를 지원하는 교사로서의 전문성을 함양한다.

● **내용**

차수	제목	내용	지원자의 역할
1차	나의 시선에 집중하고, 차이 발견하기	• 나에게 흥미 있었던 놀이 공유하기 • 놀이 의미의 다양성 발견하기	• 의미 유목화

2차	평가로서 기록	· 나는 기록을 무엇이라고 생각하는가? · 기록을 어렵게 하는 이유는 무엇인가? · 우리 안에서의 기록 의미 정리하기	· '평가'로서 기록 · 놀이 중심 교육과정에서의 평가
3차	개별적인 영유아의 놀이에 주목하기	· 요즘 고민하는 놀이 협의하기 · 우리 반의 놀이 협의하기 · 교사들의 이야기를 듣고 재성찰하기 · 놀이 지원하기 → 기록하기 → 협의	· 놀이하는 영유아의 흥미에 대한 다른 측면 조명
4차	관계 속의 영유아 놀이에 주목하기	· 다양한 방식으로 놀이 해석하기 · 놀잇감과 영유아의 관계 등 다방면에서 놀이 바라보기 · 교사들의 이야기를 듣고 재성찰하기 · 놀이 지원하기 → 기록하기 → 협의	· 영유아의 놀이의 변화 생각하며 공간, 놀잇감 등 지원에 대한 협의 · 교사가 주목하고 있는 관계 외의 측면 제안

특히 나는 놀이를 주제로 한 협의가 낯선 선생님들에게 「눈이 보이지 않는 사람은 세상을 어떻게 보는가」에서 소개하고 있는 'Social viewing'을 강조했다. 저자 이토아사는 시각 장애인들과 비시각 장애인들이 함께 작품을 감상하며 그림에 대해 비평하는 것을 'Social viewing'이라 하였다. 여기에서 감상은 "작품을 보고 그것에 대한 의미를 찾고 해석하는 과정은 결국 자신만의 작품으로 다시 만들어 가는 것과 같다(이토아사, 2009:177)"라고 정의한다.

즉, Social viewing은 서로의 단순한 의견 교환이 아니라 작품의 의미를 다시 만들어 나가는 공동 작업을 뜻한다.

> 눈이 보이는 사람과 보이지 않는 사람이 함께 힘을 모아 머릿속에서 작품을 다시 만들어 가는 과정은, 결국 보는 것에 대해 새로이 생각하게 되는 작업이기도 하다. 눈이 보이는 사람이 사실은 제대로 보지 못할 수도 있고, 눈이 보이지 않는 사람이 훨씬 더 융통성 있게 볼지도 모른다는 사실, 이러한 것을 깨달으며 서로의 관계가 변화하기 시작한다. [이토아사(2009:185)]

눈이 보이는 사람과 보이지 않는 사람이 서로의 다름을 인정하고 나눌 때, 그 관계는 단순히 '도움 주는 사람'과 '도움 받는 사람'의 이분법적 구조로 고정되지 않는다. 보이는 사람은 '볼 수 있음'으로, 보이지 않는 사람은 '보이지 않음'으로 인해 서로 다른 감각과 이해의 방식을 지니게 되고, 그 다름은 오히려 이전에는 경험할 수 없었던 새로운 관계와 가능성을 만들어 내는 연결고리가 되어 준다(이토아사, 2009).

나는 놀이연구 소모임에서 교사들과의 만남이 바로 그런 관계이기를 바랐다. 서로의 경력, 그동안 원에서 받은 인정 등의 이유로 가르치거나 이끄는 관계가 아니라, 다름을 통해 서로에게 없는 것을 발견하고 함께 새로운 길을 만들어 가는 동반자적 관계. 그것이 놀이학습공동체를 운영하며 교사들과 함께 이루고자 했던 관계의 방향이다.

처음 '놀이연구 소모임'이라는 이름으로 교사들이 모였을 때, 교사들은 다양한 감정을 드러냈다. '내가 잘하고 있는 것일까'라는 불안, 반에서 이루어지는 놀이를 공유해야 한다는 부담, 그리고 서로의 평가에 대한 막연한 두려움은 공동체 초기 교사들의 참여를 소극적으로 만들기도 했다.

그러나 '놀이'를 중심으로 한 대화가 이어지면서 교사들의 태도는 점차 달라졌다. 교사들은 "아이들에게 어떤 지원을 해야 할지 모르겠다"라는 고민을 나누고, 서로의 경험에 귀 기울이며 자신의 실천을 돌아보기 시작했다. 그 과정에서 교사들은 "우리는 이미 잘하고 있었구나"라는 안도감과 함께, 앞으로 무엇을 어떻게 해 나가야 할지를 함께 고민하게 되었다. 이러한 경험은 교사가 자신의 교육적 실천을 비판적으로 되돌아보고 그 경험 속에서 의미를 재구성하며, 더 나은 실천을 통해 교사의 전문성이 내면화되고 재구성되는 실천적 성찰(Practical reflection)의 과정이었다(이금자 외, 2014). 서로에 대한 판단을 멈추고 신뢰와 존중을 기반으로 이루어진 대화는 공동체의 분위기뿐 아니라 내용의 깊이와 질을 변화시켰다.

나는 첫 번째 놀이연구 소모임이라는 공동체에서 관찰자나 조력자가 아니라, 교사들과 문화를 함께 살아내며 아이들의 놀이를 매개로 대화하는 하나의 주체로 존재하였다. 누리보조교사로 일하며 교사들의 일상과 삶을 가까이서 경험했던 나는 교사들이 단지 제도적 요구에 따라 놀이를 실행하는 것이 아니라 정말로 아이들의 놀이를 이해하고 진심으로 그 놀이를 지원하고자 한다는 마음을 비로소 깊이 이해하게 되었다. 그 인식의 전환점이 바로 놀이연구 소모임이었다.

교사들은 매일같이 쏟아지는 서류 업무와 퇴근 후에도 다음 날 놀이 준비를 위한 자료를 챙기며 바쁜 일상을 이어 가고 있었다. 그럼에도 자발적으로 소모임 자리에 참여했다. 그 시간은 단순한 회의가 아니었다. 아이들의 놀이를 더 깊이 이해하고 싶다는 간절함이 만든, 교사들의 시간을 기꺼이 내어 준 귀한 자리였다. 그 자리에 참여하는 일은 곧 야근을 각오하거나, 퇴근 후 집으로 일을 가져가는 것을 의미했다. 나는 그들의 삶을 곁에서 함께하며 우리가 함께 모여 있는 그 자리의 가치에 대해 다시 생각할 수 있었다.

대부분의 교사들은 2019 개정 누리과정에 대한 집합 연수를 한두 차례 받은 경험 외에는, 교육과정을 충분히 이해하고 소화할 수 있는 기회를 갖지 못했다. 그러나 교사들은 그 지점에서 멈추지 않았다. 스스로 교육과정을 해석하려 애썼고, 잘하고 있는 것은 더 잘하기 위해, 바꿔야 할 것은 주체적으로 바꾸기 위해 고민하고 있었다. 나는 그런 교사들의 고군분투를 알고 있기에, 그들이 기록해 온 놀이 장면을 함께 바라보며, 때로는 말없이, 때로는 질문을 던지며 그들의 실천에 힘을 보태는 사람으로 그 자리에 있었다.

교사들이 모여 아이들의 놀이를 이야기하는 그 시간들이 단지 '회의'가 아니라, 서로를 지지하고 자신의 실천을 되돌아보는 작은 변화의 공간이 되었다. 그리고 그런 변화의 중심에는 '누군가의 질문', '환대', '연결'이 그 원동력이 되었다. 교사들의 변화는 나에게 다시 질문으로 돌아왔다. "그럼 나는 교사들이 아이들의 놀이를 보는 자리에 어떻게 다시 설 수 있도록 할 수 있을 것인가?"

얼마 전, 원장연구 소모임을 진행하며 내가 첫 번째 진행했었던 이 공동체에 대해 다시 성찰해 볼 기회가 있었다. 그때 원장님들께 학습공동체를 지원하는 나의 역할과 정체성에 대해 이렇게 말씀드렸다.

현장의 일이 너무 바쁘다 보니까 원장님, 교사분들 모두 자신이 가지고 있는 진주를 오히려 잊고 지내시거나, 돌보지 못하시거나, 아니면 내게 진주가 없다고 생각하시는 많은 그런 분들이 계신 것 같아요. 그래서 저는 각자가 지니고 계신 진주를 발견해 주는 사람이고 싶어요. 제가 발견한 진주를 가지고 "선생님, 이거 보세요. 선생님이 가지고 계신 진주가 여기 있어요. 우리 다시 이거 더 빛나게 만들어 봅시다."라고, 그렇게 만들어 주는 사람이 내가 되어야겠다고 생각해요. 그리고 그것들을 연결해서 각각의 원만의 특별한 목걸이로 만들어 주는 일이 제가 하는 교사 교육과 현장지원이 되어야겠다고 저도 다시 한번 저의 정체성을 세우는 그런 시간이 되었습니다. [별사탕_2025.1.9.]

놀이학습공동체의 리더라는 말이 어색하지만, 그 모임을 운영하고 지원하는 사람으로서 나는 늘 다음과 같은 약속을 한다.

놀이학습공동체 리더로서 나의 약속

하나. 나는 아이들을 향한 교사들의 진심을 믿습니다.
하나. 나는 내가 본 놀이 영상 및 기록으로 교사들을 판단하지 않겠습니다.
하나. 나는 혼자가 아닌 함께하는 협의공동체의 힘을 믿습니다.
하나. 나는 나의 이 작은 실천이 교사들이 만날 아이들을 행복하게 할 것이라 믿습니다.

"교사가 아이 곁에 서 있기 위해서 누군가는 교사 곁에 서 있어야 합니다."

2. 장(場)을 열다

그렇다면, 학습공동체 안에서 나는 구체적으로 어떤 역할을 하는가?

영유아 교사는 '나는 전문가야. 그래서 아이들의 놀이를 보고 이해하고 지원해야 돼'라는 스스로의 정체성을 세워야지만 아이들의 놀이를 이해하는 자기의 역할을 점점 찾아갈 수 있는 것 같아요. 그래서 누군가는 교사들에게 전문가로서의 정체성을 계속 이야기해 주어야 한다고 생각해요. 저는 '우리는 전문가니까 전문가로서의 역할과 그 삶을 계속 성찰하면서 발전해 나가야 된다'는 것을 교사들에게 이야기해 주고 싶고, 스스로 그 정체성을 찾아가도록 하고 싶은 것 같아요. 저의 연구 소모임의 목적이나 목표는 바로, 놀이하면서 배우는 영유아를 지원하는 전문가로서 교사들을 세우는 것입니다. [사례 나눔_별사탕_2025.3.24.]

1) 교사가 '말할 수 있는' 장소를 여는 일

학습공동체는 대화에서 출발한다. 이 대화는 정보 교환이나 공감을 넘어서서 교사 각자의 경험과 가치, 신념을 바탕으로 자신의 실천을 돌아보고 성찰하는 과정이며, 이를 통해 참여하는 구성원 모두가 공동으로 성장하는 것을 목표로 한다(김남균 외, 2014). 즉, 우리가 지향하는 것은 '교육적 대화'이다. 나는 이 교육적 대화를 '협의'라고 정의하고 싶다.

많은 교사들이 "놀이에 대해 협의하는 것이 어렵다"라고 말하거나, "나는 협의를 한 적이 없다"라고 생각한다. 그러나 교사실에서 동료에게 무심코 "선생님, 우리 반 아이들이 오늘 이런 놀이를 했어요" 하고 꺼낸 이야기가 바로 협의의 시작일 수 있다. 협의는 일상적인 대화 속에서도 오고 가며 나는 우리의 공동체가 놀이를 주제로 서로의 생각을 스스럼없이 말하는 것이 가능한 '말할 수 있는 공동체'가 되기를 소망한다. 이는 학습공동체 운영의 리더인 내가 교사들이 안전하게 자신의 이야기를 꺼낼 수 있는 분위기를 조성하는 일에서 시작된다.

교육적 대화를 위한 장을 열기 위해 운영자가 고려해야 할 몇 가지 요소가 있다(이승호 외, 2015). 첫째, 교사가 자신의 이야기를 솔직하게 할 수 있도록 '심리적 안전감'을 보장하는 것이다. 둘째, 모두가 함께 대화하며 경청의 태도로 분위기를 이끄는 것이 필요하다. 셋째, 교사의 말이 의미 없이 흘러가지 않도록 이를 존중하고 확장해 주는 반응이 필요하다. 이를 통해 교사들은 공동체 자체가 '이야기해도 되는 자리'로 인식하게 된다.

얼마 전 공동체 지원을 위해 한 어린이집을 방문하였다. 5월, 행사가 많은 시기였기에 교사들의 얼굴에는 피곤함이 가득했다. 그런 모습을 보며 이 시간을 함께하는 것이 교사들에게 부담이 되지는 않을까 조심스러운 마음도 들었다. 그러나 "선생님의 교사 생활 중 가장 기억에 남는 놀이는 어떤 놀이인가요?"라는 질문에 교사들은 눈을 반짝이며 아이들의 놀이를 이야기하기 시작했다.

교사의 말을 들은 후 나는 항상 "매우 의미 있는 놀이인데요?"라고 진심을 담아 반응했다. 그리고 그 이유에 대해 설명을 덧붙인다. 학습공동체를 여는 첫 시간, 운영자인 내가 교사의 일상 속 놀이를 '의미 있는 놀이'로 인정하고, 경청하고자 하는 태도를 보인 이 한 마디는 이후의 분위기를 훨씬 부드럽고 안정되게 만드는 촉매제가 된다.

물론 다음 만남에서도 교사들은 다소 긴장된 모습을 보였다. 공동체의 자리는 교사실처럼 편안하지 않을 뿐만 아니라 교사들에게는 놀이 이해와 지원을 위한 협의의 자리 자체가 익숙하지 않기 때문이다. 그러나 현관에서 반갑게 인사하는 교사의 표정, 협의 시간 책상 앞으로 다가앉은 몸짓, 나와 눈을 맞추며 경청하는 시선을 통해 조금은 마음을 열게 된 교사들의 변화를 느낄 수 있었다. "이 사람이 잘못을 지적하려는 것이 아니라, 함께 의미를 찾고자 하는 사람이구나"라는 인식의 변화 때문이 아닐까.

결국 '말할 수 있는 장소'란 함께 열어 가는 관계이자 말하고 싶게 만드는 의미의 장이라 할 수 있다. 운영자는 교사가 자신의 목소리를 되찾고 서로 주고받는 대화의 흐름을 세심하게 이끌어 가며, 공간의 분위기와 관계의 결을 함께 만들어 가야 한다. 이것이 바로 교육적 대화의 문을 여는 첫걸음이다.

그러므로 학습공동체는 모두가 동일한 형태일 수 없다. 교사가 마주한 문화와 상황이 서로 다르기 때문에 그에 따른 관계의 결도 달라질 수밖에 없다. 이는 운영자인 필자 역시 동일한 모습으로 머물러 있을 수 없음을 의미한다. 같은 주제를 다루는 공동체라 할지라도 교사들의 문화, 요구 등에 따라 다른 방식으로 관계를 조율하고 의미를 새롭게 구성해야 한다.

그러나 학습공동체는 영유아의 놀이를 더 깊이 이해하고자 하는 궁금함과 놀이 지원을 고민할 때 떠오르는 동료와의 나눔이 가능한 자리라면 그 자체로 충분히 의미 있는 공동체이다. 그렇기에 나는 공동체를 여는 첫 만남에서 교사들이 '이해받는 경험'을 할 수 있도록 하는 데 가장 큰 가치를 둔다.

성찰하기

- 나의 놀이(수업)를 이해받는 경험을 한 적 있나요?
- 내가 대화를 나누고 싶은 사람, 장소는 어디인가요?

2) 성찰: 함께 다시 바라보게 하기

얼마 전, 지속가능발전교육(ESD)을 주제로 한 학습공동체를 시작하며 교사들에게 이렇게 인사를 했다.

"저는 선생님들보다 조금 더 일찍 ESD에 관심을 가졌고, 조금 더 일찍 궁금해졌으며, 그래서 조금 더 먼저 공부를 시작했을 뿐입니다. 저는 이 자리에 선생님들에게 무엇인가를 가르치기보다는, 먼저 탐색한 사람으로서 선생님들이 현장에서 ESD를 실천할 수 있도록 함께 고민하고 이해를 도울 수 있는 사람이 되고 싶습니다."

놀이학습공동체를 시작할 때도 비슷한 마음으로 이렇게 이야기한다.

"이 자리는 정답을 제시하는 곳이 아니라, 오히려 정답이 없기 때문에 더 어렵고 복잡한 놀이중심 교육과정을 함께 풀어 가기 위해 생각을 모으는 자리라고 생각합니다. 아이들의 놀이를 관찰하며 흥미를 이해하고, 이를 지원하기 위한 우리의 가설을 세우는 시간이지요. 이 과정에서 저는 선생님들의 이야기를 정리하거나, 제가 가진 시선을 보탬으로써 새로운 관점의 가능성을 여는 사람이고 싶습니다."

학습공동체를 시작하며 인사를 길게 전하는 데에는 나름의 이유가 있다. 이는 내가 이 자리에 어떤 태도로 임하고자 하는지, 그리고 교사들과 어떤 관계를 맺고 싶은지를 드러내는 중요한 출발점이기 때문이다. 나의 역할에 대한 인식과 그에 따른 실천의 자세가 이 인사 속에 담겨 있다.

나는 교사들에게 놀이를 바라보는 ESG, ESD라는 새로운 관점을 말하고, 교사로서 익숙했던 실천에 "왜?"라는 질문을 던짐으로써 성찰의 틈을 만드는 사람이다. 영유아의 놀이를 다시 바라보게 하고, 그 속에서 새로운 의미를 발견하도록 돕는 것. 그것이 내가 추구하는 공동체 운영자의 역할이다. 교사들과 나누는 작은 질문 하나가 성찰의 문을 여는 시작이 된다.

학습공동체 성찰 질문 예시
- 나는 아이들이 놀이하며 배운다고 생각하세요?
- 나에게 가장 의미 있는 놀이는 무엇이었나요?
- 내가 놀이를 지원하고자 계획할 때 가장 중요하게 생각하는 것은 무엇인가요?
- 내가 우리 반을 운영하는 중요한 가치는 무엇인가요?
- 지속가능한 미래를 위한 교육이 지금, 필요하다고 생각하세요? 왜 필요하다고 생각하세요?
- 내가 중요하다고 생각하는 미래의 삶의 가치는 무엇인가요?

성찰이란, 지금까지 당연하게 여겨 온 믿음과 판단, 익숙하게 반복해 온 행동들에 의문을 던지고, 그 안에서 낯설고 새로운 가능성을 발견해 가는 과정이다(이금자 외, 2024). 성찰은 자신의 경험을 돌아보는 것에서 시작되는데, 여기서 말하는 '경험'이란 단순한 사건의 나열이 아닌 그 경험을 반성적으로 되짚고 의미를 구성하며 성장과 변화를 이끌어 내는 능동적인 과정이다(이돈희, 2020). 즉, 성찰은 과거의 맥락을 재해석하고, 그 속에서 새로운 배움을 생성하는 역동적이고 재구성적인 활동이다(이돈희, 2020).

이에 교사에게 필요한 성찰은 단순한 회고를 넘어, 스스로의 실천을 끊임없이 질문하고 재구성하는 능력이다. 교사는 질문을 통해 자신의 실천을 낯설게 바라보고, 익숙함 속에서 새로운 가능성을 발견하며 성장한다. 이러한 성장은 정답을 전달하는 강의로부터 비롯되는 것이 아니라, 교사 스스로 질문하고 고민하며 만들어 가는 과정 속에서 비로소 가능하다. 그래서 나는 교사들에게 질문한다. 그리고 내가 던지는 질문이 교사들 안에 성찰의 물꼬를 트고, 작지만 지속가능한 변화가 시작되기를 바란다.

하지만 많은 교사들은 오랜 시간 동안 '가르침을 받는 존재'로 교육의 장에 자리해 왔다. 이러한 경험은 교사들을 질문을 받고 응답하는 구조 속 수동적인 학습자로 익숙하게 만들었고, 스스로 질문을 던지고 대화를 이끌어 가는 교육의 주체로 서는 것을 낯설고 어렵게 느끼게 했다. 그러나 교육의 본질은 단순한 지식 전달이 아니라, 의미 있는 질문을 생성하고, 그 질문에 함께 귀 기울이며, 대화 속에서 새로운 배움을 만들어 가는 과정에 있다.

사실 이러한 흐름을 이끄는 일은 정해진 강의 내용을 일방적으로 전달하는 것보다 훨씬 더 많은 에너지와 진심을 요구한다. 그럼에도 나는 질문을 멈추지 않는다. 때로는 그 질문에 대해 내가 품고 있는 생각이나, 그 질문이 생겨난 맥락을 교사들과 함께 나누기도 한다. 교사의 지속가능한 성장은 교수학습 방법 등의 향상만으로 이루어지지 않는다. 변화하는 교육 환경 속에서 교사로서의 방향을 잃지 않기 위해서는 스스로의 실천을 돌아보고 끊임없이 '왜 그렇게 하는가'를 되묻는 성찰의 과정이 필요하다. 성찰은 교사로 하여금 자신의 신념과 가치를 재구성하게 하며 일상의 실천을 더욱 의미 있게 만든다. 지속가능한 성장은 결국 자신의 교육적 선택에 대해 질문을 멈추지 않는 교사에게서 비롯된다.

이 과정에서 교사 혼자가 아닌, 함께 고민하고 대화할 수 있는 동료가 필요하다. 신뢰할 수 있는 동료와의 대화는 내가 미처 인식하지 못했던 시선의 차이를 드러내고, 같은 놀이 장면도 전혀 다른 방식으로 읽어낼 수 있다는 것을 깨닫게 해 준다. 이러한 관점의 다양성은 내 실천을 낯설게 바라보는 계기가 되고, 새로운 질문으로 연결된다. 서로 경청하고 진정성 있게 응답하는 관계 안에서 교사는 자신의 경험을 이야기할 수 있는 용기를 얻게 되며, 보다 깊이 있는 질문과 지속적인 성찰로 나아가게 하는 심리적·정서적 토대를 제공한다.

한 기관에서 오랜 시간 근무한 주임 교사가 학습공동체를 마친 후 "놀이를 이렇게 생각할 수 있는지 몰랐어요"라고 말했을 때 또 다른 원장이 "지금까지 교사들에게 '가치'를 묻고, 반 운영 계획을 함께 세워 보라고 한 적은 없었던 것 같아요"라는 말을 통해 나는 힘을 얻는다. 스스로에 대한 성찰, 그리고 공동체 안에서의 대화는 교사로 하여금 놀이를 바라보는 새로운 시선을 열어 주고, 자신의 실천을 성찰의 자리에 다시 세우는 작은 시작점이 된다. 이러한 시작은 지속가능한 교육 문화를 만들어 가는 출발점이자 동력이다.

3) 실천이 이어지는 시간 '기다리기'

얼마 전, 놀이학습공동체를 운영하며 아이들의 놀이 영상을 함께 보고, 그 장면을 기록하고 해석하는 시간을 가졌다. 그 가운데 한 아이가 친구들과 놀이에 참여하기 위해 고군분투하는 모습이 눈에 들어왔다. 곤충 집을 만들며 놀이하는 친구들 사이에서, 이 아이는 다른 아이들과 함께 어울리고 싶어 자신의 역할을 계속 바꾸어 가며 노력하고 있었다. 나는 그 아이의 끈기와 인내, 그리고 그 안에 담긴 놀이에 대한 열정에 저절로 감탄하게 되었다. 어른이 된 나는, 과연 무엇인가를 위해 저토록 인내하고 기다릴 수 있을까? 또 그런 기다림을 가능하게 하는 열정을 여전히 지니고 있는가?

학습공동체도 마찬가지다. 우리는 대화의 장을 열고, 성찰의 질문을 던지며 함께 애쓰지만, 그 경험이 교실의 교육적 변화로 이어지기까지는 시간이 필요하다. 정해진 답을 따르는 것이 아니라, 각자의 관점으로 놀이를 해석하고 자신에게 맞는 실천을 찾아가는 일이기 때문이다.

그래서 나는 학습공동체를 운영할 때, 보통 3~4주 간격으로 약 4-5차시의 만남을 구성한다. 그 시간 동안 교사들이 우리가 나눈 대화를 바탕으로 교실에서 실천해 보고, 그 결과를 기록할 수 있도록 다양한 정리 자료를 제공한다. 기록의 형태는 공동체의 주제와 교사들의 흥미에 따라 달라지지만, 공통적으로 담고자 하는 흐름은 같다. 대화로부터 시작해 자신의 언어로 성찰을 정리하고 실제 놀이 장면에서 이를 관찰하고 적용해 본 후, 다음 모임에서 그 경험을 공유하는 것이다.

이를 위해서 내가 스스로 지키고 있는 것은 세 가지가 있다. **첫째**, 정기적이고 예측 가능한 만남의 시간 확보다. 일정이 명확하게 정해져 있을 때, 교사들은 그 시간을 기준으로 준비하고 실천을 계획할 수 있다. **둘째** 교사가 영유아의 놀이를 관찰하고 지원하기 위한 과정에 대한 공유이다. 결과를 중심으로 한 놀이 확장의 공유보다 놀이를 이해하고 지원하기 위한 과정에서의 실패, 망설임, 시도와 변화 같은 경험을 나눈다. 이는 공동체의 신뢰를 만드는 것에 기여한다. **셋째, 교사 개인과 그 교사의 놀이 경험을 기억하고 연결하는 것이다.** 나는 교사들의 대화와 실천을 가능한 한 세심히 기억하고 다음 만남에서 이를 다시 상기시킨다. "지난 시간에 이야기했던 그 놀이는 어떻게 되어 가고 있나요?"라는 질문은 교사들에게 자신의 이야기가 잊히지 않았다는 경험을 주고 관계적 신뢰와 실천의 연속성을 함께 형성한다. 이것은 곧 교사 스스로의 실천에 대해 책임감과 주체성을 느끼는 계기로 이어지기도 한다.

오늘날 영유아 교사는 단순히 돌봄과 교육을 수행하는 존재를 넘어, 자신의 선택과 판단에 대해 윤리적 책임을 자각하며 전문성을 갖춘 주체로 서야 한다(교육부, 보건복지부, 2019). 2019 개정 누리과정은 교사에게 교육과정 운영의 자율성과 주체성을 보장했지만, 이는 동시에 더 많은 선택과 판단, 그리고 그에 따른 책임을 요구하는 구조이기도 하다(강현아, 정혜영, 2023). 놀이를 관찰하고, 이를 해석하고, 지원하기까지의 모든 과정에서 교사는 자신의 결정이 아이들에게 미치는 영향을 성찰하며, 윤리적 판단과 전문적 책임을 함께 고려해야 한다.

하지만 교사가 마주하는 판단의 순간은 늘 단순하지 않다. 아이마다 상황이 다르고, 놀이의 맥락은 예측 불가능하며, 때로는 정답이 없는 질문 앞에 서게 되기 때문이다. 그래서 교사에게는 혼자가 아닌, 함께 질문을 붙들고 탐색해 나갈 수 있는 공동체가 필요하다. 교실 문을 나와 모이는 그 자리에서 학습공동체는 단순한 협의의 자리를 넘어 교사의 윤리와 실천이 살아나는 교육적 기반이 된다.

리더는 답을 주는 사람이 아니다. 질문이 자연스럽게 흐를 수 있도록, 때로는 침묵을 지켜주고, 정리되지 않은 말들을 끊지 않고 비록 다듬어지지 않은 말일지라도 함께 나누고 싶은 교사의 그 진심을 알아보는 사람이다. 그러한 기다림의 태도가 있을 때 교사는 '말해도 괜찮은 자리', '실패해도 괜찮은 과정' 속에서 비로소 자신의 이야기를 꺼낼 수 있다.

교사의 성찰은 겉으로 보이지 않을지라도 조용히 교실 안에서 쌓여 간다고 나는 믿는다. 그리고 그 성찰은 어느 날, "어! 아이들이 이렇게 놀이하는구나!" 하는 '아하!'의 순간을 만들어 낸다. 함께 질문하고, 함께 머물고, 함께 의미를 구성하는 학습공동체. 그것이 보육교사의 윤리적 성장을 가능하게 하는 토대이며, 그 시작은 기다림을 실천하는 리더의 태도에서 출발한다.

함께 놀이하는 기쁨을 아는 아이가 또래와 놀이하기 위해 끊임없이 애쓰는 것처럼, 학습공동체 안에서 경험한 변화의 기쁨은 교사들이 공동체를 지속할 수 있는 원동력이 되어준다.

성찰하기

- 영유아의 놀이 중, 동료 교사 혹은 타인과 함께 나눔으로써 이해하게 된 경험이 있는가? 혹은 그 협의를 통해 지원의 실마리를 찾게 된 적이 있는가?
- 나는, 과연 무엇인가를 위해 저토록 인내하고 기다릴 수 있을까? 또 그런 기다림을 가능하게 하는 열정을 여전히 지니고 있는가?

3. 머무르다

이번 장에서는 현장에서 내가 지원했던 두 가지 사례를 소개하고자 한다. 내가 나의 사례를 소개하는 것은 이 작은 시작이 자신들만의 공동체를 만들어 가고 싶은 분들에게 청사진이 되었으면 하는 바람이다. 또한 '함께'의 가치를 나누는 더보채의 가치를 실현하고 싶은 나의 소망이기도 하다.

첫 번째 Education for Sustainable Development(이하 ESD) 협력공동체는 비대면으로 진행되었으며 지속가능한 삶을 위한 교육의 방향을 함께 모색하고, 놀이와 교육과정에서 드러나는 ESD의 가치를 찾아가는 대화를 나누었다. 두 번째 놀이학습공동체는 대면 방식으로 진행되었고 '영유아의 놀이를 중심으로' 놀이 중심 교육과정을 운영하기 위해 자신의 시선을 재조명하고 관점을 넓힐 수 있는 내용을 중심으로 진행하였다.

이 두 공동체는 겉보기에는 주제도 운영 방식도 다른 듯 보인다. 하지만 두 공동체는 한 방향을 향하고 있다. '지속가능한 교육 문화는 교사 개인의 역량이 아니라, 함께 성장하는 공동체 안에서 자란다'는 가치이다.

> **사례 1**
> **ESD를 지원하는 교사들의 모임: 지속가능한 교육을 위해 연대하고 협력하는 우리**

나는 ESD를 위한 교사학습공동체를 '지속가능한 미래를 위해 연대하는 우리'라고 정의한다. '연대'란 단순히 함께 있는 것이 아니라, 여럿이 함께 어떤 일을 하거나 책임을 지는 것, 서로 한 덩어리처럼 연결되어 있는 것을 뜻한다(네이버 국어사전). 즉, 학습공동체로 모인 우리는 그저 같은 시간에 같은 주제로 만나는 사람들이 아닌 지속가능한 미래를 위해 서로 책임지는 존재로 함께해야 한다. 우리는 이런 연대의 책임을 위한 실천을 고민하고, 그 의미를 나누며, 각자의 교실 안에서 지속가능한 삶의 가치를 구현해 나간다.

❶ ESD 학습공동체의 시작

ESD 학습공동체는 더좋은보육채널(더보채)이 기획하고 주관한 교육 프로그램이다. 2024년, 『영유아 교육기관의 ESG·ESD 실천을 위한 안내서』를 출판한 이후, 우리는 지속가능한 미래를 위한 교육이 실현되기 위해서는 '문화'가 형성되어야 함을 절감했다. 그리고 이러한 문화를 만들어 가기 위해 가장 핵심이 되는 요소는 교사들의 '성찰'과 '협력'이라는 데 뜻을 모았다(자세한 내용은 안내서 3장 참고).

유네스코위원회(2019)는 이 시대를 살아가는 모든 사람을 '지속가능한 미래를 위한 학습자'로 규정한다. 이는 교사와 유아 모두가 지속가능한 미래를 함께 만들어 갈 시민으로서 그에 필요한 역량과 태도, 지식, 기술을 학습해 나가야 함을 의미한다. 특히 교사는 학습자일 뿐만 아니라 교육과정을 운영하는 주체로서의 역할을 수행하기 위해 시민으로서의 역량뿐만 아니라 교육적 실천을 이끌어 갈 전문적 역량을 함께 함양해야 할 필요가 있다. 궁극적으로 ESD는 아이들을 위한 교육이자, 동시에 교사 자신의 삶의 방식과 가치관에서 비롯되는 실천이다. 교육은 타인을 변화시키기에 앞서 교육자의 삶 자체에서 시작되어야 한다는 점에서 익숙한 삶과 교육에 대한 교사의 성찰과 이를 가능하게 하는 협력은 ESD를 가능하게 하는 핵심 기반이라 할 수 있다.

이러한 교육을 함께 만들어 가기 위한 '성찰'을 위해 우리에게 가장 필요한 것은 무엇일까? 바로 동료이다. 자신의 삶을 성찰하고, 익숙한 방식에 질문을 던지고, 새로운 삶의 방향을 만들어 가는 일은 결코 혼자서는 지속하기 어렵다. 누군가와 함께 간다면 더 멀리 갈 수 있다는 말처럼, 교육과정을 재정향하고 성찰을 기반으로 교육의 의미를 새롭게 해석해 나가는 이 여정은 혼자보다 여럿일 때 가능하다. 자의든 타의든 우리가 그 교육을 실천하고 함께 모인다면 그리고 그 일을 함께 고민하고 의미를 나눌 동료가 곁에 있다면 우리는 계속해 나갈 수 있다. 이 믿음을 바탕으로 더보채는 블로그를 통해 ESD 학습공동체 어린이집을 공개 모집했다.

다양한 지역과 기관이 함께 협력하려면 비대면 방식이 효율적이지만, 그만큼 교사들의 참여와 자발적 대화를 이끌어 내기 위해 많은 고민이 필요했다. 우리는 우선 밴드를 개설해 놀이 사례 영상과 일지 등을 공유하고 비대면 강의의 채팅방을 적극적으로 활용하였다. 또한 소그룹 회의실을 열어 교사들 간 협의를 경험할 수 있게 하였다.

여러 가지 방법을 모색했지만 각기 다른 어린이집 현장의 ESD를 실천을 돕기 위해서 어떻게 나눔을 이끌어야 할지에 대한 고민은 여전했다. 특히나 우리가 지향한 ESD는 단순히 교사가 주도하는 활동이나 놀이를 소개하는 것이 아니다. 놀이를 통해 배우는 영유아의 유능함을 신뢰하고, 영유아가 가진 흥미를 존중하며, 그 놀이를 통해 지속가능한 삶의 가치를 조명하고자 했다. 교사는 영유아의 놀이를 관찰하고 그 흐름 안에서 지속가능한 삶의 가치를 발견하며, 영유아가 주도하는 놀이 속에서 의미 있다고 느낀 순간을 함께 확장해 가는 방식의 ESD 교육을 실천하고자 했다. 더보채의 교육은 결국 ESD의 가치를 공유하고 교사 스스로 가치를 통한 교육의 방향을 세워 나가며 이를 지속할 수 있는 역량을 지원하는 교육이다. 이에 각 기관이 처한 현실과 교사의 인식, 놀이의 방식이 상이한 만큼, 일률적인 전달이 아닌 맥락에 기초한 대화와 실천 중심의 접근이 필요하다는 점에서 협력공동체의 주제와 방식을 어떻게 구성할 것인가는 중요한 과제였다.

연구원 간의 협의를 통해 더보채가 진행한 차시별 내용은 다음과 같다.

● ESD 협력공동체 차시별 내용

차시	주제	내용	지원
1차시	ESG, ESD 가치 공유	ESG와 ESD 가치 이해하기	강의 및 협의 채팅 및 교사 발표

2차시	ESD를 실천하는 교사의 역량과 역할	교사의 역량과 역할 이해하기	
3차시	영유아의 놀이를 바라보는 교사의 새로운 시선	SDGs 달성을 위한 '가치' 영유아의 놀이에서 발견되고 지원하는 지속가능발전의 가치로 놀이 보기	
4차시	영유아의 놀이 - ESD 가치 - 지원 연결하기	영유아의 놀이 특성 이해하기 놀이 특성에서 발견하는 가치 가치를 지원으로 놀이 특성-가치-지원 예상하기	
5차시	나는 ESD를 실천하는 교사입니다.	교육과정 재정향 실천하기	소그룹 협의 및 전체 협의

❷ ESD 학습공동체 지원: 나누다-세우다-지속하다

ESD 학습공동체는 총 5차시로 진행되었으나 그 내용은 크게 3가지 범주로 '교사들의 ESD 실천을 위한 가치 나누기(1, 2차시)', '새로운 관점으로 놀이 바라보기(3, 4차시)', 'ESD 지속하기(5차시)'로 나뉜다.

• ESD를 실천하기 위한 가치 나누기(1, 2차시)

더보채의 학습공동체 시작은 항상 '가치를 공유하는 것'으로 시작한다. 더보채가 지속적으로 움직일 수 있었던 원동력 역시 '가치'였기 때문이다. 우리는 교육이라는 이름 아래 다뤄지는 수많은 주제가 결국 어떤 '가치'를 품고 있는지를 함께 성찰하고, 그 가치를 나누는 일이 학습공동체를 지속가능하게 만드는 핵심이라 믿는다.

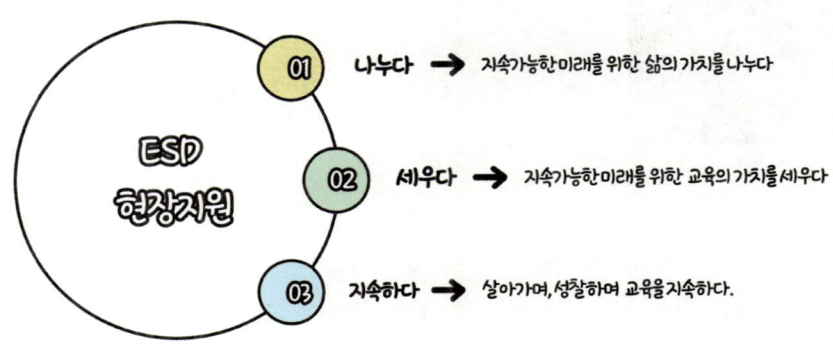

더좋은보육채널의 ESD 학습공동체는 「나누다」, 「세우다」, 「지속하다」를 목적으로 합니다. 첫 번째, 지속가능한 미래를 위한 삶의 가치를 나눕니다. 두 번째, 이를 바탕으로 지금 우리가 중요하게 생각해야 하는 교육의 가치는 무엇인지를 함께 세워 나갑니다. 마지막으로 교사가 영유아의 놀이를 관찰·이해·지원하는 과정에서 성찰하며 스스로 ESD를 지속하여 운영해 나갈 수 있도록 하는 교사 역량을 지원합니다.

특히나 어린이집 내 학습공동체에 참여하는 교사들 가운데는 자발적으로 참여한 이들도 있지만, 외부 요인에 의해 참여하게 된 경우도 있다. 이럴 때 '가치 공유'의 시간이 더 강조되기도 한다. 지금 자신이 어떤 교육을 하고 있는지, 그리고 앞으로 어떤 교육을 해 나가야 하는지에 대해 스스로 질문하고 그에 대한 가치를 명확히 인식하는 일은 교사가 학습공동체에 지속적으로 참여하게 하는 동기가 될 수 있기 때문이다.

ESD를 주제로 한 학습공동체에서는 "왜 지속가능한 교육이 필요한가?"라는 질문에서 출발해 그 근본적인 가치에 대한 공감과 공유가 필수적이다. ESD는 현재의 삶의 방식을 돌아보고 미래를 살아갈 삶의 역량을 기르기 위한 교육이다. 이처럼 교사로서의 역할뿐만 아니라 교사 개인의 근본적인 변화를 요구하기 때문에 더욱 교사 스스로 '왜?'에 대한 질문을 품고, 답을 찾아가는 과정이 필요하다.

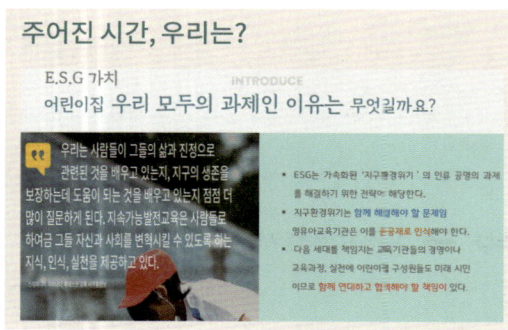

가치 공유 이후, 학습공동체 안에서 ESD를 실천하는 교사의 역량과 역할에 대해 협의하는 시간을 가졌다. 유네스코(2022)는 ESD의 교육 목적을 '이전 지식의 답습'이 아닌 '지속가능한 미

래를 함께 만들어 갈 역량 함양'에 둔다. 이는 단순한 개인의 성취를 넘어 지구 공동체의 일원으로서 함께 살아갈 수 있는 힘을 기르는 교육이다. 교육의 목적과 방향이 바뀌었다면 교사의 역량과 역할도 함께 달라져야 한다. 이는 2019 개정 누리과정 이전과 이후 교사에게 요구되는 전문성과 실천의 방향이 달라졌던 흐름과도 일맥상통한다. 때문에 ESD 학습공동체에서 교사들은 '나는 어떤 역량을 가진 교사이어야 하는가'를 함께 성찰하며, 자신의 실천을 '재정향'하는 것이 필요하다.

이금자, 김희진, 김나래(2024)는 ESD를 지원하는 교사의 핵심 역량으로 성찰적 사고, 협력 및 의사소통, 비판적 탐구, 윤리적 감수성과 실천, 놀이 중심 교육과정 운영을 제시했다. 이는 ESD를 실천하기 위해 반드시 필요한 역량이지만, 이 다섯 가지가 전부라고는 할 수 없다. 또한 학습공동체에 참여하는 교사들이 이 역량을 갖추지 못했다고 단정할 수도 없다. 그래서 나는 ESD 학습공동체의 첫 시작을 교사 스스로의 '역량에 대한 성찰'에서 열어 가고자 했다. "ESD를 실천하기 위해 교사에게 필요한 역량은 무엇이라고 생각하는가?", "나는 지금 어떤 역량을 가지고 있는가?", "앞으로 더 길러야 할 역량은 무엇이라고 생각하는가?"라는 질문을 중심으로 교사 각자의 생각을 나누는 시간을 갖는다. 이러한 나눔은 교사들이 자신의 현재를 되돌아보고 ESD를 향한 전문성의 방향을 스스로 점검할 수 있도록 돕는다.

이 역량 성찰을 바탕으로, 교사들이 ESD에 대한 이해와 자신의 가치관을 연결 지어 교육적 신념을 스스로 작성해 보는 시간을 갖는다.

ESD를 실천하는 교사. 나의 교육적 신념은 _____ 입니다.

지속가능한 미래를 위해서는 _____ 필요하기/중요하기 때문입니다.

이는 추상적인 이해에서 멈추지 않고, 교사로서 나는 왜 ESD를 실천해야 하는지, 나는 어떤 교실을 만들어 가고 싶은지를 구체화하는 의미 있는 실천의 시발점이라 할 수 있다.

● 교사의 가치 - ESD 연결하기

\`. 나 - ESD 연결하기	
날짜	교사명
놀이 제목	내가 기록한 놀이의 가치를 포함하는 제목 지어 보기 한 문장으로 정리해서 표현해 보기
놀이 나눔	영유아의 놀이를 관찰하면서 인상 깊었던 영유아 또는 놀이가 있었나요? 왜 인상 깊었나요? 지속가능한 미래를 위한 가치(역량, 요소 등)의 관점으로 영유아의 놀이를 성찰해 봅시다.
'나'의 성찰	Q1. 교사로서 어떤 지속가능한 세상을 꿈꾸며 수업하고 있나요? Q2. 아이들의 놀이에서 어떤 지속가능한 삶의 가치를 발견했나요?
'우리'의 성찰	오늘 놀이를 나누며 새로운 발견이 있었나요?

가치 나눔에 대한 마지막 시간에는 ESD를 실천하는 교사의 역할에 대해 구체적으로 협의한다. ESD를 실천하는 교사의 역할은 성찰, 교육과정의 재정향, 놀이에 대한 지원, 지속가능한 공동체의 운영이라는 네 가지 축을 중심으로 이야기를 나눈다(이금자 외, 2024). 이 과정에서 특히 강조하는 점은 놀이 중심 교육과정과 ESD를 운영하는 교사의 역할이 분리된 것이 아니라 영유아의 흥미에서 시작하는 놀이에 대한 존중을 매개로 깊이 연결되어 있다는 점이다.

놀이 중심 교육과정 운영과 ESD를 운영하는 교사 역할의 공통점과 차이점

● 공통점: 영유아 중심, 과정 중심, 실천적/성찰적 전문가, 관계 중심

- 차이점

구분	놀이 중심 교육과정	ESD 운영
초점	영유아의 발달, 역량 등	개인과 사회, 지구적 맥락 속에서의 지속가능한 삶
교육과정 구성	유아의 흥미와 발달, 놀이의 흐름에 따른 교육과정 공동 구성	사회적, 생태적 이슈와 연결된 교육과정 재정향+영유아의 흥미 놀이에 따른 공동 구성
문제 인식	영유아의 관점에서 지금-여기의 문제	오늘의 행동이 미래에 미칠 영향을 고려하기 윤리적 문제 설정
교사의 실천	놀이를 민감하고 관찰하고 이해하고 지원, 영유아의 경험 존중	놀이를 통해 비판적 사고, 공동체성, 윤리적 실천 등
교사의 책임	영유아의 놀이를 지지하고 깊이 있게 이끄는 존재	영유아가 지속가능한 삶의 태도를 배우도록 돕는 사회적 책임을 지닌 교육자

교사는 놀이를 통해 배우는 영유아의 삶에 주목하고 그 안에서 지속가능한 삶의 가치를 발견하며, 놀이를 통해 교육과정을 재구성하는 교사의 역할은 곧 ESD의 실천이기도 하다. 이 두 역할의 관계성을 이해하는 것은 교사들이 일상에서 ESD를 실천 가능한 교육으로 받아들이게 되는 중요한 전환점이 된다.

SG(Sustainable Goals)의 가치에 대한 공감과 공유, 이를 실현하기 위한 교사의 ESD 운영 역량과 역할에 대한 이해, 그리고 이러한 실천을 가능하게 하는 놀이 중심 교육과정 운영에 대한 인식은 결국 하나의 질문으로 모인다.

"나는 교실에서 어떤 교육적 신념을 가지고 놀이를 바라보고 지원할 것인가?"
"그리고 이를 실천하기 위해 교사로서 나는 어떤 역할을 해야 하는가?"

교사들은 실제 놀이 장면을 관찰하고, 그 안에서 발견되는 삶의 가치와 아이들의 역량을 함께 읽어내며, 자신이 어떤 가치를 중요하게 여기는지를 성찰한다. 그리고 내가 더 해야 할 것과 덜 해야 하는 교사로서 자신을 성찰한다. 얼마 전 ESD 학습공동체를 마무리하려고 할 때, 해당 일 놀이 사례를 발표한 교사분이 "선생님들, 마지막으로 제가 한 말씀 드려도 될까요?"라고 하셨다.

"혹시 아셨나요? 이 놀이 영상 속에는 장애를 가진, 교사의 도움이 필요한 아이가 있었어요. 전혀 모르셨죠? 그 아이는 다른 아이들과 함께 놀이하고 있었어요."

나는 이것이 놀이가 지닌 힘이라고 생각한다. 영유아는 자신이 좋아하고 하고 싶은 놀이를 하면서 자신의 방식으로 성장해 나가는 유능한 존재이다. 그 유능함은 외적인 조건이나 도움의 유무와 관계없이 놀이하며 자연스럽게 발현된다. 교사는 놀이 안에서 유능함의 흐름을 발견하고 지지하는 존재이다. ESD는 관계 속에 있는 존재들이 서로를 돌보는 윤리를 실천하는 교육이다(이금자 외, 2024). 놀이하며 자라는 유아, 그것을 가치 있게 바라보는 교사, 그리고 나와는 조금 다르지만 함께 놀이하는 기쁨을 알아 가는 또래. 바로 이 관계가 존중받는 곳이 ESD가 실천되는 교육의 장이다.

그날 교사의 이야기를 통해 우리는 그 아이가 즐겁게 놀이에 참여하고 있음을 놀이의 가치로 바라봄으로써 놀이를 통해 서로를 바라보는 방식에 대해 다시 생각할 수 있었다. 그리고 그 마음을 함께 나눈 우리는 놀이를 매개로 한 교사와 유아 서로 간의 돌봄과 존중이 실제로 어떻게 작동할 수 있는지를 경험하게 되었다. 비록 비대면으로 진행된 공동체였으나, 그날 마지막 순간은 말보다 더 깊은 울림을 전하였다.

- **새로운 관점으로 놀이 바라보기(3, 4차시)**

유네스코 위원회(2019)는 지속가능한 삶을 위한 지속가능발전목표(SDGs)를 달성하기 위해, 모든 학습자가 공통적으로 길러야 할 핵심 역량을 제시하고 있다. 이들 역량은 단순한 지식 습득을 넘어, 복잡한 사회·환경적 문제를 이해하고 행동으로 옮길 수 있는 능력을 의미한다. 첫째, 시스템적 사고 역량은 복잡한 시스템과 다양한 관계, 상호작용을 인식하고 분석하는 능력을 말한다. 둘째, 예측적 사고 역량은 미래의 가능성을 탐색하고 장기적인 관점에서 대안을 설계할 수 있는 역량이다. 셋째, 규범적 역량은 가치와 원칙에 기반하여 지속가능한 방향을 설정하고 판단할 수 있는 능력이며, 넷째, 전략적 역량은 지속가능한 사회를 위한 실천 계획을 수립하고 실행하는 능력을 포함한다. 이외에도 협력 역량, 비판적 사고 역량, 그리고 자기인식 역량이 포함되며, 이는 각각 타인과의 소통 및 협력 능력, 기존 구조나 사고를 비판적으로 분석하고 재구성하는 능력, 자기 자신의 가치관·감정·정체성을 성찰하고 조율하는 능력을 뜻한다.

그러나 현재 많은 교육 현장에서의 ESD 실천은 여전히 환경적·사회적·경제적 요소에 대한 기술적 지식의 전달에 집중되는 경향이 있다. 그러나 이러한 지식 중심의 접근만으로는 지속가능한 삶을 위한 교육의 본질에 도달하기 어렵다. <u>따라서 우리는 역량 함양을 가능하게 하는 토대로서 '가치'에 주목한다. 이에 따라 책임감, 배려와 공감, 공정성, 연대와 협력, 비판적 사고, 절제와 자율, 회복탄력성, 생태감수성과 같은 가치를 지속가능발전목표 달성을 위한 삶의 기반이자 교육의 핵심으로 설정하고 이를 교육과정 안에서 지속적으로 성찰하고자 한다.</u>

이는 교사가 교실에서 놀이를 어떤 시선으로 바라볼 것인가, 그리고 어떤 태도로 아이들과의 일상을 살아낼 것인가를 결정짓는 기준이 된다. 이를 위한 지속적인 가치 기반의 성찰은 ESD의 교육적 실천을 가능하게 하는 실질적인 토대가 된다. 교사는 이 렌즈를 통해 단순히 눈에 보이는 놀이의 표면을 넘어서, 그 안에 흐르는 의미와 가능성을 읽어낼 수 있고, 그 가치를 기반으로 한 교육적 결정을 내릴 수 있게 된다.

이를 위해 학습공동체에서는 교사들이 사전에 공유한 놀이 영상을 함께 보며, 그 안에서 발견할 수 있는 지식과 기술, 그리고 무엇보다 중요한 가치를 함께 읽어내는 협의를 진행한다. 영상 속 놀이를 보며 각자가 의미 있게 느낀 순간과 그 이유를 나누는 과정은, 교사들이 놀이를 다양한 시선으로 해석해 보는 훈련이자 성찰의 시간이다. 이 협의에는 나도 함께 참여하지만, 내 의견이 하나의 '정답'처럼 받아들여지지 않기 위해 사전에 제공하는 협의 자료에는 내 관점을 명시하지 않는다. 교사들이 자기만의 관점으로 놀이를 바라볼 수 있도록 시선의 자유를 열어 두기 위함이다.

예를 들어, 다음은 우리가 함께 본 한 놀이 사례이다.

● 놀이 공유 사례

🔵 수정삼성어린이집 최하늘 교사(4세)

✅날짜:5월7일

✅놀이상황: 평소 바깥놀이를 매우 좋아하는 유아들과 함께 소그룹으로 바깥놀이를 즐겨보았다. 모래와 돌멩이만 있던 놀이터에서 열린매체로 종이상자를 활용해보고자 하였다.

✅교사 성찰: 항상 놀이하던 바깥놀이터이지만 상자 하나로 평소와 전혀 다른놀이가 진행될수있다는 점을 발견하였다. 유아들이 일상속에서 직접 필요한 재료를 찾으며 상상력을 더해 놀이가 진행될수있었다.
또한 모래로만 향하던 시선이 다양한 자연재료와 놀이터의 풍경에도 관심을가지게 되는 시간이었다.
앞으로 쉽게 지나칠수있는 재료들도 놀이에 활용될수있다는 점을 기억하고 주변을 잘 살펴봐야겠다는 다짐을 하게되었다.

질문. 놀이 사례를 통해 발견할 수 있는 가치는 무엇인가요?

아이들이 종이 상자를 가지고 실외에서 놀이하는 영상이었다. A 교사는 유아가 놀이에 필요한 재료를 스스로 찾으며 상상력을 펼치는 모습. B 교사는 재활용 가능한 상자를 활용한 점. C 교사는 모래 놀이에 익숙하던 아이들이 상자를 매개로 전혀 새로운 놀이를 시도하는 장면에 주목했다.

놀이 사례를 공유한 교사는 종이 상자 등 쉽게 지나칠 수 있는 재활용품에 대한 새로운 인식을 하였다. 그러나 나는 또 다른 장면에 시선이 머물렀다. 상자로 집을 만들고 싶어 하는 한 아이는 "선생님, 이거 상자 위쪽 잘라 주세요"라고 요청한다. 친구들이 만든 집을 보며 "그렇게 하면 너무 좁잖아!"라는 말로 더 넓은 공간을 필요로 했고, 지붕은 어떻게 만들지, 모래 위에 집 도면을 그려 가며 또래들과 아이디어를 주고받는 이 아이의 모습에서 문제를 발견하고 해결해 나가는 지점을 발견했다. 여기에 반응하며 함께 고민하는 교사와 또래들의 태도도 인상 깊었다.

여기에서 어떤 시선이 더 'ESD적'이라고 말할 수 있을까? 혹은 어떤 관점이 'ESD가 아니다'라고 단정할 수 있을까? 이에 대한 정답은 존재하지 않는다. 오히려 우리가 중요하게 생각해야 할 것은, '같은 놀이 장면이라 하더라도 함께한 사람의 시선에 따라 전혀 다르게 해석될 수 있다'는 사실을 인식하는 일이다. 이를 통해 우리는 '이 놀이를 어떻게 바라보고, 어떤 관점에서 지원할 것인가'에 대한 사고를 확장할 수 있다. 이러한 경험은 교사들이 다양한 시선으로 놀이를 바라보게 함으로써 영유아 놀이의 이해의 범위를 확장시키며 교사 간 협의의 가치를 깨닫게 한다.

ESD를 실천하는 교사의 역할은 단지 놀이 장면에서 가치를 발견하는 데 그치지 않는다. 아이들은 놀이 속에서 배우고 성장하며, 교사는 그러한 놀이가 지속될 수 있도록 놀이의 본질적 특성을 존중하고 지켜 주는 역할을 수행해야 한다. 나아가 아이가 놀이 속에 관찰되는 흥미를 발견하고 그 흐름을 놓치지 않도록 세심하게 지원할 수 있어야 한다.

이처럼 교사의 민감하고 의미 있는 지원은 아이의 놀이가 중단되지 않고 이어지도록 하는 실질적인 힘이 되며, 이는 곧 ESD의 실천적 기반이 된다. 따라서 ESD는 놀이에 가치를 부여하는 것을 넘어, 아이가 놀이 안에서 삶을 배우고 세계와 관계 맺을 수 있도록 교사가 어떻게 함께할 것인가에 대한 교육적 태도와 실천으로 확장되어야 한다.

● 교사 성찰 지원 예시

교사 놀이 기록: 놀이 특성-가치-지원 연결하기

놀이 관찰	발견한 놀이 특성	선택한 가치	교사의 지원

이러한 교사의 역할을 위해 꼭 필요한 것이 바로 '교육적 상상력'이다. 상상력이기에 정답은 없다. 사실, 우리가 아직 경험해 보지 못한, 살아 본 적 없는 미래를 위한 교육을 이야기하면서 상상력이라는 말 외에 그것을 설명할 적절한 언어가 있을까. 교사들이 마음껏 상상력을 펼치기 기대하며 나는 교사들에게 묻는다.

"이러한 상황에서 아이들을 위해 우리는 무엇을, 어떻게 지원할 수 있을까요?"

물론 처음부터 자신의 의견을 적극적으로 말하는 교사는 드물다. 특히 여러 기관이 함께 모인 자리에서는 더 그렇다. 하지만 "○○ 선생님, 함께 나눠 주세요"라는 말 한마디에 교사들은 언제나 자신의 경험과 생각을 조심스레 내어놓는다. 그 안에는 수많은 고민과 실천의 흔적, 그리고 교사로서 품고 있는 진심이 담겨 있다.

나는 말하지 않아도 교사들이 학습공동체 안에서 서로의 이야기를 들으며 보이지 않는 교육적 상상력을 확장해 가고 있다고 믿는다. 그들은 누구보다 아이들에게 의미 있는 교육을 하고자 하는 사람들이다. 자의든 타의든 학습공동체에 함께 모인 우리는 결국 성장하고 싶은 마음을 지닌 '사람'이기 때문이다.

"교육이란 본질적으로 희망의 행위이며, 그것은 사람들이 변화하고, 성장하고,
다시 시작할 수 있다는 믿음에 뿌리를 두고 있다(William Ayers, 2004:11)"

함께 모여 같은 가치를 바라보고 대화하는 이 자리는 서로를 성장하게 하는 교육 그 자체이다. 교사들은 서로의 실천을 통해 미래를 위한 교육의 희망을 발견한다. 그리고 그 희망은 각자 머물고 있는 교실에서 성장하고 시작할 수 있는 뿌리가 되어 준다.

- **ESD 지속하기(5차시)**

ESD를 지속하기 위해서 우리에게 필요한 것은 교육과정을 재정향하는 능력이다. 그동안 우리는 놀이하며 배우는 영유아들의 삶을 생각하며 그들의 놀이 안에서 놀이 특성을 발견하고 이를 가치와 연결하여 지원할 수 있도록 하는 흐름에 대해 함께 고민하였다. 지금부터 우리에게 필요한 것은 지원을 위한 노력이다. 이는 모든 것을 바꾸거나 하지 않았던 새로운 것을 해야 함을

의미하지 않는다. 그동안 해 왔던 것들을 지속가능의 관점으로 바라보며 내가 실천할 수 있는 것에서부터 변화시키는 것이다.

먼저 '놀이 관찰 - 놀이 특성 - 가치 - 지원'의 눈으로 놀이 사례를 해석한 후 이에 적절한 계획안을 작성 혹은 아이디어 공유의 시간을 갖는다. 이 계획안은 정답이 아니다. 우리는 지속가능한 미래라는 하나의 지향점을 가지고 있지만, 그 길로 향하는 길은 여러 갈래이기 때문이다. 교사들 스스로 ESD를 위해 지속가능한 미래를 위한 역량과 내용 가치로 놀이를 바라보며 놀이 목표와 지원을 위한 계획안을 작성해 보길 바라며, 교사들과 함께 협의하는 시간을 가졌다.

교사들이 공유한 놀이 사례에 대한 설명과 이를 토대로 나의 관점을 반영한 놀이 지원 계획안은 다음과 같다.

- 첫 번째 놀이 사례

놀이 사례

2세 영아들이 4세 반에 초대를 받았다. 4세 반에는 계란판을 잘라서 만든 물고기와 상자로 만든 어항이 있었다. 낚싯대는 휴지심에 실을 붙이고 그 끝에 집게를 달아 계란판 물고기를 잡도록 했다.
영아는 상체를 숙여 상자 안에 몸을 반쯤 넣어 물고기를 잡는다. 하지만 생각처럼 물고기가 잘 잡히지 않는다. 여러 번의 시도 끝에 여자 영아가 물고기 잡는 법을 알게 되었다. 여아는 자신이 잡은 물고기를 교사에게 보여 준다.

여아: 내가 이거 잡았어. ○○가 잡았어요. (여아는 계란판 물고기를 바닥에 놓는다)
교사: 물고기는 어디에 두면 좋을까?
여아: (물고기를 놓은 교실 바닥을 가리키며) 여기는 바닷속이라서, 여기 둬도 되지. (그렇게 말한 뒤 다시 물고기를 잡으러 간다)
여아: 나 또 잡았어요. 우아, 잡혔다. 잡혔어.
남아: 잘 안 잡혀지네.
교사: △△가 물고기 잘 안 잡힌대.
여아: 내가 도와줄게. 여기 잡아. 이렇게, 이렇게, 잡는 거지.
남아: (서로 마주 보고) 이렇게?
여아: 응응.
교사: 우리 □□이한테도 물고기 어떻게 잡는 건지 알려 주자!

	교육과정 재정향
나의 성찰	여아 1은 자신이 좋아하는 색의 낚싯대에 대한 관심을 시작으로 낚시를 하기 시작한다. 하지만 형님들이 만든 낚시 놀이는 영아들의 수준보다 조금 높아 보인다. 물고기는 생각처럼 잘 잡히지 않는다. 하지만 영아들은 포기하지 않는다. 자신이 잡은 것을 친구와 교사에게 자랑하며 "내가 도와줄게. 여기 잡아. 이렇게, 이렇게, 잡는 거지.", (서로 마주 보며) "이렇게?"라고 이야기하며 서로 물고기 잡는 방법을 공유하고 친구의 도움을 받아 혹은 스스로 힘써서 잡은 물고기 때문에 뿌듯함을 느낀다.
핵심 가치	도전과 협력
놀이 목표	• 영아: 타인의 감정과 행동에 반응하며 함께 놀이하는 경험을 한다. • 교사: 영아가 겪는 도전과 좌절 협력을 지속가능성의 안목으로 해석하고 지원한다. • 놀이: 반복과 모방 탐색을 통해 협력, 배려의 가치를 포함하는 과정 중심의 놀이를 한다. • 놀이 속에서 발견할 수 있는 삶의 역량: 협력과 관계 맺기, 문제 해결과 도전, 재활용품에 대한 관심, 상상 놀이 등
지원	**환경적요소: 자원의 새로운 쓰임 경험하기** **감각으로 탐색** • 감각으로 재활용품 물질적 특성 탐색하기 - 플라스틱, 유리, 종이 등을 성질을 감각으로 탐색하기 - 재활용품의 특성을 반영한 분리수거함 이름 바꾸기 - 분류 기준을 말로 표현하고 함께 정하기 **상상놀이** • 마트놀이 - 역할놀이 소품을 재활용품으로 바꾸기 • 재활용품으로 악기 만들어 연주하기 • 가정과의 연계를 통해 일상속에서 실천할 수 있도록 돕기 • 부모의 협력을 통해 삶의 역량을 경험할 수 있도록 하기

놀이 동영상과 위의 내용을 나눈 뒤 교사들은 소그룹 회의실로 모여 협의하는 시간을 가졌다.

> **교사들의 재정향**
> 교사들의 이야기: 서로 다른 어린이집 교사들 소수가 모여서 함께 놀이에 대해 이야기를 나누는 것이 재미있었습니다. 생각보다 시간이 빨리 지나가서 이야기를 많이 나누지 못해 아쉬웠습니다.

- 발견한 가치: 협력과 연대
- 목표: 영아들이 또래와 함께하는 즐거움을 경험하도록 하기
- 예상하는 지원
  - 바다 어항 상자를 넓게 만들어 함께 낚시할 수 있도록 지원하기
  - 아이들과 함께 바다를 넓게 구성하기
  - 재활용품으로 물고기 외에 다양한 바다 동물 만들어 보기

― 두 번째 놀이 사례

놀이 사례

3세 유아들이 실제 재활용품과 부직포에 붙인 재활용품 실물 사진을 이용해, 상자로 만든 분리수거함에 분류해서 넣는 놀이를 하고 있다. 아이들은 재활용품과 실물 사진을 분리수거함에 넣고 있다.

여아 1: (요구르트 병을 손가락으로 치면서) 플라스틱?
여아 2: (플라스틱 2개를 들고 서로 부딪히면서) 플라스틱? 보라 색깔이다. (플라스틱 통 안에 넣는다)
여아 3: 이거 플라스틱이에요?
교사: 저거는 깨지면 쨍그랑 소리가 나면서 깨지는 거래. 유리는 어디에 두어야 할까?
여아 4: (숟가락을 가지고 와서 유리통에 넣으려고 한다)
교사: 이게 유리일까? 얘들아. 지금 ○○가 들고 있는 건 유리일까? 플라스틱일까?
아이들: 플라스틱!

한 명의 여아가 물병 모양의 그림을 들고 마시는 표현을 한다. 그러자 여아 3, 4는 요구르트 병을 들고 마시는 표현을 한다.

여아 1이 구멍이 뚫린 플라스틱 재질의 통을 들고 마시는 표현을 한다.
교사: △△는 뭐 하고 있어?
여아 1: 물! 시원한 물!
여아 3: (숟가락을 가지고 음식을 떠먹는 표현을 한다)

	교육과정 재정향
나의 성찰	놀이를 하면서 나온 재활용품들에 대해 유아들이 관심을 갖기 시작해서, 이를 분류하는 것을 놀이로 지원하고자 하였다. 유아들은 플라스틱과 유리 등을 구분하는 기준을 "쨍그랑 소리 내면서 깨지는 것은 유리", "이건 단단하니까 플라스틱" 등으로 이야기하며 감각을 사용해서 재활용품을 탐색하는 것을 볼 수 있었다. 또한 재활용품을 그릇으로 사용하거나 서로 부딪혀 소리를 내면서 악기로 활용하는 등의 모습을 볼 수 있었다. 재활용품을 분류하는 이유는 재사용이 가능하도록 하는 것인데 유아들이 재활용품의 물체 특성 자체를 탐색하면서 놀이하는 것이 재활용품의 재사용에 대해서 자연스럽게 익힐 수 있는 좋은 기회가 될 것이라고 생각된다.
핵심 가치	환경적 요소 – 자원의 재사용 경험하기: 생태감수성
놀이 목표	• 유아: 감각을 통해 재활용품을 탐색하고, 놀이하며 순환하는 자원의 의미를 안다. • 교사: 자원의 성질에 주목하고 유아의 감각적 탐색과 이를 통한 가상 놀이를 확장한다. • 놀이: 지속가능한 자원을 활용하여 감각적 탐색, 상상 놀이 등을 즐긴다. • 놀이 속에서 발견할 수 있는 삶의 역량: 상상력, 책임감, 절제, 시스템적 사고 등

지원	**도전적 과제를 통해 협력하기**
	
	도전하는 어린이
	• 다양한 도구를 활용하여 물고기 잡기
	  - 나만의 낚시기구 만들기
	  - 숨은 물고기 찾기
	  (실외 영역에 물고기 숨긴 후 찾아보기)
	• 다른 재활용품 으로 물고기 만들기
	
	• 영아들의 '도전'을 지지하기 위해, 평소 영아들이 좋아하는 놀이의 수준보다 조금 높은 수준의 놀이 지원하기
	
	협력하는 어린이
	• 형님반과 협동하여 물고기가 사는 바다 만들기
	• 우리반의 어항 만들기
	• '협력을 지원할 수 있는 놀이 예시'
	  - 상자 놀이 쌓기, 상자로 자동차 만들어 서로 끌어주기
	
	평소 교실에서 영아가 흥미를 가지고 하는 놀이중 도전과 협력을 가능하게 하는 놀이 지원하기

> **교사들의 재정향**
> **교사들의 이야기:** 목표를 정하는 것이 힘들어서 놀이 영상을 보며 '아이들이 좋아하는 놀이가 무엇일까?'에 대해서 먼저 고민을 한 뒤 놀이에 대한 아이디어를 먼저 모아 보았습니다. 그 후, 놀이를 중심으로 가치를 생각해 보았습니다.

- 발견한 가치: 절제와 자율
- 목표: 분리배출의 의미를 놀이로 터득해 보도록 한다.
- 예상하는 지원
  - 재활용품을 분류해 보기: 진짜 쓰레기를 모아 재활용 마크를 확인하며 분류해 보기
  - 분류한 재활용품으로 나만의 놀잇감 만들기: 내가 만들고 싶은 놀잇감 스스로 만들어 보기)
  - 만든 놀잇감으로 전시회 하기: 필요한 만큼의 재료를 사용하기

이번 모임은 비대면 줌(Zoom)을 활용해 진행되었지만, 소그룹 중심의 협의 구조 덕분에 깊이 있는 대화와 관점의 나눔이 활발하게 이루어졌다. 서로의 시선을 통해 배우고, 스스로의 관점을 돌아보며, 교육의 본질을 다시 성찰해 보는 시간이 되었으리라 믿는다. 지속가능한 미래는 거창한 변화에서 시작되는 것이 아니라, 오늘 영유아와 마주한 한순간의 시선에서 시작될 수 있다. 우리 협력공동체가 만들어 낸 이 작은 변화의 흐름이 교실 안 놀이 속에서, 그리고 아이들의 삶 안에서 오래도록 지속되기를 바란다.

사례 2

놀이학습공동체: 놀이를 이해하고 지원하는 교사들의 모임

대학교를 막 졸업하고 어린이집 교사가 되었다. 그 당시 교수님께서 내게 이런 말씀을 해 주셨다.

"힘들죠? 아이들에게 말을 많이 하는 교사보다 아이들의 이야기를 들어주는 교사가 되세요."

그 말의 의미를 그 당시에는 깊이 이해하지 못했다. 그 당시에는 '아이들을 잘 가르치는 교사'가 유능한 교사라고 여겼다. 영역별 교수법을 잘 활용하고, 계획한 활동을 효과적으로 운영하는 교사의 능력에 집중하던 시절이었기 때문이다. 시간이 흘러 나도 그 문화에 익숙해지고 가르치

는 교사의 역할에 익숙해질 때쯤 교수님의 그 말씀이 문득 다시 생각났다. 그때부터 나는 내가 교사로서 하는 역할에 대해 의문을 품으며 아이들의 이야기에 귀 기울이는 교사가 되기 위해 노력했다. 그리고 그 노력은 지금도 여전히 유효하다.

2019 개정 누리과정 이후 놀이를 바라보는 시선과 역할에 대한 교사들의 고민은 5년이 지난 지금도 여전하다. 놀이학습공동체를 지원하며 가장 자주 듣는 말들이다.

"선생님, 저희가 지금까지 놀이 중심 교육과정이 아닌 적이 있었나요?"
"저는 아이들의 놀이를 존중하는 교사인데요. 존중만(아이들의 놀이를 보고만 있어도) 해도 되는 것인지 모르겠어요!"
"○○의 놀이를 이렇게 이해한 것이 맞나요?"
"이전의 계획한 것과 아이들의 흥미를 조율하는 것이 어려워요."

이 질문들 속엔 교사들의 정직한 고민이 담겨 있다. 나 역시 그 물음에 명쾌한 해답을 내릴 수는 없다. 다만 내가 할 수 있는 일은 교사 스스로가 지금 어떤 인식을 가지고 있는지, 그 인식이 놀이를 바라보는 시선에 어떤 영향을 주고 있는지를 함께 성찰하는 과정을 열고, 함께 협의하며 영유아의 놀이를 이해하고 지원하는 일이다. 얼마 전, 동기가 내게 물었다.

동기: 컨설팅 일은 어때?
나: 컨설팅은 아닌 것 같고… 그냥 학습공동체 지원이에요. 교사들이랑 같이 놀이 보면서, 아이들은 지금 뭐가 재미있는 걸까 고민하는! 그래서 즐거워요!
동기: 무엇인가 즐거운 일을 찾고 해 나가는 것기 멋지네!

나는 스스로를 컨설턴트라고 생각하지 않는다. 나는 교사들이 '보육과정을 바르게 적용'할 수 있도록 지도하거나 피드백하는 사람이 아니기 때문이다. 교사들과 함께 이해의 길을 찾아가고, 아이들의 흥미를 함께 발견하며, 다양한 가설을 더하는 협의자에 가깝다. 그리고 무엇보다 그 옛날 교수님의 말처럼 여전히 나는 내가 가르치는 사람에게 귀 기울이는 교사이고 싶다. 지금은 나의 역할이 바뀌었으니 나는 그 교사들의 나눔과 아이들의 놀이를 오가며 그 이야기를 경청한다.

이제부터 소개할 놀이학습공동체 지원 사례는 바로 이런 마음으로 함께한 여정의 기록이다. 교사들이 어떻게 자신의 시선을 돌아보고, 아이들의 놀이를 새롭게 해석하며, 놀이를 놀이답게 지켜내기 위한 실천을 만들어 갔는지에 대한 즐겁고 진지한 이야기이다.

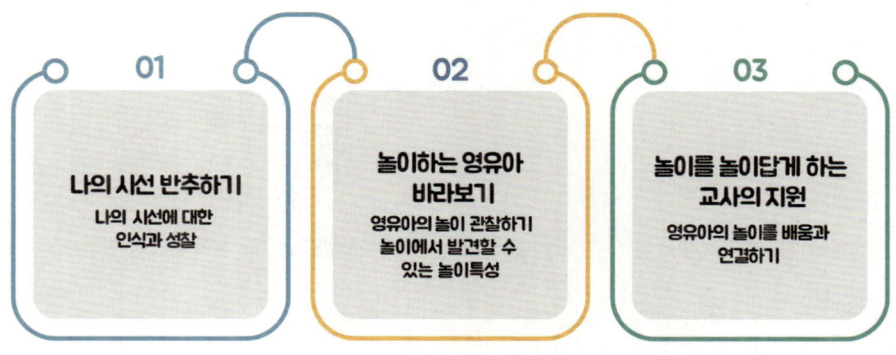

❶ 놀이학습공동체를 지원받고 싶어 연락드렸어요

어느 날, 한 원장님으로부터 연락을 받았다. 이번 해에는 교사들이 놀이학습공동체를 통해 놀이를 '잘'하는 교사로 성장하길 바라는 마음으로, 교사들에게 공동체 참여를 제안하셨다고 했다. 이에 교사들은 내부의 익숙한 논의에 머무르기보다, 외부의 시선과 관점을 접하며 배우고자 하는 의지를 보였다고 하셨다. 이후 주임 교사와 만나 교사들이 실제로 어떤 지점에서 어려움을 느끼고 있으며, 어떤 방식의 지원이 필요하다고 생각하는지를 구체적으로 나누는 자리를 가졌다.

"그동안 교사들이 놀이 중심 교육과정을 운영하면서 자신의 역할에 최선을 다해 왔어요. 놀이를 즐기고 아이들과의 시간을 진심으로 소중히 여기는 교사들이에요. 그런데 이번에는 내부의 익숙한 시선보다, 외부 사람의 낯선 시선을 통해 놀이를 새롭게 듣고, 보고, 배우고 싶다는 바람이 큰 것 같아요." [주임 교사의 이야기]

교사들은 영유아의 놀이를 지원하는 교사로서 열정을 지니고 있었고 무엇보다 더 배우고 성장하고자 하는 마음을 표현했다. 특히 외부의 시선을 통해 익숙한 관점에서 벗어나고, 놀이 중심 교육과정에 대한 이해를 보다 깊이 있게 확장하고자 하는 의지가 뚜렷했다.

이러한 교사들의 요구를 바탕으로, 나는 이번 학습공동체의 목적을 다음과 같이 설정하였다.

첫 번째, 나는 어떤 관점으로 영유아의 놀이를 이해하고 지원하고 있는지를 성찰한다.

두 번째, 스스로 또는 관계 속 상호작용을 통해 놀이하는 영유아의 모습을 관찰하며 새로운 시선으로 영유아 놀이를 이해한다.

세 번째, 영유아의 흥미와 관심에 대한 이해를 나누며, '무엇을 목표로 놀이를 지원할 것인가'를 고민하는 교사로서의 전문성을 함양한다.

● **목적**
- 영유아의 놀이를 이해하고 지원하는 나의 시선을 성찰한다.
- 다양한 방법(관찰, 기록, 대화, 성찰 질문 등)을 통해 놀이하는 개별 영유아의 놀이 의미를 발견하고, 놀이 특성을 이해한다.
- 놀이를 지원하는 교사로서의 전문성을 함양한다.

● **차시별 계획안**
- 각 주제를 중심으로 다룰 핵심 내용은 다음과 같다.

차시	제목	내용	연구원의 지원
1차	교사 정체성 세우기	전문가로서의 교사 정체성 세우기 자기 이해와 성찰로 나 돌아보기 나의 삶, 교사로서 나의 삶	강의
2차	나의 시선에 집중하고, 차이 발견하기	나에게 흥미 있었던 놀이(내 생각 성찰하기)/지금 우리 반에서 가장 흥미 있는 놀이 나눔 놀이를 관찰하며, 나의 관점 발견하기	의미 유목화 성찰 기록지 나눔
	평가-기록	나는 기록을 무엇이라고 생각하는가? 기록을 어렵게 하는 이유는 무엇인가? 우리 안에서의 기록 의미 정리하기	브레인스토밍 '평가'로서 기록이란?
3차	개별적인 영유아의 놀이 주목하기	영유아 놀이 동영상을 보며 놀이 특성 발견하기 영유아의 흥미 이해하기	놀이하는 영유아의 흥미의 다양한 측면 조명하기 우리가 발견한 놀이 특성
4차	관계 속의 영유아 놀이에 주목하기	다양한 방식으로 놀이 해석하기 나의 가치와 철학, 교육과정의 내용, 영유아 간의 관계, 놀잇감과 영유아의 관계 등 여러 방면에서 놀이를 바라보고 이해하기	영유아의 놀이 변화를 생각하며 공간, 놀잇감 등 지원할 수 있도록 협의

공동체는 공통의 목표, 가치, 관심사를 공유하는 사람들이 모여 형성된 집단이라 할 수 있다 (서근원, 2013). 그러나 공동체에서 다뤄지는 주제와 대화는 고정된 것이 아니라, 구성원 간의 상호작용과 관계에 따라 유동적으로 형성되고 변화한다. 특히 공동체 내에서 신뢰를 기반으로 한 대화가 이루어질 때 구성원들은 더 깊은 공감과 연대를 경험하게 되며 이는 공동체 논의의 내용과 질을 더욱 풍부하게 만든다(Fagnan et al., 2014).

나는 첫 번째 시간 교사들과의 만남을 통해 평가제를 앞두고, 교사들은 놀이 이해를 넘어서 실질적인 실천과 적용에도 관심을 두고 있음을 알 수 있었다. 놀이에 대한 개념적 접근을 넘어서 실제 교실에서 어떤 방식으로 놀이를 지원하고 상호작용할 수 있을지를 함께 탐색하고자 했다.

이에 따라 기존의 계획을 수정하여 3, 4차시에서는 실제 영유아 놀이 동영상 사례를 중심으로 '놀이의 특성과 교사의 지원'을 어떻게 연결할 수 있을지를 구체적으로 살펴보았다. 교사들은 자신이 관찰한 놀이 장면을 바탕으로 놀이에서 발견할 수 있는 가치와 의미를 해석하고, 이를 실제 교실 지원으로 연결해 보는 과정을 통해 자신의 실천을 점검하고 확장하는 기회를 가질 수 있었다.

'놀이 지원'에서는 특히 평가제의 내용인 '비구조화된 놀잇감'의 의미와 교육적 의의에 대해서 함께 협의했다. 단순히 기준을 충족하기 위한 형식적 해석을 넘어서 놀이 중심 교육과정에서 왜 비구조화된 놀잇감의 지원을 중요하게 생각하는지, 비구조화된 놀잇감 지원을 위해 교사가 어떠한 관점과 태도로 접근해야 하는지를 중심으로 나눴다.

기존의 계획에서 변경한 내용은 다음과 같다.

차시	제목	내용	연구원의 지원
3차	놀이를 바라보는 안목 기르기	영유아의 놀이 영상 관찰하기 나의 시선 성찰하기 놀이 느낌 - 해석 - 의미 발견하기 관계 속에서 영유아의 놀이 이해하기	놀이 영상 촬영 놀이 기록 공유 놀이 협의
4차	비구조화된 놀잇감 이해하기	놀이 특성 - 가치 - 지원 연결 이해하기 비구조화된 놀잇감 지원하기 왜 비구조화된 놀잇감을 지원하지? 어떻게 놀이를 관찰하지? 비구조화된 놀잇감으로 놀이하며 놀이 가설 세우기	협의

기존 계획에서의 변경을 통해 교사들은 놀이에 대한 이해를 통해 자신의 교실에서 실천 가능한 방향을 함께 모색할 수 있었다. 특히 영유아 놀이 동영상 사례를 중심으로 놀이의 특성을 해석하는 과정은 교사들의 참여도를 높이고 논의를 한층 더 구체화시켰다. 나 역시 교사들은 자신의 반 아이의 이야기를 나눌 때 가장 행복해하는 존재들임을 다시 느끼는 시간이었다.

나는 학습공동체를 지원할 때마다 다음의 질문을 스스로에게 던진다. "우리는 누구를 위한 공동체를 만들고 있는가?"이다. 이 질문에 대한 나의 대답은 분명하다. 학습공동체는 결국 영유아를 위한 공동체여야 한다.

내가 영유아 교육이라는 길을 선택하게 된 데에는 개인적인 경험이 크게 작용했다. 여섯 살 무렵 낯선 환경에 대한 두려움으로 교실 의자에 앉아 울고 있던 나를 따뜻하게 안아 주었던 선생님에 대한 기억은 지금까지도 뚜렷하게 남아 있다. 엄마와 함께 가야 하는 소풍날, 동생을 낳아 몸조리를 하고 있는 엄마를 대신해 내 손을 꼭 잡아 주었던 그 선생님의 배려는 내가 '아이들에게 사랑을 주는 교사가 되고 싶다'는 마음을 품게 된 계기가 되었다. 그 경험은 내가 이 교육을 선택하게 하며 내가 어떤 가치관으로 교사들을 지원해야 하는가에 대한 뿌리가 되었다고 해도 과언이 아니다.

지금 나는 교사들과 함께 아이들의 놀이를 관찰하고, 그 의미를 해석하며, 놀이를 지원하는 방식에 대해 논의하는 일을 하고 있다. 이러한 협의를 통해 교사들은 자신의 시선을 성찰하고, 놀이를 해석하며, 교육과정 운영 역량을 실질적으로 강화하게 된다. 나는 교사들의 성장을 단지 교사 개인의 발전으로 보지 않는다. 교사의 성장은 곧 아이들의 놀이가 존중받고 확장될 수 있는 환경으로 이어지며, 이는 궁극적으로 영유아의 배움과 삶의 질을 향상시키는 기반이 된다. 우리가 함께 만들어 가는 전문성은 놀이하며 자라는 어린이의 삶을 더 풍요롭고 의미 있게 만드는 실천으로 이어져야 한다. 이것이 내가 학습공동체를 지원하며 지향하는 가장 본질적인 목적이다. 나는 나의 지원이 '놀이하며 자라는 어린이를 더욱 행복하게' 하는 일이었으면 좋겠다.

❷ 아이들 놀이를 이렇게 볼 수도 있구나!

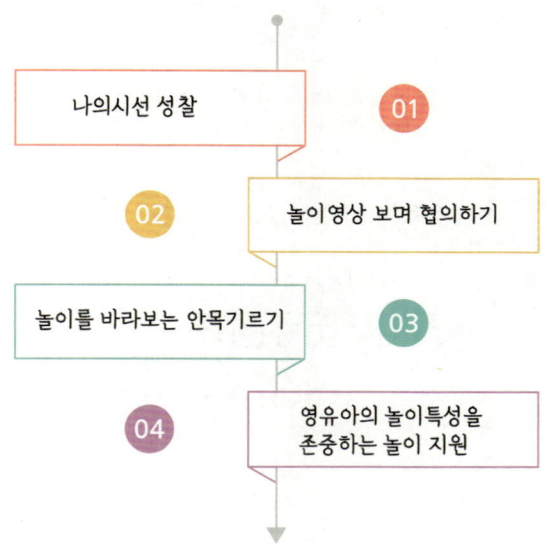

　첫 시간, 나는 교사들과 함께 '지금 나는 아이들의 놀이를 어떤 시선으로 바라보고 있는가'에 대해 이야기를 나누었다. 놀이에 대한 정의나 이론적 설명이 아니라 교사 각자가 현장에서 의미 있다고 느꼈던 놀이 장면을 떠올리고 그 장면을 어떤 관점으로 바라보고 있었는지를 직접 이야기해 보는 시간이었다. 이 대화는 단순한 정보 공유가 아닌 자신의 시선을 스스로 성찰하고, 동료의 이야기를 통해 나의 해석을 확장하는 과정이었다. "나는 무엇을 놀이로 보고 있었는가?", "왜 어떤 장면에 내 시선이 오래 머물렀는가?"라고 질문함으로써 자신의 이해와 지원의 방향이 같은가에 대해서 고민해 볼 수 있는 시간을 마련했다.

　지금 하고 있는 놀이 지원에 대해 잘하고 있는 것인지 고민이 많았는데, 이번 놀이학습공동체 활동을 통해 아이들의 놀이에 어떤 의미를 부여하여 존중해 주어야 할지 좀 더 깨닫는 시간이 되었습니다. 내가 중요하게 생각하고 지원하는 부분이 어떤 부분인지 알게 되어, 내가 중요하지 않게 생각하는 부분도 어떤 이들에게는 중요한 것임을 존중하며 아이들의 놀이를 보다 수용적인 태도로 지원해야겠다는 생각을 하게 되었습니다. [B 교사]

● 교사 성찰일지 나눔: 나에게 가장 의미 있었던 놀이는?

나 - 놀이 중심 교육과정 연결하기		
날짜		교사명
놀이 제목	소개하고 싶은 놀이의 '제목'을 왜 의미가 있었는지에 대한 내용의 핵심이 잘 전달되도록 작성해 보세요.	
놀이 나눔		
교사로 생활하며 가장 의미 있었던 놀이는 어떤 놀이일까요? 놀이를 나누어 주세요. 글로 적으셔도 좋고, 사진을 넣으셔도 됩니다. 시를 쓰셔도 되고 그때의 이미지를 그림으로 나타내셔도 좋습니다.		
'나'의 성찰		
Q1. 나는 어떤 교육적 가치를 중요하게 여기는 교사인가요? Q2. 교사로서 나에게 의미 있는 그 놀이를 통해 영유아는 어떤 경험을 했을까요?		
Review	Q1. 오늘 다른 교사들의 나눔을 들으면서 어떤 새로운 생각을 하게 되셨나요? Q2. 평가를 위한 기록을 나의 언어로 다시 정리해 봅시다.	

이렇게 시작된 성찰을 바탕으로, 나는 교사들에게 관찰, 기록, 협의, 평가로 이어지는 놀이 이해와 지원, 곧 놀이 평가의 흐름을 제안했다. 놀이를 평가한다는 것은 곧 '내가 무엇을 중요하게 여기고 있는가'를 드러내는 일이며, 이 시선은 관찰을 통해 구체화되고 기록을 통해 언어화되며 협의와 평가를 통해 공유되고 정교해진다. 즉, 교사가 무엇을 보고 있는지를 성찰하는 경험은 자연스럽게 무엇을 어떻게 관찰하고 어떤 맥락으로 기록할 것인지에 대한 관점을 형성하게 한다.

이러한 이해를 바탕으로 나는 교사들고 '기록'과 '평가'라는 말이 담고 있는 교육적 의미를 다시 함께 생각해 보고자 했다. 놀이 중심 교육과정에서 관찰과 기록은 단순한 절차가 아니다. 그것은 교사가 놀이를 어떻게 바라보고, 그 의미를 누구와 어떻게 나누는가를 드러내는 실천이며, 결국 이 모든 과정은 '평가'라는 이름으로 이어진다. 그런데 교사들에게 '평가'라는 단어는 익숙하지만 여전히 무겁고 불편한 말이다. 많은 교사들은 놀이 평가를 '기록해야 하는 것', '서류로 남겨야 하는 것'으로 이해하고 있었고, 이러한 협소한 이해는 교사들이 놀이를 해석하는 방식에도 제약을 주고 있다. 따라서 나는 교사들이 '평가'에 대한 관점을 새롭게 가질 수 있도록, 평가의 어원을 함께 살펴보는 시간을 가졌다.

이진희, 허정민(2020)은 평가의 세 가지 핵심 개념을 소개한다. Assessment는 '함께 앉는 것'에서 출발하며, 이는 이해와 공감의 행위를 의미한다. Evaluation은 '가치 있는 것을 밖으로 이끌어 낸다'는 의미로, 학습자의 삶과 배움 속에서 발견한 가치를 드러내는 과정이다. Observation은 단순히 보는 것이 아니라 관찰자가 자신의 세계관과 가치, 철학을 담아 해석하는 시선을 뜻한다. 이러한 개념들이 시사하는 바는 명확하다. <u>평가는 교실 바깥에서 만들어져 정해진 기준을 일방적으로 적용하는 행위가 아니라, 지금 여기 이 아이의 배움의 흐름 속에서 교사와 아이가 함께 바라보고 의미를 찾아가는 관계적 실천이어야 한다는 점이다.</u>

이러한 관계적 실천으로서의 평가는 곧 교사의 돌봄의 윤리로 생각할 수 있다. 돌봄은 단순한 보호나 배려를 넘어, 타자의 삶에 응답하려는 적극적인 의지이며, '지켜보는 시선'에서 '함께 살아내는 자세'로 나아가는 관계의 방식이다(Noddings, N., 2013). 따라서 놀이를 관찰하고 해석하며 평가하는 과정은 바로 이러한 돌봄의 윤리를 기반으로 한 응답이어야 한다. 이는 곧 교사는 아이의 행동을 판단하거나 기존 해석의 틀에 맞춰 분류하는 존재가 아니라 아이의 말과 몸짓, 그들이 만들어 가는 놀이의 맥락을 진심으로 이해하고자 귀 기울이는 사람이어야 함을 의미한다.

실제로 아이의 놀이를 이해하고자 관찰하는 태도, 그리고 그 안에서 의미를 만들어 가려는 실천 모두는 '이 아이의 삶에 책임 있게 응답하려는 윤리적 선택'에서 비롯된다. 그렇기에 놀이를 기반으로 한 평가가 교육적으로 의미 있으려면 관계 맺음과 돌봄의 윤리를 내포하고 있어야 하며, 그 속에서 교사는 지켜보는 사람을 넘어서 함께 살아가는 사람으로 자리할 수 있다. 이러한 맥락에서 놀이 중심 교육과정에서 교사의 역할은 더 이상 주제와 관련된 지식을 놀이로 '가르치는' 사람이 아니다. 오히려 교사는 "무엇을 하고 있지?"라는 호기심을 품은 시선으로 아이들의 관계 속에 들어가는 사람이어야 한다(Susan Stacey, 2015). 놀이를 이해하려는 시선은 질문에서 시작되고, 그 질문은 다시 관계 안으로 교사를 이끈다.

그렇다면 그들과 함께 학습공동체를 운영하는 나는 그들과의 관계에서 "어떤 존재인가?", 달리 질문하면 "나는 그들의 관계 안에서 또 다른 어떤 관계를 맺어야 하는가?"라는 질문이 나에게 돌아온다. 인정하기 싫지만 나는 그들을 지원하는 사람으로서 그들과는 다른 위치적 권력을 가지고 있다(Leavitt, 2014). 바로 이 지점에서 나는 스스로 그것을 인정하기 때문에 그들과 대화하고 귀 기울이며 그 안으로 들어가고자 끊임없이 노력한다. 그러나 동시에 나는 그들에게 낯선 시선을 제공할 수 있다는 나만의 특성이 있다. 그래서 나는 현장에서 매일 놀이를 지원하는 교사들과는 조금 다른 위치에서 아이들의 놀이를 조명하고자 했다. '교사'가 아닌 '관찰자'의 시선으로 아이들의 놀이를 바라보고, 그 순간을 영상으로 기록했다. 그 영상은 단지 기록을 위한 영상이 아니라, 아이들의 흥미와 놀이 특성이 드러나는 장면을 발견하고 함께 나누기 위한 시작점이었다.

그 후 교사들과 함께 놀이 영상을 보며 "나는 어떤 장면에 주목했는가?", "왜 그 장면이 내 시선을 붙잡았는가?"를 스스로 성찰해 보았다. 이 과정을 통해 각자는 자신이 무엇을 중요하게 여기고 있었는지, 어떤 관점으로 놀이를 바라보고 있었는지를 더 분명히 인식할 수 있었다. 자연스럽게, 자신의 시선이 머물렀던 위치와 해석의 틀이 드러났고, 내가 익숙하게 사용하던 해석의 관점이 무엇이었는지도 확인할 수 있었다.

이후 우리는 영유아-영유아, 영유아-교사, 영유아-놀잇감 등 다양한 관계를 중심으로 놀이를 다시 관찰하고 해석했다. 이 과정을 통해 교사들은 기존의 해석 방식을 벗어나 새로운 맥락을 읽어내기도 했고, 동료 교사의 해석을 통해 자신의 시선을 확장해 나갔다.

첫번째, 나의 시선 성찰하기
- feel(느낌) 장면을 보며 즉각 떠오른 이미지
- frame(해석) 내가 적용한 이론, 가치, 경험
- focus(의미) 추가 탐색이 필요한 관계, 상징

다양한 관계로 다시 놀이 바라보기
- feel(느낌) 놀이를 관찰하며 주목한 장면
- frame(해석) 다양한 관계 안에서 놀이 의미 발견하기
- focus(의미) 추가 탐색이 필요한 관계, 상징

내용	관찰
주목한 놀이 장면	
놀이 장면 해석	
협의	
새롭게 발견한 의미	

> 교육을 통해서 아이들이 놀이하는 모습을 다양한 시각에서 관찰하고 해석할 수 있었고, 교사의 놀이 지원 또한 적극적으로 이루어질 수 있었습니다. 교사에 따라 놀이를 재해석할 수 있음을 이해하며 반에서 이루어지고 있는 놀이를 다양한 방법으로 해석하고 놀이에 반영할 수 있게 되었습니다. 놀이의 개념과 가치를 이해하고 교사들의 다양한 생각들을 공유할 수 있어서 너무 즐거웠습니다. [A 교사]

이는 결국 놀이를 바라보는 교사의 '안목'과 연결된다. 안목이란 놀이를 바라보는 감각이며, 아이의 행위와 그 맥락을 어떻게 이해하고 해석하느냐를 결정짓는 교사의 내적 렌즈다. 이는 단순히 훈련이나 지식으로 얻어지는 것이 아니라, 끊임없는 성찰과 타인과의 대화를 통해 점점 더 정교하고 깊이 있는 시선으로 다듬어질 수 있다.

예를 들어, 봄을 주제로 한 활동에서 한 교사는 아이들과 함께 물감으로 나비 날개를 만드는 데칼코마니 활동을 계획했다. 그런데 한 아이는 데칼코마니에는 큰 관심을 보이지 않고, 물감을 손으로 직접 만지며 감각적으로 탐색하기 시작했다. 이 장면을 어떤 교사는 '활동에서 벗어난 행동'으로 볼 수도 있지만, 또 다른 교사는 '감각적 경험의 시작'으로 이해할 수도 있다. 같은 장면을 어떻게 해석하느냐는 교사의 안목에 달려 있으며, 그 안목은 곧 놀이를 존중하는 방식과 교육적 판단에 깊이 영향을 미친다.

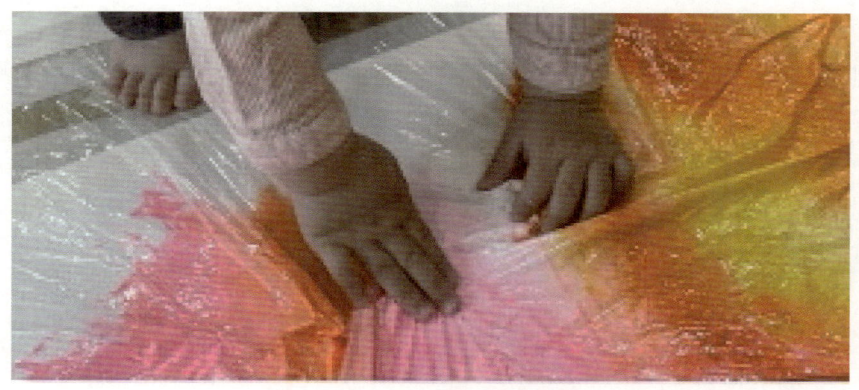

이러한 시선을 좀 더 구체적으로 살펴보자. 같은 장면을 본 한 교사는 이렇게 생각할 수 있다. "왜 저 아이는 활동에 참여하지 않을까?" 하지만 또 다른 교사는 "이 아이는 지금 감각을 통해 물감의 질감, 색의 변화 등을 경험하고 있는 거구나."라고 바라볼 수 있다. 같은 장면을 두고도 이처럼 해석은 다를 수 있다. 바로 이 차이가 놀이를 바라보는 교사의 안목이며, 안목은 교사가 놀이를 어떻게 읽어내는지를 보여 주는 중요한 감각이다. 중요한 것은 안목에는 정답이 있는 것이 아니라, 다양한 시선을 품고 해석할 수 있는 가능성이 있다는 점이다. 따라서 교사는 놀이를 해석할 때 아이의 성향과 기질, 관계 맺음의 방식 등 다양한 맥락을 함께 고려하는 동시에 혼자보다는 동료들과 함께 협의하는 과정 속에서 더욱 풍성해질 수 있다. 한 사람의 시선은 언제나 제한적일 수밖에 없고, 다양한 사람의 시선은 하나의 현상을 다각도로 이해할 수 있도록 돕기 때문이다.

이러한 안목을 바탕으로, 우리는 교사들과 함께 영유아의 흥미에 대한 다양한 가능성을 탐색하며 가설을 세워 보는 협의를 진행했다. 이를 위해 나는 교사들의 교실에 들어가 영유아의 놀이를 중심으로 한 놀이 영상을 촬영하였다. 그리고 교사들과 함께 그 영상을 다시 보며 "지금 ○○이는 무엇이 즐거울까?", "어떤 순간에 흥미를 보이고 있을까?"와 같은 질문을 중심으로 아이가 어떤 놀이에 몰입하고 있는지를 함께 추측하고 그 흥미를 어떻게 지원할 수 있을지 구체적인 방향을 상상해 보는 시간을 가졌다.

교사들은 아이들의 놀이를 다방면으로 관찰하면서, "지금 무엇에 흥미를 보이는가?", "그렇다면 교사로서 나는 어떤 방식으로 지원하거나 기다릴 수 있을까?"라는 질문을 이어 갔다. 이 과정을 통해 교사들은 "무엇을 더 제공할까?", "어떻게 놀이를 확장할까?"를 고민하기보다, 아이들이 같은 놀잇감을 가지고도 전혀 다른 방식의 놀이를 하며, 때문에 서로 다른 이해와 지원이 필요하다는 점을 발견하였다.

놀이 과정을 촬영하고, 다시 보는 과정에서 그동안 무심코 넘겼던 부분들을 볼 수 있었다. 또한 나의 시선뿐만 아니라 다른 교사의 시선으로 놀이를 바라보며 놀이를 더 넓은 시선으로 볼 수 있던 계기가 되었다. 이런 과정을 통해 그동안 나의 부족했던 점은 무엇인지 반성할 수 있었고, 앞으로 아이들에게 어떤 지원을 해 주면 좋을지 고민해 볼 수 있었다. [C 교사]

● 놀이 의미 읽기: 놀이 관계 발견하기(교사 기록 예시)

관계			놀이 관찰
	대상	예시	
1	또래	비언어적 의사소통이 있었는가? 한 아이의 행동이 다른 아이의 반응을 이끌었는가? 둘 이상의 아이가 같은 놀잇감, 공간을 공유하고 있는가? 역할, 규칙 등을 놀이하며 자연스럽게 변화시키고 있는가?	블록 두 개를 이어 붙여 병원 침대를 만들고, 동물 병원임을 이야기함. 이를 듣고 친구가 동물 모형 바구니에서 동물 모형을 꺼내어 병원 침대 위에 올림. 청진기를 목에 멘 유아가 동물 모형에 갖다 대며 진찰하는 모습을 표현함. 청진기로 동물 모형을 진찰할 때 이를 보고 다른 친구가 옆에 앉아 주사기로 주사 놓는 모습을 표현함.
2	교사	아이와 교사가 비언어적으로 소통하며 놀이하고 있는가? (눈 맞춤, 웃음, 미소 등) 교사의 개입 없이도 아이들은 서로 안심하며 몰입하여 놀이하고 있는가?	유니트 블록으로 로스트밸리를 구성하고 얼룩말, 코뿔소, 코끼리 모형을 각각 세워 둠. 접시에 음식을 담아 얼룩말, 코뿔소, 코끼리 모형에 먹이를 주는 모습을 표현하다 고개를 살짝 들고 교사를 바라보고 미소 지은 뒤, 다시 놀이에 참여함.
3	물질	특정 교구나 매체가 반복적으로 등장하거나 의미 있는 방식으로 사용되었는가? 물질에 이름, 역할, 감정을 부여했는가? 물질을 통해 관계가 시작되거나 이어졌는가?	나비 연구소와 내부에 알, 애벌레 등을 보살피는 공간을 구성한 후 알은 에그셰이커 악기, 애벌레는 원통형 모양의 유니트 블록으로 표현하며 놀이함. 에그셰이커를 흔들며 "이제 곧 애벌레가 태어나려 해"라고 이야기하고 깨지면 안 된다며 조심스럽게 손으로 감싸 스카프에 올려 둠. 친구가 비가 온다고 이야기하자 색 스카프를 애벌레 보살피는 공간 위를 덮음.
4	공간	아이가 놀이하며 공간과 장소를 구분하여 사용하였는가? 공간, 장소의 변화가 놀이의 흐름과 연결되어 있었는가? 공간의 구조나 조명이 놀이의 분위기/내용에 영향을 주는가?	동물병원 놀이를 하며 책상이 있는 공간을 '진료실'로, 책상 건너편에 의자를 일렬로 배치한 곳을 '대기실'로 정하여 공간을 구분함. 유아들은 동물 인형을 안고 의자에 앉아 순서를 기다리다가, 의사 역할을 맡은 아이의 부름에 따라 한 명씩 진료실로 인형을 데려감. 진료를 마친 후에는 약을 처방받고, 원형 책상이 있는 공간이 '약국'으로 정해져 그곳으로 이동해 약을 받음. 대기-진료-처방-약국 방문의 순서로 놀이의 흐름을 이어 감.

    4차 모임은 교사들의 관점과 실천이 더 구체화된 시간이었다. 교사들은 놀이를 지원하는 데 있어 '비구조화된 놀잇감'을 왜 강조하는지 함께 고민했다. 비구조화된 놀잇감의 물질적 특성과, 그 물질에 반응하며 놀이하는 아이들의 몸짓, 눈빛, 놀잇감의 변화를 민감하게 관찰하는 태도가 필요함을 함께 이야기 나누었다. 교사가 비구조화된 놀잇감을 지원하기 위해서는 먼저 그 놀잇감의 물질적 특성을 깊이 이해해야 한다. 이 생각을 바탕으로 교사들은 실제로 자신의 교실에 있는 놀잇감을 가지고 놀이해 보는 경험을 가졌다.

교사들이 준비한 놀잇감은 '종이봉투'와 '계란판'이었다. 처음 교사들에게 종이봉투와 계란판을 가지고 놀이해 보라고 했을 때 교사들은 막막해하였다. '종이봉투로 아이들은 어떻게 놀이할까?'라는 생각을 하며 봉투에 팔을 끼워 로봇 팔! 봉투를 세워서 도미노! 계란판 안에 공 던져서 넣기! 계란판으로 촉감 판 만들기! 지압 판 만들기! 물건을 경험과 연결하는 것에 익숙한 교사들이 놀잇감 자체의 특성을 고려하며 놀이하는 것에 대한 계획과 가설을 세우는 것은 쉽지 않았다.

그럼, 질문을 바꿔 보자! "아이들은 어떻게 놀이하나요?" 종이봉투에는 여러 가지 동물 모양 얼굴이 그려져 있었는데, 가면을 만들고 싶은 아이들이 종이봉투에 그림을 그려 얼굴에 쓰면서 놀이가 시작되었다고 했다. 빈 종이봉투는 양면이 가능하니 양쪽에 다른 그림을 그린 아이도 있었고, 종이봉투는 구겨지니 플라스틱 가면과 달리 꼭 눈과 코를 맞출 필요도 없었다. 종이는 아래를 구겨서 눈과 코를 맞출 수 있기 때문이다. 어떤 친구는 종이봉투의 네모 전체를 얼굴로 삼아 그림을 그리기도 하고, 어떤 친구는 종이 위에 종이를 붙여서 가면을 꾸미기도 했다. 아이들은 종이봉투를 가면으로 쓰고, 종이의 성질을 살려 구기거나 뒤집으며 자유롭게 놀이했다. 그들은 '종이'라는 물질이 주는 유연함에 반응하며, 그만의 놀이를 만들고 있었다.

아이들의 놀이 장면에 대한 이야기를 들은 후, 예상하지 못한 일이 일어났다. 내가 어떠한 질문을 하지 않아도 스스로 "우리 어린이집에 재활용품을 모아 둘 수 있는 공간이 있으면 좋겠어요.", "이 종이봉투를 나무 기둥으로 만들어 놀이했던 적이 있어요.", "필요하시면 재료 더 가져다드릴게요." 하며 서로의 경험이 이어졌고, 놀이에 대한 협의가 자연스럽게 흘러가기 시작했다. 그동안 교사들은 운영에 관련한 회의는 해 왔지만, 이렇게 놀이를 중심으로 서로의 이야기가 자연스럽게 오가는 협의는 낯선 경험이었다고 하였다.

돌아보면 놀이학습공동체의 과정을 통해 교사들은 스스로의 시선이 어디에 머물고 있었는지를 자각했고, 동료 교사들과의 나눔을 통해 그 시선이 확장될 수 있음을 경험하였다. 또한, 같은 놀이를 보고도 해석이 다를 수 있다는 사실을 받아들이면서, '정답'이 아닌 '다양한 가능성'으로 놀이를 바라보는 감각을 기르기 시작했다. 아이들이 자기 방식으로 놀이하듯, 교사도 자기만의 시선과 언어로 실천을 만들어 갈 수 있어야 한다. 그리고 그 가능성은 누군가와 함께 앉아 묻고, 나누고 기다리는 시간 속에서 자란다. 우리가 함께한 이 과정이 그 증거이며, 앞으로 더 많은 교사가 이 여정을 함께할 수 있기를 바란다.

4. 우리는 왜 함께 배우는가?

교사들은 늘 시간에 쫓기며 수많은 역할 속에서 분주한 일상을 살아간다. 다양한 서류들, 놀이 지원, 부모 지원 등 이 모든 것을 '잘 해내야만 하는 사람'으로 살아가는 것이 교사의 일상이다. 그 안에서 자신들의 실천을 돌아보거나 그 의미를 동료와 함께 나눌 기회는 많지 않았다. 그러나 실천적 지식을 통해 전문성을 함양해 가는 교사들에게 학습공동체는 이제 더 이상 선택의 문제가 아니다.

나는 ESD 협력공동체 그리고 놀이학습공동체가 만들어 준 가장 큰 변화는 교사들의 '관점'이라고 생각한다. "잘 보이는 놀이를 확장해야 한다"라는 당위가 아니라 "지금 나는 무엇을 보고 있는가?", "나는 무엇을 보아야 하는가?"라는 질문을 스스로 던지도록 하였기 때문이다. 놀이 사례를 함께 나눈 후 한 교사는 "지금까지 내가 봐 왔던 것이 전부가 아니었네!"라고 말했다. 이 질문은 단지 어떤 방법적 기술의 확장이 아닌 내가 무엇을 보고 있었는지, 그리고 무엇을 더 보아야 하는지에 대해 스스로에게 성찰의 기회를 준 의미 있는 시간이었다.

이러한 성찰은 혼자서는 가능하지 않다. 신뢰할 수 있는 타자와의 대화, 판단하지 않는 경청, 나의 말이 안전하게 머무를 수 있는 공간 등이 마련될 때 교사는 함께 대화하게 된다. 이를 위해서 나는 정답을 전달하는 컨설턴트가 아닌, 교사들이 자신의 생각을 구성해 나갈 수 있도록 질문하고 대화하는 '퍼실리테이터'가 되고 싶다.

이 책에서 소개한 놀이학습공동체는 특정한 장소나 사람들의 이야기가 아니다. 이 흐름은 지금도 다양한 현장에서 다양한 방식으로 새롭게 이어지고 있다. 그리고 그 중심에는 늘 아이들의 놀이가 있고, 그 놀이를 이해하려는 교사들이 있다. 놀이학습공동체는 교사의 실천을 변화시키는 전략이 아니라 함께 공동체를 이루고 그 가치를 발견하며 함께 나아가는 문화 그 자체를 만드는 일이다. 이를 위한 실천은 "어떻게 해야 잘할 수 있을까?"보다 "나는 왜 이 일을 하고 있는가?", "나는 어떤 교사가 되고 싶은가?"라는 질문에서 시작된다. 그리고 그 질문은 끝까지 혼자서 붙들기는 힘들다. 함께 질문을 던지고 함께 실천을 되돌아보며 함께 지지해 주는 사람들과의 관계 속에서 지속할 수 있다.

교사는 혼자 자라지 않는다. '교사 됨'을 묻고 놀이하며 자라는 아이들의 삶을 함께 지켜보는 동료가 있을 때 교사는 다시 교사로 설 수 있다. 그리고 이것은 결국 아이들의 놀이를 더 깊이 이해하고 더 온전히 존중하는 교실을 가능하게 한다.

마지막 시간 교사들과 함께 『보이거나 안 보이거나(요시타케 신스케, 2019)』의 책을 읽었다.

그림책 이미지 출처: 예스24

나는 교사들의 학습공동체가 같은 생각을 하는 사람을 만났을 때는 서로에게 안도감을 주고, 다른 마음을 가진 사람을 만났을 때는 그 다름을 통해 새로운 가능성을 함께 만들어 갈 수 있으면 좋겠다. 그 가운데 서로의 같음과 다름이 조화를 이루는 관계 속에서 교사 스스로가 자기 자신과 타인을 신뢰하며 전문적으로 함께 성장해 나가는 문화가 형성되기를 바란다. 이러한 문화는 결국 교사로서의 지속가능한 성장을 가능하게 할 것이다.

> 진정한 교육은 교육받는 사람들의 목적의식과 에너지를 참여시켜야 합니다.
> 이러한 참여를 확보하기 위해 교사는 돌봄과 신뢰의 관계를 구축해야 하며,
> 이러한 관계 안에서 학생과 교사는 협력하며 교육 목표를 만들어 갑니다.
>
> 넬 나딩스(Nel Noddings), 『교육철학』, 유네스코(2022:55)에서 재인용

제2장 원장연구소모임

말하다, 생각하다, 실천하다
: 지어져 가는 해석공동체

들어가며_ 우리가 가진 물음들

* 이금자

　몇 년 전부터 한국 사회에는 '민주적인 조직문화'와 '수평적인 리더십'이라는 말이 유행하기 시작했고 누구에게나 익숙한 말이 되었다. 영유아 교육기관도 예외는 아니었다. 달라진 평가제, 2019 개정 누리과정과 4차 표준 보육과정 개정 후 원장에게 조직문화를 잘 운영할 뿐 아니라 교직원의 전문성 신장을 위한 역량도 요구하고 있다. 이제 우리는 주어진 것을 수행하고 전달하는 자가 아닌 서로를 보아야 하는 패러다임 안에 놓여 있다. 이는 우리가 자율성과 주체성을 가지고 서로의 관계 안에서 함께 만들어 가는 존재로 바라보아야 함을 의미한다. 단지 영유아에게 귀 기울이고 이해하며 지원하는 것을 넘어서서 원장을 포함한 영유아 교육기관의 리더들은 무엇에 귀 기울이는지, 무엇을 이해하고 있는가에 대한 나의 관점과 본질적인 질문들을 던지게 하였다.

　원장이 조직문화에 미치는 영향력은 이미 오래된 정설에 가깝다. 원장은 하나의 조직에서 리더이자 운영자로서 수많은 가치를 선택하고 공유하는 역할을 한다. 원장이 그 원의 교사들에게 직간접적으로 미치는 영향을 다룬 연구는 수없이 많다. 얼마 전 한 책에서 "교사의 질은 조직문화의 질을 넘어설 수 없다(이진희 외, 2020)"라는 문구를 본 적이 있다. 우리에겐 조금 추상적인 느낌으로 다가오는 '조직문화(Organizational culture)', 조직문화란 구성원들이 다양한 상황에 대한 해석과 행위를 불러일으키는 조직 내에 공유된 정신적인 가치를 의미한다.

　조직문화는 조직 구성원이 환경을 해석하는 방식을 학습하는 데 필요한 '렌즈'의 역할을 하며 조직 구성원들이 공유하고 있는 '세상에 대한 관점(View of the world)'을 제공한다. 또한, 조직 구성원의 행동을 유도하여 구성원들이 서로를 대하는 방식, 의사결정의 질 그리고 궁극적으로는 조직의 성공 여부에도 영향을 준다(심리학 용어사전). 이것은 조직의 구성원들이 마주한 상황들을 해석하고 행동하게 하는 정신적인 가치이자 그것을 바라보는 '렌즈'와 같다. 하나의 조직에서 구성원들이 공유하고 있는 '세상에 대한 관점'이라고 할 수 있다. 그리고 조직문화는 우리가 조직문화를 활성화하기 위해 하는 행사들로 인해 막연하게 가지고 있는 즐거움, 기쁨, 활발, 협동 등의 이미지라기보다는 우리가 함께 구성해 가는 조직을 바라보게 하는 일종의 색깔 셀

로판지 혹은 개인의 시력을 고려해 맞춰진 그 사람만의 '안경 렌즈'와 닮은 점이 있다.

이러한 조직문화의 형성 과정에서 원장은 리더로서 중요한 위치에 있다. 지속가능한 발전의 목표를 이루려는 접근 방법 중 교육과 교육자는 가장 변혁적인 수단이라고 하였다(유네스코, 2022). 원장은 단순히 지식 전달에서 벗어나, 구성원들에게 가치와 비전을 제시하고, 개인과 조직의 성장과 배움을 위해 직간접적인 지원과 협력자로서 다양한 일을 해내야 한다. 나아가 민주적인 조직문화 형성을 위해 원장은 교사의 의견과 제안을 정책과 운영에 적극적으로 반영함으로써 참여 문화를 실질적으로 구현하는 주체가 돼야 한다. 원장이 민주적 가치와 협력의 원칙을 명확히 하고, 구체적인 실행을 위한 구조와 시간을 지원해야만 교사들은 자율적인 참여의 장을 열 가능성이 있다.

더욱이 지속가능한 영유아 교육기관의 학습공동체를 만들고 운영하기 위해서는 원장의 역할이 중요하고, 그 가치 체계가 조직문화 형성에 핵심적인 역할을 한다. 원장의 가치는 단순한 신념이나 규범을 넘어 구성원들의 행동을 유도하는 근본적인 방향성을 제공한다. 조직 내 가치 체계는 상황적 가치, 전략적 가치, 핵심 가치의 3단계로 구분할 수 있으며, 특히 핵심 가치는 조직의 장기적 방향과 교육철학을 결정짓는 기반이 된다(Schein, 2010). 이러한 가치 체계를 먼저 원장이 명확히 정리해야 하는 이유는 바로 여기에 있다. 원장이 구성원들에게 가치 체계를 지속해서 유지하고 공유할 때, 교사들은 변화하는 환경 속에서도 방향을 잃지 않고, 성찰과 전문성 향상을 지속할 가능성을 연결하는 주체가 된다. 원장의 가치는 구성원들과 공유함으로써 학습공동체가 일관된 목표 아래 협력하고 자율적으로 성장하도록 영향을 미친다.

오늘날 교육은 지속가능성의 패러다임 속에서 새로운 사회계약으로 전환할 것을 요구받고 있다(유네스코, 2022). 이 전환은 아이디어를 내고 이를 행동으로 실천하기 위해 참여해야 하는 다른 사람들과의 공동 작업 및 대화 과정을 통해 '공동체를 통해서' 가능하게 한다. 새로운 사회계약은 기존의 지식, 학습에 대한 사고방식을 바꾸길 요청하고 있다. 우리는 지식과 혁신을 제공해야 할 책임 의식을 확고히 하여 공동체를 운영하고 공동체에 함께하는 시민으로서 '공동체적인 노력'을 수반해야 한다.

지속가능한 미래를 위한 교육은 "(1)교육받을 권리와, (2)공공의 사회적 노력(Public societal endeavour)이자 공동재(a common good)로서의 교육에 대한 책임 의식(유네스코, 2022:12)"이라는 두 가지 기본 원칙에 중심을 두고 있다. "지속적인 지식 창조의 순환은 경쟁과 대화와 토론을 통해 이루어지고, 이는 학문적 경계를 넘나드는 실험을 통해, 또한 오래된 것의 재해석하는" 성찰로 새로운 의미를 생성하게 한다(유네스코, 2022:12). 지속가능한 교육은 우리 모두의 책임 의식을 촉구하고 있으며, 우리가 교육을 책임지려면 거버넌스가 포용적이고 참여적이어야 된다. 이 가치들은 혼자가 아닌, '공동체' 안에서 가능하게 한다. 학습공동체는 지속가능한 모두의 배움과 성장을 위해 요구되는 교육 방식이자 거버넌스로 볼 수 있다.

유네스코는 "교육학(Pedagogy)은 협력, 협동, 연대의 원칙을 기반으로 조직되어야 하고(유네스코, 2022:4), 교수 활동은 협력적 행위로 좀 더 전문화되어야 하며, 거기서 교사들의 역할은 지식 생산자이자 교육과 사회 변혁의 핵심 주체로 인식되어야 한다(유네스코, 2022:5)"고 하였다. 더 나은 사회, 지속가능한 미래를 위해 제안하는 새로운 교육 방식은 '협동'과 '팀워크'의 특징을 강조하고 있는 것이다. 이 보고서에서 교육은 공동재(a common good)로써 '서로를 돌보고 협력하는, 인간 능력의 발전을 위한 집단적 노력으로 증진할 수 있는 방식'으로 보고 있다. 바로 교육은 자신과 가족과 지역사회를 위해 장기적인 사회·경제적 웰빙을 창조할 수 있는 방향으로 추진돼야 한다. ESD 운영에서 요구되는 비판적 사고, 시스템적 사고 역량은 참여적이고 민주적인 환경에서 풍성해지므로(유네스코, 2022:48), 이러한 비전에 교육을 맞추기 위해서는 새로운 학습 방식인 '학습공동체'가 필요하며, 이를 통해 우리는 참여하고 협력한다. 학습공동체에 참여하는 우리는 책임감과 공감, 비판적이고 창조적 사고력을 기르며 서로 간에 상호문화적 학습을 경험한다.

또한, 지속가능한 사회를 위해서 교육은 자신의 발전을 넘어서서 함께 살아갈 미래를 향하는 통로가 되어야 한다(이금자 외, 2024). 특히 다양한 사람들이 모인 어린이집을 운영하는 원장은 지속가능성의 가치, 협력과 연대가 핵심 가치로 선택할 수 있어야 한다. 이러한 가치들로 지속할 수 있는 공동체를 잘 운영하려면 선 과저로 원장 스스로가 그러한 '공동체'를 경험할 필요하다. 선행 연구에서도 다양한 기관의 원장이 동료와 함께 배우고 연대와 협력의 가치로 운영되는 학습공동체가 절대적으로 부족한 실정이었다. 지속가능한 사회를 위해 공유와 연결성, 관계성을 내세우기는 하지만, 경쟁과 이익 추구의 문화에 속한 우리는 그 가치를 제대로 접해 보지 못했거나, 여전히 이상향에 머물러 있는 듯하다. 이에 우리는 새로운 교육 방식인 학습공동체를 원장을 대상으로 지속가능성의 가치들을 반영해 운영해 보았다. 여기서 우리가 생각하는 '지속가능성'은 '공유'와 '연결성', '관계성'으로 세 가지이다. 이러한 맥락에서 원장 학습공동체는 공유, 연결성, 관계성을 고려한 협력과 연대로 만드는 교육을 추구하였다.

ESG(Environmental, Social and Corporate Governance), ESD(Education for Sustainable Development)의 가치로 영유아 교육기관의 운영하기 위해서는 먼저, 원장이 연대와 협력의 가치로 움직이는 거버넌스, 함께 배움과 성장하는 학습공동체를 경험해 보아야 한다. 여기서 협력이란 원장님들이 속한 사회에서 신뢰를 바탕으로 서로 간의 관점을 이해하고, 경청하고, 비판적인 사고를 공유하는 것을 의미한다(유네스코, 2022). 원장은 학습공동체가 왜 중요한지 누구보다 잘 알고 있었지만, 스스로는 이러한 가치가 실현되는 학습공동체를 참여했거나, 운영해 본 경험이 거의 없었다. 이에 원장연구 소모임은 학습공동체를 통해 지속가능한 사회를 위한 거버넌스(G)에 참여해 봄으로써, 새로운 공동체를 실천해 나갈 수 있는 하나의 모형이 되도록 구상하였다.

더욱이 심각해지는 기후 위기는 지구의 '지속가능성'을 우려하면서 ESG, ESD 강조도 그 선상에 있다고 볼 수 있다. 영유아 교육기관의 원장들은 ESD의 필요성까지는 어느 정도 인식하고 있으나, 막상 무엇을, 어떻게 해야 할지는 몰랐다. 그래서 ESD를 어떻게 접목할지에 대한 논의와 실천은 교육의 변혁적 주체인 원장의 목소리에 귀를 기울이고자 하였다. 원장연구 소모임은 원장의 학습공동체로서 지속가능한 교육을 위한 협력과 연대, 공동의 의미를 생성하는 하나의 모형으로서도 그 가치가 있다.

지속가능성 가치로 주체들이 연결되는 거버넌스

지속가능한 영유아 교육기관을 만들기 위한 변혁적인 주체로서, 리더인 원장이 참여하는 공동체를 통해 '생각하고 참여하고 공유하며 앎·삶·일터의 배움으로 실천하는 방식'을 이어갔기에 다른 학습공동체와 차별점을 만들 수 있었고, 이는 새로운 학습공동체의 여정으로 그 의미가 있다. 원장 학습공동체는 지속가능한 영유아 교육기관을 위해서라도 더 나은 실천으로 나아가는 데 중요한 통로가 된다(지옥정, 김경숙, 2021:135). 또한, UNESCO는 '함께 그려 보는 우리의 미래' 보고서에서 교육이 공적으로 누구에게나 제공되어야 하는 공공재(a public good)일 뿐만 아니라 전 사회적 참여와 노력으로 함께 만들어 가는 공동재(a common good)임을 원칙으로 제시하며, 교육의 목적, 내용, 과정이 '협력과 연대'를 지향해야 함을 강조하고 있다(유네스코, 2022:3).

우리가 가진 물음들은 원장 개인의 역할에서부터 어린이집, 학습공동체, 조직문화 등 여러 갈래로 뻗어 나갔다. 공동체를 운영하는 원장은 무엇을 향하는가? 예상보다 더 복잡했다. 무엇이 옳은가? 무엇이 아름다운가? 무엇이 중요한가? 우리가 가진 물음들을 정리해 보기 시작하였다. 여러 가치를 정의하면서 정답이 아닌, 답을 찾아가는 그 과정 자체가 우리에게 새로운 길을 스스로 찾아가는 가능성을 열게 한다. 공동체 안에서 서로의 상호작용을 통해 소통하고 연결되어 서로 간의 다른 관점에 의해 조정되며 더 나은 것을 찾아갈 수 있기 때문이다.

무엇을 향하는가? 우리가 가진 물음들

- 원의 가치는, 각각 개인에 대해 이해하고 공감하며 서로에게 가장 좋은 것을 찾아가는 과정이 아닐까?
- 그 가치를 함께 찾아가기 위해서는 스스로 진정성 있게 고민하고, 진솔하게 다가가야 하지 않을까?
- 리더는 찾아가는 과정에서 서로에게 질문하고, 결과에 대해서는 책임져야 하는 사람이 아닐까?
- 무엇이 가장 좋은 선(善)인지를 찾아가는 그 과정 자체가 필요하지 않을까?
- 예측 불가능한 복잡계(Complex Systems)로서의 특징을 가진 조직문화는, 우리에게 최선인 것을 시도해 보고 실험해 보는 그 과정이 되어야 하지 않을까?
- 이미 정해진 정답이 아닌, 우리의 답을 만들어 가는 과정을 허용하는 문화가 되어야 하지 않을까?
- 결국, 이러한 문화는 교사가 어린이의 놀이를 이해하고 지원하는 가치로 이어지지 않을까?
- 고립된 개인으로서, 개인적 성찰에 머무르는 어린이집 사유문화를 어떻게 개선할 수 있을 것인가?
- 좋은 삶이란 무엇을 말하는가? 우리가 모두 공동체로서 함께 한다는 것은 무엇인가?
- 무엇이 공동체적인지, 무엇이 도덕적이고, 무엇이 비도덕적인지, '다 함께' 한다는 것이 무엇인지?
- 지속가능성 패러다임에서 ESG, ESD 가치를 리더가 지속해서 공유하는 것은 왜 중요한가?
- 영유아 교육기관을 함께 참여하고 연대와 협력의 가치로 운영하려면 원장의 역할은 무엇일까?

원장님들도 서로의 교육적 신념, 관점 등을 드러내놓고 논의하고 서로의 차이를 이해하고 좁혀갈 시간과 기회를 지속적으로 만들 수 있어야 한다. 리더로서 지향해야 하는 비전, 가치, 목적 등을 공유하기 위한 노력, 개인의 어린이집, 하나의 기관으로서 고립된 섬으로 존재해 오던 원장님들이 공동체 안에서 서로 마주하며 서로의 사유를 존중받는 경험이 얼마나 있을까? 나는 영유아 교육기관 안에서 분명히 존재하는 불간섭의 문화를 깨고 서로의 사유와 실천을 공유하는 학습공동체, 만남의 장을 만들고 싶었다. 이러한 경험들은 원장님들 개인의 성장과 공동체적 성장을 함께 이룰 수 있기 때문이다. 그러므로 지속가능한 미래를 위한 교육을 추구하는 방향에서 먼저 원장의 학습공동체 경험과 참여가 함께 진행되고, 더 나아가 우선되어야 한다.

이러한 관점으로 올해 우리는 전국의 육아 종합지원센터와 보육 현장에서 원장 놀이학습공동체, 원장-교사 놀이학습공동체를 운영해 왔다. 기존에 운영되고 있는 학습공동체는 공유하기, 나누기, 그 방식을 따름으로써 놀이(교육과정)를 지원하는 전문성을 기르기 위한 일을 원장의 역할로 보고 있다. 교사학습공동체와 견주어 보면, 원장 대상으로 운영되는 학습공동체는 아직도 소수에 불과한 데다가, 그나마 운영되는 학습공동체는 원장의 역할 수행과 전문적 역량 강화를 위해 원장들 간에 표준 보육과정 운영에 관한 생각과 실천 사례를 공유하고 개선점을 찾는 중심으로 거의 운영되는 실정이다(권정아, 이지영, 2022; 지옥정, 김경숙, 2021). "복합적이고 다층적인 직무와 수많은 역할을 감당해야 하는 원장을 위한 학습공동체는 어떤 모습이어야 할까?", "이 학습공동체는 어떤 방향으로, 어떻게 운영되어야 할까?", "이것은 서로에게 가장 좋은 것을 찾아가는 과정일까?" 우리가 가진 물음들은 원장연구 소모임의 시작이 되었다.

실존적인 존재로서 원장은 운영-교사 교육(놀이 이해, 지원 등)에 대한 것이 조직문화의 가치와 나뉘어 생각할 수 없다. "나는 리더로서 어떤 가치로 원을 운영하고 있는가?", "나는 어떠한 조직문화를 만들어 가야 하는가?", "나는 어떤 가치를 가지고 어떻게 공유해야 하는가?" 원장이 자신의 이해, 깊은 이해가 충분히 채워져야 인간의 행동으로 옮겨지고 자발적인 참여와 실천이 가능해진다. 이 이해는 전제 조건이자 출발점이 된다. 원장은 내가 어떤 존재인지를 깨달으며 또 무엇을 할 수 있는지를 스스로 찾아가게 된다. 원장이라는 존재로서 살아가며 이전의 삶에 대한 성찰과 앞으로 살아갈 미래에 대한 지향점을 그려 나갈 것이다. 공동체를 통해 원장은 자기 삶의 맥락에서 필요한 가치를 실질적으로 그려 볼 수 있게 된다.

원장의 시선이 교육과정에 대해 의미 부여를 추가하거나 가치 있게 본다면, 그 시선은 교사들에게도 영향을 미치게 된다. 그리고 원장의 시선은 자기 정체성을 나타내기도 한다. 나에게 어떤 의미인지, 나의 일(역할)은 무엇인지, 원장의 역할은 무엇이라 생각하는지, 그 역할이 중요한 이유는 무엇인지, 나는 교사들에게 무엇을 가르칠 것인지, 그럼 나는 지금 무엇을 하고 있는가? 등등. 실존적인 존재인 원장은 수많은 물음을 내 안에서 끄집어내는 성찰과 함께하는 숙고의 시간을 통해 의미를 발견하고, 방향을 찾아내며 자기 역할을 만들어 간다.

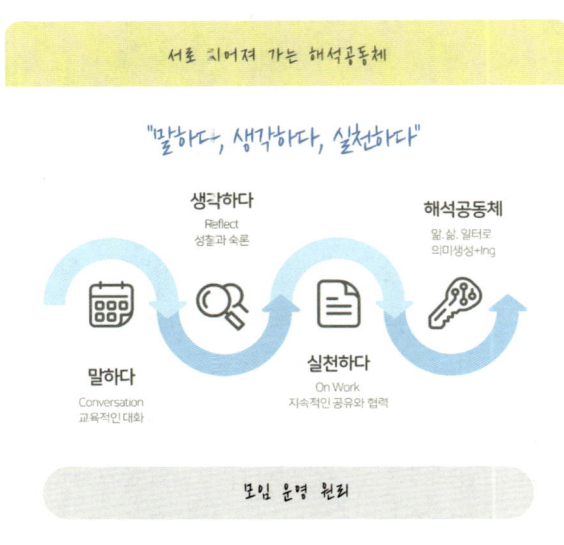

운영 원리 "말하다. 생각하다. 실천하다."

원장연구 소모임은 '자기 이해'와 실천을 잇도록 '생각', '성찰', '대화'를 지속해서 해 나갔다. 깊어지는 대화를 위해 핵심 가치를 담고 있는 '물음들'을 회기마다 나누었다. 이 물음들은 자기 이해, 방향성, 실천 방법에 대한 통찰을 얻게 했고, 성찰과 숙고를 통해 더욱 깊어지고 풍부해지게 하였다. 모임에서 나누었던 질문들은 윤리학에서 '근거 물음'이라 부른다. 근거 물음(핵심 물음, 궁극적인 질문)과 실천적 물음은 인격 형성을 위한 배움의 수단이다(정창우, 2015). 나는 이러한 물음들을 바탕으로 삶의 의미와 근거를 질문했고, 원장님들이 삶의 세계 안에서 살아가는 방법을 배움으로써 자신의 삶과 타자의 삶을 향상하는 모임이 되길 바랐다.

이 모임에서 나는 자발적으로 참여 의사를 밝힌 원장님들을 만났다. 각자 살아온 배경은 달랐으나, 하나같이 우리는 배움의 열망으로 가득 내비쳤다. 나는 원장님들이 원의 운영 가치를 고민하며, 함께 원의 조직문화를 만들어 가며 그 자체를 공유하고 연구하며 학습하는 공동체로서 실천과 협력의 가치로 모임이 흘러가도록 대강의 흐름을 구상하였다. 처음부터 고정적이고 정형화된 방식을 설정하지 않은 이유가 있었다. ESG, ESD 가치를 담은 책을 내면서 나는 다양한 기관을 방문하여 사고 공유를 해 왔고, 앞으로 우리가 해야 할 미래 교육, 교육 방식에 의구심이 들었고, 이 과정에서 깨달은 점은 '나도 그런 협력공동체, 학습공동체를 제대로 경험하지 못했다'라는 문제의식이었다.

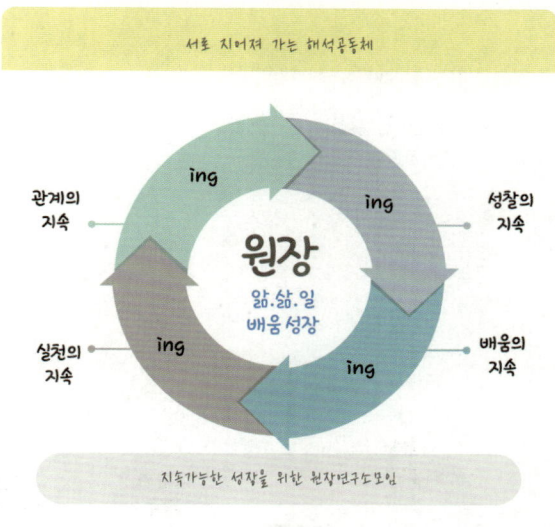

지속가능한 성장을 위한 원장연구 소모임

함께 협력하고 연대하는 공동체를 통해 운영하는데 특별한 비법이 있었을까? 공동체를 운영하는 원장님들이 지속가능한 성장을 위해서 실천하는 어떤 시도에는 확실한 답이 없었다. 다만 스스로가 실천공동체에서 무엇을 배우고, 어떠한 성장이 있었는지를 깊이 들여다보도록 이끌었다. 학습공동체에서 배움은 서로 간의 대화와 실천에서 예상하진 않았으나, 작은 발견들, 감동과 경이로움, 상상력과 같은 '아하!'의 순간들이었다. 학습공동체는 개인의 성취가 아닌, 자신과 공동체를 풍요롭게 하는 삶에 대한 고민에서 시작해야 한다. 이렇게 볼 때, 원장연구 소모임은 하나의 공동체이며, 함께하는 구성원들이 협력하며 더 나은 실천을 만드는 숙론(熟論)*의 장이 된다.

* 여러 사람이 모여 어떤 문제를 깊이 생각하여 충분히 의논함.

이렇게 원장연구 소모임은 서로의 말에 귀를 기울여 주었고, 말하고, 생각하고, 실천하는 연속선상에서 앎과 배움을 생성하였다. 원장의 앎·삶·일은 분리되지 않고 서로의 관계가 연결되어 지속하며 성찰과 배움을 지속하였다. 이 과정에서 나는 원장님들의 목소리에서 수많은 고민과 기대, 생각들과 만났고 예상보다 큰 배움을 얻게 되었다.

원장연구 소모임 어떻게 운영했을까?

구분	주요 내용
기간	2024년 12월~ 2025년 5월(6개월)
참여자	자발적으로 참여 희망한 원장님들, 더보채 연구원들
방법	줌 온라인 만남(90분~120분 내외) 현장기관 방문과 오프라인 만남(4시간)
장소	줌 온라인 만남 혹은 대면 장소가 가능한 장소
준비물	사모하는 마음, 밴드 나눔 자료, 성찰한 모든 것

원장연구 소모임 진행 과정

위에 제시한 내용은 원장연구 소모임이 어떻게 운영되었는지를 나타낸 것이다. 우리는 1회기부터 6회기까지 전체 모임을 녹음하고 전사한 후, 그 의미를 들여다보았다. 모임을 마친 후, 나는 전체 전사본을 다시 읽으면서 예상을 뛰어넘는 큰 감동을 얻었다. 이에 두 번째 사례는 최대한 있는 그대로를 담고 싶었다. 특별한 수사나 부연 설명은 최대한 걷어내어 주필인 원장님들의 목소리가 잘 전달되는 방향으로 들려주고자 한다. 다음은 원장연구 소모임과 같은 학습공동체를 운영해 볼 수 있도록, 차시별로 세부적인 운영 계획을 작성해 보았다. 원장연구 소모임 참여 인원은 어린이집 상황과 여건에 따라 회기 별로 달랐고, 최종적으로 5명이 꾸준히 참여할 수 있었다.

원장연구 소모임 차시별 계획안: 지어져 가는 해석공동체

- **방법**
  - 모임은 월 1회, 90분 이상으로 진행을 원칙으로 온·오프라인으로 유연하게 진행한다.
  - 사회자의 나눔 자료는 주제와 관련된 근본 질문과 이해를 돕는 사례를 중심으로 구성한다.
  - 성찰과 숙론 방법을 통해 스스로 의미를 발견하며 실천해 나가도록 지원한다.
  - 구성원들이 서로 공유하는 현장 사례는 구체적인 사례로 준비한다.
  - 개인, 집단과 함께 깊이 성찰하는 시간을 통해 새로운 의미를 생성해 나간다.
  - 사회자는 연대와 협력의 가치를 중심으로 개방적이고 열린 자세로 운영한다.

- **진행 과정**
  - 모임의 진행 과정은 순환적이다.
  - 모임 진행은 1주 전 사전 질문 제공 - 성찰 - 성찰 기록 공유 - 연구자의 성찰 - 모임으로 진행한다.
  - 소통·공유: 밴드를 통해 성찰을 상시 공유
  - 성찰 방법: 자율 형식(메모, 사진, 에세이, 글, 노래 등)

- **차시별 주제**
  - 차시별 주제는 원장으로 살아가는 자신의 삶과 관련된 다양한 가치를 다룬다.
  - 각 주제에 대해서는 가치를 중시하는 근본 질문을 내용으로 삼는다.
  - 주제에 대한 성찰을 구체화할 수 있는 도서, 그림, 음악 등을 제공한다.

- **운영 TIP**
  - 구성원들 간에 협력, 협동, 연대, 함께 등의 지속가능성의 가치를 실현하는 방향을 모색한다.
  - 사회자는 구성원들이 참여하는 공동체에서 자유롭게 말하고 생각하고 상호 의존성을 경험하도록 지원한다.
  - 사회자는 구성원들 간에 듣고 생각하고 그 안에서 함께 생각할 물음을 재질문한다.

- 모임의 리더는 사전 질문지를 중심으로 함께 나눌 자료를 자유로운 형식으로 준비한다.
- 원장연구 소모임 전에 공문을 발송하여 참여를 독려한다.
- 소모임에 다수가 참여하도록 온·오프라인으로 참여자들의 의견을 듣고 유연하게 운영한다.
- 연구원은 서로의 생각과 성찰을 깊이 들여다보는 기회를 만들고자 시, 음악, 성찰일지, 그림책, 책 등으로 공유·관계·연결성을 지속한다.

● **차시별 세부 계획안**
- 각 주제를 중심으로 다룰 운영 내용은 다음과 같다.

차시	주제	운영 내용	도움 자료
사전 모임 1차 (12월)	연구 소모임에 대한 기대 연구 소모임, 그 시작	• 마음 열기 (5분): 오프닝 음악 감상, 인사 • 사회자(5분): 모임의 목적, 배경, 동기 나눔 • 핵심 물음으로 생각 열기(20분) - 해시태그로 자기 소개하기 - 1주일 전, 사전 질문 공유로 생각해 오기 • 함께하는 성찰과 대화(50분) - 내가 소모임에 기대하는 바는 무엇인가? - 모임을 하는 이유는 무엇인가? - 핵심 들음에 대한 생각 말하기 • 앞으로 예정 간단히 소개하기(5분) • 다음 2차시 질문 공유 • 밴드 참여 방법 안내 및 마무리 인사(5분)	• 음악: 살면서 알게 될까 • 핵심 질문으로 PPT 준비하기 • 첫 모임 환대와 편안한 분위기 만들기 • 함께 지속하는 성찰 질문 공유 • 온라인 줌(90분)
2차 (1월)	원장의 자기 이해 원장의 시선, 나의 이해	• 마음 열기(5분): 오프닝 음악 감상, 인사 • 지난 이야기 함께 회상하기(5분): - 한 달 동안 밴드에서 나눈 성찰 내용 다시 보기 • 지난 우리의 성찰 함께 다시 보기 • 핵심 물음으로 생각 열기(15분) - 나는 공동체에 대해 어떤 이미지를 가지고 있는가? - 나는 어떤 원장인가? • 함께하는 성찰과 대화, 숙론(60분) - 우리 어린이집의 조직문화는 어떠한가? - 나는 어떤 조직을 꿈꾸는가? - 원장(원의 리더로서)의 가장 중요한 역할은 무엇이라고 생각하는가? - 어떤 리더인가? 어떤 교육자인가? • 더 나은 실천 고민, 질문 대답 • 다음 3차시 질문 소개(5분) • 마무리 인사	• 음악: 오르막 길 • 핵심 질문으로 PPT 준비하기 • 함께하는 성찰: 밴드 한 달 동안 소통한 우리 이야기 • 서로의 이야기를 듣고 떠오르는 생각과 경험들을 자유롭게 공유하기 • 사전 메일: 협조 공문 발송, 모임 나눔 자료

3차
(2월)
	공동체란 어디에 있을까?	• 마음 열기: 현장 방문 및 인사
		• ESG, ESD 운영기관 라운딩 및 질의응답(60분)
		• 지난 이야기 함께 회상하기(10분)
		  - 한 달 동안 밴드에서 나눈 성찰 내용 다시 보기
		  - 우리 성찰 함께 다시 보기
		• 함께하는 성찰과 대화, 숙론(60분)
		  - ESD 실천 사례 나눔: 원장님
		  - 공동육아 어린이집 부모로서의 삶 나눔: 연구원
		  - 사례에서 생성되는 나와 우리의 질문들 나눔
		  - 사례에서 새로운 생각들 듣고 나의 경험 말하기
		  - 나의 고민, 질문 나누고 서로의 생각 더하기
		  - 오늘 모임에서 새로운 생각은?
		• 다음 4차시 질문 소개
		• 마무리 인사
			• 성찰 및 공유
			• 어린이집 현장 방문
			• 오프라인으로 운영
			• 사전 메일: 협조 공문 발송, 모임 나눔 자료
			• 유인물
			  - 현장 사례: PPT
			  - 연구원 사례
			• 추가 공유: 지속가능성 가치로 학급 운영안, 현장 환경 자료 공유

4차
(3월)
	공동체 운영 사례
	
	: 리더의 역할 숙론
		• 사전 공문 발송: 참여자 전체 발송
		• 지난 이야기 함께 회상하기
		  - 한 달 동안 밴드에서 나눈 성찰 내용 다시 보기
		  - 지난 우리의 성찰 함께 다시 보기
		• 함께하는 성찰과 대화, 숙론
		  - 연구원의 나눔
		  - 사례 1. 교사연구 소모임: 학습공동체
		  - 사례 2. 교사협의체 사례: 공간 프로젝트
		• 함께하는 성찰과 대화, 숙론
		  - 사례에서 생성되는 나와 우리의 질문들 나눔
		  - 사례에서 새로운 생각들 듣고 나의 경험 말하기
		  - 더 나은 실천 고민, 질문 대답
		  - 오늘 모임에서 새로운 생각은?
		• 다음 5차시 질문 소개
		• 마무리 인사
			• 학습공동체 운영 사례 사전 나눔
			• 온라인으로 운영
			• 사전 메일: 협조 공문 발송, 모임 나눔 자료
			• 유인물
			  - 학습공동체 사례 1
			  - 협의체 사례 2
			• 추가 공유: 지속가능성 가치로 학급 운영안

차시	주제	내용	비고

5차
(4월)
	공동체와 나,
	공동체와 우리
		• 마음 열기: 현장 방문 및 인사
		• ESG, ESD 운영기관 라운딩 및 질의응답
		• 지난 이야기 함께 회상하기
		  - 한 달 동안 밴드에서 나눈 성찰 내용 다시 보기
		  - 지난 우리의 성찰 함께 다시 보기
		• 함께하는 성찰과 대화, 숙론
		  - ESD 실천사례 나눔: 원장님
		  - 공동체와 나, 공동체와 우리: 마음 공유
		  - 공동체를 지원하면서 지키고 싶었던 나의 원칙은 무엇이었나요?
		  - 공동체를 만들며 외로웠던 순간이 있었나요?
		  - 그때 나는 어떤 선택을 했었나요?
		  - 내가 운영한 모임이 어떤 의미였길 바라나요?
		  - 내가 만든 공동체는 나에게 어떤 공간이었나요?
		  - 지금 할 수 있는 것부터! 다시 실천으로
		  - 오늘 모임에서 나의 깨달음, 새로운 생각은?
		• 다음 6차시 마지막 모임 소개
		• 마무리 인사
			• 성찰 및 공유
			• 어린이집 현장 방문
			• 오프라인으로 운영
			• 사전 메일: 협조 공문 발송, 모임 나눔 자료
			• 유인물
			  - 현장 사례: PPT
			  - 연구원 사례
			• 추가 공유: 지속가능성 가치로 학급 운영안, 현장 환경 자료 공유

6차
(5월)
	우리의 마지막 숙론	• 마음 열기: 인사, 우리의 플레이리스트 감상
		  - 오프닝 플레이리스트 참여자들 최애곡 나눔
		• 지난 이야기 함께 회상하기
		  - 한 달 동안 밴드에서 나눈 성찰 내용 다시 보기
		  - 지난 우리의 성찰 함께 다시 보기
		• 함께하는 성찰과 대화, 소회
		  - 원장연구 소모임은 좋았다. 힘들었다. 성장하였다. 물음에 관하여 생각해 보기
		  - 내 생각 글, 그림으로 카드에 기록하기
		  - 카드를 보여 주며 서로의 이야기 말하고 경청하기
		• 나아갈 길, 나의 다짐 기록하기
		  - 그림, 글로 액자에 남기기
		  - 나의 다짐 소개하기
		• 마무리 사진 촬영 및 정리
		  - 포토존에서 사진으로 기록하기
		• 앞으로 ING, 모임 운영 방향 협의
			• 사전: 모임 장소 선정
			• 사전 메일: 협조 공문 발송, 모임 나눔 자료
			• 깊은 성찰과 마음 공유할 환경 만들기
			• 모임 후 밴드에 사진, 현장 환경 자료 공유
			• 준비물: 카메라, 핸드폰, 기록 도구(색연필, 필기류), 액자, 포토존

1. 원장으로서 나, 나라는 원장

1) 떨어져 있어도 여전히 함께하고 있는 우리를 소개합니다

저 같은 경우는 유치원 교사로 그리고 어린이집 원장으로 이렇게 쭉 한 20년 넘게 지내면서, 나의 고민을 제한된 틀의 범위가 아닌 장에서는 나누기 어렵다고 느꼈습니다. 제가 생각하는 틀은 '내가 소속돼 있는 기관'을 벗어나서는 우리가 이야기할 곳이 없다는 것. 또 하나는 우리가 원장으로 살아가면서도 많은 고민과 숙제가 있는데 이런 많은 딜레마를 해결하기 위해서 자신이 속한 곳을 떠나서 공부하러 간다는 것은 정말 어렵다는 것이에요. 그래서 저는 원장인 우리에게 '정서적인 지지의 공간'이 되는 사람들과의 연대나 협력이 참 필요하다는 생각이 들었어요.

그래서 이 지속가능한 미래에 나도 좀 오래 원장으로 잘 살아가고 싶은데. 그러려면 "나의 한계에 부딪힐 때마다 '정서적인 지지'가 되는 동료 원장님들이 필요하겠다", "서로 물리적으론 떨어져 있더라도 시공간을 초월해서 교육적인 만남이 있어야 하지 않을까?" 그런 교육적인 상상을 했었어요. 그게 1년 전이었고 그걸 생각하다가 ESG, ESD 책이 나오면서 이젠 진짜 해 봐야겠다는 생각이 들었고, 그것이 원장연구 소모임의 첫출발이었어요. 시작하게 된 이유를 제가 좀 간단하게 나눴지만, 이건 저의 고민이었고 오늘 함께하시는 원장님들에게도 그 생각이 닿아서 이렇게 시작하게 된 것 같아요. [빛솔_2024.12.10.]

2024년 12월 사전모임에서 20대부터 현재까지 자신의 삶을 '해시태그'로 정리하여 소개하는 시간을 가졌다.

> 디셈버: #전진 #변화 #열정에서_소진으로 #상생
> 호빵: #고민 #치열함 #관리자로서의_즐거움 #엄마
> 따뜻한 포카혼타스: #신데렐라 #빨간망토 # 잠자는_숲속의미녀
> 윤슬: #열정과당황 #쌍둥이엄마_어린이집원장 #고민과방황

온라인으로 사전 모임을 마친 후, 우리는 밴드를 통해서 서로의 소회를 나눴다.

우리 공동체에 전하는 메시지는 '환대하는 마음'이다. 조금은 다른 삶을 살아왔으나, 지향하는 가치의 결은 동질에 있음을 알기에 '생소한 모임'이 '따뜻한 모임'으로 한 걸음 더 다가가길 바라며 처음 쓰는 성찰일지에 내 마음을

꾹꾹 담아 본다. [밴드 글_빛솔_2024.12.12.]

저는 원장으로 살아 본 적이 없습니다. 어느 날 아침 불현듯! 대표님께 원장연구 소모임에 대한 영감을 들었을 때, '원장'의 삶에 대한 궁금증과 물음보다는 지금 저의 관심사인 "영유아의 배움과 교사의 성찰 측면에서 원장은 어떤 존재여야 하는가?"라는 것을 생각하게 되었습니다. (중략) 지난 모임 이후, 원장님들의 소개를 들으며 저는 '열정, 소진, 정체성, 그리고 채움과 힐링'이라는 단어로 원장님들 소개의 키워드로 떠올려 봤습니다. 20, 30대 원에 대한 애정과 사랑으로 열정을 쏟으시고 자신의 정체성을 고민하여 또 소진을 경험하기도 하신 많은 원장님의 그 노고가 고스란히 마음에 닿았습니다. 저에게는 하늘 같은 베테랑 현장 선배님임에도 불구하고 또다시 채움을 기대하며, 이 자리에 와 주신 원장님들께 존경의 마음이 들기도 했습니다. 저의 바람이 있다면 제가 드리는 작은 새로운 더함이 원장님들께서 앞으로 나아가게 하는 징검다리이자 힐링이 될 수 있으면 좋겠습니다. [밴드 글_별사탕_2024.12.12.]

"원장 개인의 힘만으로는 불가능하다. 원장도 뜻을 지지받고 지원하는 정서적인 공동체가 있어야 멀리 걸어갈 수 있다." 이 문장이 너무나 와닿네요. 13년, 14년 원장을 하며 한 번도 게을리한 적 없고, 한 번도 열심히 안 한 적 없는데 순간순간 밀려오는 외로움과 쓸쓸함, 공허함이 있었답니다. 소진되어 쉬기도 했었고…. 다시 원장을 시작한 지 1년 차! 가늘고 오래가리다 맹세했건만, 성격이 문제인지 쉽게 잘 되질 않네요. 갑자기 그 속담이 생각났어요. "빨리 가려면 혼자 가고 멀리 가려면 같이 가라". 원장님들, 우리 이 길 같이 멀리 가요. [밴드 글_디셈버_2024.12.20.]

2) 우리의 첫걸음: 낯설고 생소한, 머무르게 하는 질문 "나는 어떤 원장인가?"

1월 온라인 만남에서 우리는 "나는 어떤 원장인가?"라는 질문을 중심으로 이야기를 나누었다. 이 질문은 원장의 역할을 묻는 듯하지만, 사실은 나의 정체성과 역할을 깊이 들여다보게 하는 근본 물음이었다. 모임에 앞서 우리는 밴드를 통해 글을 공유하고, 각자의 생각을 먼저 나누는 시간을 가졌다. 원장님들은 질문에 답하기 전에 저마다의 방식으로 자신을 돌아보는 시간을 보냈다. 우리는 답변의 형식이나 방식을 정해 두지 않았다. 어떤 분은 노트에 생각을 끼적이며 고민했고, 어떤 분은 성찰일지를 작성해 오기도 했다. 모임 중간에는 매 회차 녹취와 전사 기록을 남겼고, 그 기록에서 공통으로 드러나는 의미들을 중심으로 정리해 보았다. 그렇게 원장님들의 목소리를 듣고 살펴보니, 이 안에서 원장님들의 '마음'과 '시선'이 느껴지기 시작했다.

오늘 아침 밴드에 올라온 글을 읽으며 큰 위로를 받았습니다. 그 용기를 빌려 저도 저의 이야기를 나누고자 합니다. 저는 보육실습을 시작으로 재단 어린이집에서 평교사로 근무하며 현장에 첫발을 내디뎠습니다. 이후 선임 교사와 원장으로 성장하며 많은 것을 배우고 경험했습니다. 그 과정에서 얻은 배움과 성장이 있었기에, 지금도 어린이집 원장으로서의 길을 걸어가고 있다고 믿습니다. ○○ 연구원님이 소개해 주신 작가의 그림책을 보며, 같은 작가의 또 다른 도서 『도망치고, 찾고』를 3년 전 접했을 때의 기억이 떠올랐습니다.

짧은 그림책이었지만, 여러 번 정독하며 울고 있는 저 자신을 발견하고, 5년간 이어 온 원장직을 내려놓기로 했습니다. 어린이집을 떠나 쉼을 선택했던 그때는 제 인생에서 가장 용기 있는 순간 중 하나였습니다. 그 책 속 한 구절이 제 마음을 깊이 울렸습니다. "만약 그런 사람에게 못된 짓을 당한다면 네가 당장 해야 할 일이 있어. 일단 그 사람에게서 멀어지는 거야. 자신을 지키기 위해 그 자리를 도망치는 거지." [밴드 글_따뜻한 포카혼타스_2024.12.20.]

요즘 질문이 여기 있네요. 나는 누구지? [밴드 글_호빵_2024.12.30.]

이번 모임을 준비하면서 책에서 이런 글을 읽었어요. "나 자신의 가치와 외부의 평가에서 흔들리지 않으려면 스스로가 어떤 사람인지 누구보다 제대로 알아야 한다." 이번 한 주가 저에게 저를 돌아보고 숙고할 수 있는 시간이 되었습니다. 감사합니다. [밴드 글_디셈버_2025.1.9.]

우리 모임에서 원장님들과의 대화는 "무엇을 잘해야 하는가?"나 "어떤 역할을 맡아야 하는가?"보다는 "나는 어떤 원장인가?", "어떤 모습으로 서고 싶은가?"라는 질문으로 흘렀다. 우리는 서로의 이야기를 듣고, 내 생각을 조심스럽게 내어놓으며, 그동안 잊고 있었던 마음의 자리들을 다시 살펴보기 시작했다.

성찰하기

- 나는 어떤 원장인가?
- 나는 어떤 원장이 되고 싶은가? 그 이유는 무엇인가?

"나는 어떤 원장인가?"라는 그 물음을 계속 여러 번 생각했던 것 같아요. 그래서 이번 기회에 저 자신을 좀 많이 돌아보는 그런 시간이었던 것 같아요. 최근에 지인이 저에게 "원장님은 모두에게 좋은 원장이 되려고 하는 것 같아

1. 원장으로서 나, 나라는 원장

요"라는 이야기를 들었어요. 그러면서 다시 한번 저를 돌아보게 되었어요. 그렇다고 내가 원장으로서 해야 할 말을 안 하는 것은 아닌데, 상대방의 감정을 다치지 않게 하려고 너무 애썼던 것이 아닐까 하는 생각이 들더라고요. [따뜻한 포카혼타스_2025.1.9.]

"나는 어떤 원장인가?" 이 물음에는 저는 '나를 알아 가려고 하는 원장' 같아요. (중략) 그리고 원장으로서 제가 추구하는 가치는 내가 상대편의 무언가를 알아보고 지원해 줬을 때 상대방이 성장하는 모습을 보는 것. 그게 저에게 힘이 되는 것 같아요. 그리고 나는 어떤 원장이 되고 싶은가의 질문을 생각하니 저는 정말 무섭게도 많은 사람을 만나는 직업이더라고요. 시간이 지날수록 내가 만나는 사람들의 인원은 더 많이 늘어나고 그게 쌓일 수밖에 없는 직업인데, 어느 순간 그게 너무 무서웠어요. 점차 조금씩 저를 알아 가는 시간이 지나면서 자신감이 좀 생기고, 그러면서 내가 잠깐 만나는 그들의 인생에서 조금은 도움이 됐으면 좋겠다는 생각이 들었어요. [윤슬_2025.1.9.]

우리 모임은 '대화', '지속가능성', '성찰과 숙론' 그리고 '앎·삶·일'이라는 핵심 가치로 운영되었다. 첫 번째는 '대화'는 정보를 교환하는 수단이 아니라 마음과 마음이 연결되는 통로였다. 우리의 대화는 사전에 나눈 질문 이외에도 교사들과의 대화에서 느꼈던 감정이나, 운영자로서의 고단함까지도 나눌 수 있었다. "이런 이야기를 해도 될까요?"라는 말 뒤에 이어진 서로의 진심은 서로를 더욱 신뢰하게 했다. 두 번째는 '지속가능성'이다. 한두 번의 만남으로는 진정한 변화가 일어나기 어렵다는 걸 우리는 이미 알고 있다. 그래서 우리는 '함께 보내는 시간'을 믿기로 했다. 나 혼자가 아니라 우리로 연결되어 있음을 기억하며 단기적인 해결책보다는 방향을 함께 모색하고자 했다. 세 번째는 '성찰'과 '숙론'이다. 우리는 서로의 이야기를 듣고 다시 생각한다. 내 경험을 돌아보고 내가 당연하게 여겼던 선택들을 조심스럽게 되짚는다. 때로는 누군가의 말 한마디가 나를 멈추게 하고, 스스로 질문하게 하고, 내가 가야 하는 길을 묻게 만든다. 성찰은 혼자서도 할 수 있지만, 함께일 때 더욱 깊어진다.

그리고 마지막은 앎·삶·일이다. 우리는 이 자리를 통해 원장이라는 직무가 단지 직업이 아니라 나의 가치와 철학 삶의 태도가 드러나는 장이라는 사실을 다시금 깨달았다. 우리는 각자의 자리에서 아이들을 만나고 교사들을 지원하며 함께 교육을 고민한다. 하지만 그 모든 실천은 결국 '나'라는 사람으로부터 비롯된다. 그래서 우리는 교육자로 사는 삶을 더 잘 살아내기 위해 나라는 사람의 삶도 함께 돌아보려 한다. 이 네 가지가 이어질 때 진정한 배움과 성장이 일어나는 공동체가 된다는 걸 배웠다. 더 나은 사람을 위한 리더들의 솔직한 말과 삶, 앎, 즉 '배움과 성장을 잇는 공동체'라는 문장은 우리의 모임을 가장 잘 설명해 주는 말이다. 서로의 말에 귀 기울이고, 자신의 삶을 돌아보며, 함께 더 나은 방향을 찾아가는 이 공동체는 단지 원장으로서의 성장을 넘어서, 사람으로서의 성장을 함께 꿈꾸게 한다.

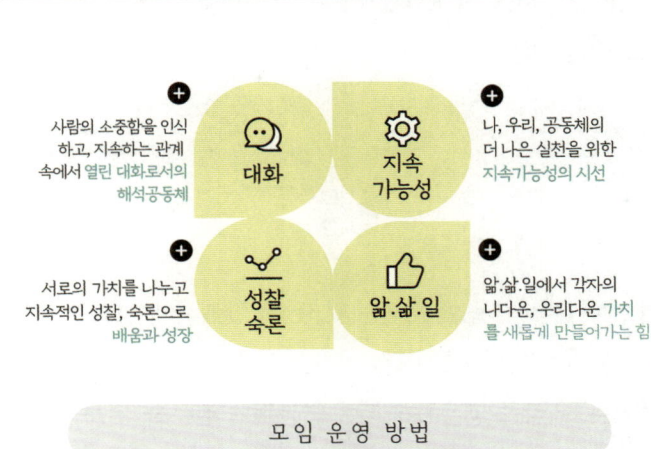

원장연구 소모임의 운영 방법

❶ "내 문제였구나, 저는 그런 원장이 되고 싶었습니다. 그런 원장인 줄 알았습니다."

어린이집이라는 공동체 안에서 살아가는 우리는 교사든 원장이든 자신을 객관적으로 이해하는 일이 매우 중요하다. 타인을 이해하고 건강하게 관계를 맺기 위해서는 먼저 나 자신을 제대로 이해하는 과정이 필요하기 때문이다. 이러한 자기 이해를 위한 심리검사 도구와 같은 외부 자료의 활용 등은 그 과정을 통해 나를 이해하고 타인을 깊이 이해한다.

질문들이 머릿속을 계속 맴돌더라고요. 나 자신을 돌아보게 하는 데 정말 도움이 됐어요. 내가 어떤 사람인지를 자꾸 생각하게 하니까. 그리고 그것과 함께 또 느낀 게 있다면 내가 누구인지를 생각하다 보니 지금의 문제도 보이더라고요. 그러다 보니 지금 현재 내게 가장 어렵고 힘든 것이 어디서 왔는지. 바로 '문제가 나였구나' 하는 생각을 하게 됐는데요 (중략) 나는 교사들이 정말 좋아할 줄 알고 최고로 비싼 것도 사 주고 싶고 그랬는데…. 뭔가 교사와 거리가 있다는 것을 절실히 깨달으면서 내가 생각하고 바라보는 원장과 선생님의 그 모습도, 그리고 그 거리도 정말 다르다는 것을 깨달았습니다. 제가 적은 낙서 같은 그 내용을 한번 말씀드려 봅니다. 저는 그런 원장이 되고 싶었습니다. 그런 원장인 줄 알았습니다. [디셈버_2025.1.9.]

　　나에 대해서 객관적으로 알아보는 게 정말 중요하거든요. 그래서 그런 것(성격 검사 등)을 의뢰해서 받기도 하고 흔하게 하는 MBTI 검사 같은 것을 해 보기도 하고. 나를 자꾸 객관화시키는 것이 필요한 것 같아요. 나를 알아야 남도 그럴 수 있다는 것을 알게 되고. 그래서 원에서 교사들과 다 같이 받아 보고. 요런 부류의 사람들은 이런 성향이 있지만 이런 강점이 있는 것을 알게 되었어요…. 그래서 자꾸 못하는 것을 피드백 주지 말고 잘하는 것도 피드백을 줘서 더 잘할 수 있게 해 주고.
　　그렇지만 우리가 체계 안에 있으니까 보완해야 하는 게 분명히 있을 수 있거든요. 그럼 그런 것은 스스로 생각해 볼 수 있게 좀 던져 주고. 자신의 행동이 미치는 영향력을 생각하고 어떻게 개선하면 좋을지 선택하는 것은 본인의 몫이잖아요. [현장 사례_윤슬_2025.2.17.]

　　원장으로 살아가며 다른 사람을 존중하는 것, 관계 안에서 부딪히는 다양한 경험들, 그리고 우리 원의 문화에 관해 이야기 나누는 여러 회차의 과정에서도 '자기 이해'라는 주제는 끝까지 우리의 생각을 붙들었다. 우리를 성찰하게 하는 근본적인 질문들은 늘 나 자신을 먼저 돌아보게 하였다. 원장이라는 역할을 가지고 있지만, 관계 안에 존재하는 '나'를 인식하는 일은 곧 정체성을 세우고 만들어 가는 과정과 분리될 수 없기 때문이다.

　　저는 원장님 말씀 듣고 그 생각을 많이 했어요. 결국엔 나 자신을 들여다봐야 한다고 많이 말씀하시잖아요. 아이를 키울 때도 마찬가지인 것 같아요. 제 아이를 키우면서 그 아이가 저와 부딪히는 지점은 결국 내 문제더라고요. 그 아이의 문제로 보이는 부분이 결국은 내가 걸리는 문제인 거예요. 인간관계도 다 결국엔 내가 나를 알아야 한다는 것을 원장님들 말씀 들으면서 진짜 더 깊게 알게 되는 것 같아요. [별사탕_2025.4.28.]

❷ "결국, 내가 바뀌는 거죠. 내가 변화하는 거였어요."

　　이 사람은 자신만의 방식이 확고한 사람이니까 내가 인정하는 수밖에 없는데. 처음에는 열정이 가득해서 왜 안 되냐고 묻고. 수업 영상 찍어서 선생님 보라고 하면서 가르치려고 하고 그렇게 했던 것 같아요. 그랬더니 아무래도 제가 결국 소진되더라고요. 그런데 여러 사람을 만나다 보니까 내가 바뀌더라고요. 그 사람은 자기가 가지고 있는 본질을 그대로 가지고 가더라고요. 나는 리더로서 그 사람을 다시 바라보고 그런 다음에 다른 방법으로 해 봐야지 하면서. 공동체 안에서 이 사람한테 우리가 할 수 있는 역할이 뭘까 이렇게 가더라고요. [빛솔_2025.4.28.]

『말 그릇』이라는 김윤나 님의 책의 일부예요. 당신의 공식도 타인의 공식도 만들어졌을 당시에는 그럴 수밖에 없는 이유가 있었다. 힘든 상황에서 버티고 살아남기 위해 다시는 같은 실수를 반복하지 않기 위해 우리는 자신만의 공식을 만들어 낸다. 타인의 눈에는 부족하고 부적절해 보일 수 있지만, 감히 비난하고 몰아세울 일은 아니다. 어제보다 괜찮은 사람이 되어 간다는 것은 완벽해지고 있다는 뜻이 아니라 I'm not ok에서 방황하는 시간보다 OK에서 머무는 시간을 조금씩 늘려 간다는 뜻이 아닐까? [윤슬_2025.4.28.]

원장을 그만두고 저 나름의 고난의 시간을 겪으면서 내 생각과 행동이 내 경험과 연결되어 있고, 내가 가진 가치관과 연결되어 있음을 깊이 느끼고 많이 반성했습니다. 그리고 지금은 가족과 내가 만나는 사람들이 내 곁에 '살아 있는 것'만으로도 은혜이고 감사입니다. 하루가 참 소중합니다. 사실, 원장을 하던 시절에는 교사라는 존재의 소중함을 잘 몰랐습니다. 다시 현장에 갈 일은 거의 없겠지만…. 만약에 제가 다시 교사들을 만난다면……. 그들을 더 사랑하고 소중히 여겨 줄 것 같습니다. [밴드 글_기억_2025.1.9.]

그래서 되게 아프긴 해도 결국은 제 아들이 저를 돌아보게 한 계기가 되게 하는 것 같아요. 얼마 전 우연히 일기장을 찾아보니 저는 어렸을 적 스스로를 고슴도치라고 표현했더라고요. 이 여정을 지내 온 생각을 하다 보니 고슴도치처럼 나와 닮은 아이. 그리고 그 아이와 더불어 내가 살아가는 이 시간이 정말 의미 있는 시간이구나 하는 생각이 들어서 저도 이렇게 적어 봤습니다. [빛솔_2025.5.26.]

우리는 각자가 과거와 현재, 미래 사이에서 자신에게 질문을 던졌다. 나는 누구인가. 내가 지키고 싶은 가치는 무엇인가. 나는 어떤 리더인가. 이러한 질문에 답하기 위해 자신의 민낯을 들여다볼 때마다 두려움도 일었다. 불편하고 어렵고 때로는 회피하고 싶은 마음이 올라왔다. 성격도 다르고 살아온 궤적도 다른 우리였지만, 스스로는 나를 드러내야 하는 이 시간이 처음에는 불편하고, 아프고, 어려웠다. 그리고 우리는 이 어색한 성찰의 시간을 통과했다. 이러한 과정을 통해 비로소 우리는 과거의 나와 직면하기에 이르렀다.

성찰하기

- 어떤 리더가 되고 싶으셨어요? 나는 지금 어떤 리더인가요?
- 내가 속한 공동체 안에서 나는 내가 만나는 타인들을 어떻게 바라보고 있나요?

2. 우리가 만들어 간 공동체

1) 더보채가 공동체를 만들어 가면서 했던 고민들

질문에 대한 내 마음과 생각을 들여다보는 일이 공동체를 움직이게 하는 힘이 되었다. 그러나 그 과정은 절대 평탄하지 않았다. 자신을 들여다보고, 그것을 말로 풀어내야 하는 질문들은 원장님들에게 낯설고 익숙하지 않은 것들이었다.

대화를 끌어내는 일, 원장님들께 조금이라도 새로운 사고를 더 해볼 수 있는 대화의 물꼬를 만드는 일은 우리 '더보채'에게도 큰 도전이었다.

이제 다 들통 나서 보여 주고, 내 얘기도 더 편하게 할 수 있을 것 같은데. 여전히 쉽지 않은 점이 있어요. 저도 직장 어린이집에 오랜 기간 머물러 있었지만, 지금은 여기서(이 모임에서) 저만 국공립 어린이집이잖아요. 국공립 어린이집에서 제가 해야 하는 그 목표는 직장 어린이집에 있을 때 하고는 좀 아주 다르더라고요. 그런 부분에서 또 얼마큼 노출을 해야 할까 하는 점들이 저한테는 되게 넘어야 할 산이었던 것 같아요. [디셈버_2025.5.26.]

'나도 남에게 나눌 만한 지식이 있는가?' 하는 생각을 했었어요. 제가 생각하기에 성공한 사례, 좋은 것만 보여 주고 싶은 마음은 이전의 교육 경험과도 연관되어 있었던 것 같아요. 다른 사람들에게 보여 줄 만한 경험이 있어야 나의 가치를 인정받을 수 있고, 항상 배워야 하는 사람이니 주눅이 들고, 실패와 성공에 대한 자괴감, 비교의식에 갇혔던 것 같아요. 나의 경험을 스스로 재단하여 선뜻 공유하지 못하게 만드는 두려움은 무엇일까에 대해서 고민도 했던 것 같아요. 만약에 진짜 비대면으로만 했으면 계속 어색하지 않았을까 싶은 생각이 들어요. 2번의 대면 만남을 하면서 그때 뭔가 좀 편해졌어요. 그 뒤로는 온라인에서 만나도 더 친숙한 느낌이 들어서 얘기가 더 잘 들렸던 것 같아요. [따뜻한 포카혼타스_2025.5.26.]

원장님들은 자신의 이야기를 드러내는 것에 부담을 느꼈다. 온라인 만남에서 원장님들이 그 마음이 우리에게도 전해졌다. '그럼 생각들을 글로 나누면 어떨까?' 하는 생각을 해 보았지만, 여러 가지 상황과 여건으로 인해 글을 쓰는 일 또한 쉽지 않았다. 우리는 원장님들이 서로의 생각을 나누고, 자신을 스스로 성찰하며, 각자의 공동체를 주체적으로 만들어 가기를 바라는 마음으로 이 모임을 운영했다. 그러나 현실은 녹록지 않았고 그 앞에서 우리 역시 여러 이야기를 나누며 방향을 조율해야 했다.

여러 가지 방향과 방법에 대해 고민하며 연구원 간의 협의를 통해, 그 질문이 원장의 삶에 어떤 의미로 다가올 수 있을지에 대해 진지하게 나누었다. 그렇게 의미를 찾아가는 과정에서 동시에 우리 자신의 역할에 대한 고민과 갈등도 경험하였다.

저도 편안하게 하려고 해도 이 모임을 위해서 무슨 자료를 준비하거나 이럴 때도 '원장님들한테 더 좋은 걸 보여드려야지' 이런 마음이 생기더라고요. 그런데 오히려 그게 처음 받는 사람은 부담스럽겠구나 하는 생각이 들더라고요. [빛솔_2025.4.28.]

저는 이 모임에서 원장님들의 말씀을 듣고 그 안에 숨겨져 있는 의미를 발견하고, 제가 발견한 의미를 원장님들께 다시 돌려주는 것이 제 역할이라고 생각했던 것 같아요. 그래서 좀 더 깊이 그 안에서 대화를 듣기보다는 원장님들이 무엇 때문에 저런 말씀을 하셨을까에 대해서 많이 고민하고, 또 그 고민에 대한 성찰을 밴드에 남기려고 했던 것 같아요. [별사탕_2025.4.28.]

원장 경험이 없는 별사탕은 원장님들의 삶을 이해하는 것에 앞서서 원장님들의 고민에 대한 의미 부여 혹은 그 고민을 통해 어떻게 다음 스텝으로 나아갈 수 있을지에 대한 성찰적 질문들을 다시 던졌다. 하지만 원장님들과의 대화를 통해 그들의 삶을 이해하게 되면서 '그 글이 과연 원장님들에게 와닿을까? 오히려 부담이 되는 것은 아닐까?' 하는 고민을 하게 되었다. 그리고 지금 이 모임에 참여한 원장님들께 필요한 것은 나의 고민과 생각한 대한 규정이 아닌, 그 삶을 그 자체로 인정해 주는 존재가 아닐까 하는 생각을 하게 된다.

이 모임의 리더이자 오랜 시간 원장의 자리를 지켜 온 빛솔은 누구보다도 원장들에게는 '안전지대'가 필요하다고 생각했다. 그리고 이 모임이 그런 자리가 되기를 바랐다. 그런 이유로 단순히 지식을 전달하거나 원장으로서의 역량을 드러내는 피상적인 교육이 아니라, 서로가 깊이 연결되고 통(通)할 수 있는 원장 소모임의 자리가 되기를 기대했다. 그래서 자신의 역할과 이 모임의 질문, 대화의 방향에 대해 더욱 치열하게 고민했다.

원장연구 소모임 때 나눌 질문과 대답을 생각하다가, 오늘은 이 책까지 다시 읽게 되었어요. 요즘, 저는 갱년기라 그럴까요? 내 생각도, 내 마음도 사람과 상황에 따라 시시각각 변용하니, 나의 마음 현주소도 혼란스러울 때가 분명히 있지요. 내 마음이 단순하지 않은 이유도 있을 테고, 나름은 가치와 신념으로 걸어온 길에서 내가 가장 먼저 믿어 주고 싶어서? 나와의 계약을 도장 '인'을 새기듯 의무감으로 글을 쓸 때도 있고요. 제가 이런데, 하물며 '슈퍼우먼 우리 원장님'들은 글로 소통하는 게 어떨까 싶습니다. 하하.

주인공 유진이 진정한 교육의 의미를 찾아가는 물음과 대답 속에, 나의 시선과 이해, 나를 돌아보며 겉으로 드러나지 않는 내적인 마음과 언어들도 귀하다는 걸 말씀드리고 싶어요.

오늘 편안한 마음으로 오세요~^^ 나의 이해도, 서로 간의 이해도, 배움과 성장도, '마음'으로부터 시작된다는 생각이 들어서 살짝~! 책의 글귀 옮겼어요. 이따, 6시에 뵐게요~^^ [밴드 글_빛솔_2025.1.9.]

어린이집에서 어떤 이슈가 있으면, 그럴 때 무엇을 우선순위에 두고 고민해야 하는지를 함께 나눌 수 있는 협의체가 필요하다고 생각했어요. 하지만 그 당시 나의 안전지대는 없었기 때문에 정말 아쉬웠어요. 옛날에 제가 원장을 할 때 ○○ 원장님과 이해관계를 떠나서 정말 우리가 서로 좋은 원장이 되고 싶은 사람들만의 모임을 좀 하고 싶다, 그러면 정말 나는 힘을 얻을 것 같다고 생각했던 적이 있었어요. 그런 공동체가 있었다면 얼마나 좋았을까 하는 생각이 들었어요. [빛솔_2025.2.17.]

빛솔은 더 나은 공동체를 운영하기 위해 리더가 반드시 붙잡아야 할 가치가 무엇인지, 그리고 내 생각을 다시 생각하게 만드는 근본 질문을 '누군가'는 던져야 하며, 그 물음에 대해 말할 수 있는 장이 이 모임이 되길 바랐다. 때문에 과거와 현재의 경험들은 원장연구 소모임에서 나누는 대화의 소재가 되었고, 우리는 '대화'라는 방식으로 서로가 서로에게 질문을 던지며, 자발적으로 경청하고 공감하는 존재가 되기 위해 노력했다. 그렇게 이어진 말과 말 사이 질문과 대답 사이에는 앎과 삶을 연결하는 가느다란 선이 보이기 시작했다.

철학자 하이데거는 인간이 언어를 통해 자기 존재를 드러낸다고 말했다. 이해된 언어는 존재의 방식이며, 대화는 곧 존재의 실천이라는 의미다. 그러므로 리더로서도 상대를 진심으로 알기 위해서는, 무엇보다도 '대화'가 모든 실천의 연결 고리라고 믿었다. 특히 원장연구 소모임은 단순한 정보 나눔이 아닌, 학습공동체로서 자기의 앎을 삶으로 통찰해 나가는 길을 지향하고 있었다. 말하고 생각하고 다시 실천으로 이어 가는 이 흐름이 지속할 수 있도록 모임을 운영하고자 했다.

성찰하기

- 나에게 안전지대는 무엇인가?
- 나에게 가장 의미 있었던 공동체 경험은 무엇인가?

3. 돌봄의 관계로 맺어진 우리

1) 소외

❶ 외로움

'원을 대표하는 원장이라는 자리는 혼자여도 괜찮은 자리일까?' 모임에서 만난 원장들의 마음 속에는 하나같이 깊은 외로움이 자리하고 있었다. 외로움과 싸우며 살아온 시간을 누구보다 잘 아는 이들에게는, 그 마음을 이해해 주는 누군가의 존재가 절실했다. 그러나 정작 곁에는 마음을 함께 나눌 사람이 없었고, 그 마음을 나눌 수 없는 설움 또한 존재했다. 때로는 하소연처럼 때로는 넋두리처럼 털어놓았지만, 그 말들이 더욱 외롭고 무겁게 들렸던 이유는 원장이 소속된 공동체 안에 그 이야기를 진심으로 들어주는 이가 없었기 때문이다. 원장들의 외로움은 단지 많은 일을 책임져야 하는 '책임감' 때문만은 아니었다. 자신의 마음을 나눌 수 있는 '괜찮은 자리'가 부재했기에, 그 외로움은 더욱 깊어졌다.

원장 1: 우리는 늘 외로움과 싸우는 것 같아.
원장 2: 그러니까. 어떤 부족함에서 오는 결핍. 그런 마음이지 않을까?
원장 3: 나는 성장하고 싶은 마음을 가지고 더 좋은 기관과 나를 위해 일하고 싶어.
빛솔: 더 좋은 기관을 만들 목적으로 모인 우리니까 (중략) 그것이 동기가 됐었고. 그 외로움 얘기하던 날 저는 바로 울었어요. '외로움' 제가 그때 생각했던 키워드였거든요. 원장으로 일하면서 저도 정말 외로웠다고 생각했어서 많이 공감됐어요. [함께하는 평가_2025.5.26.]

우리가 만난 그 사람의 삶 자체, 인생을 만나게 되는 것이 교사 교육의 범위가 되어야 할 것 같아요. 우리 원장교육도 어찌 보면 그냥 삶 자체를 다루는 게 가장 좋지 않을까 하는 생각을 많이 했어요. 저 역시 원장을 하면서 너무 열심히 나름을 살아왔어요. 그런데 지난번 원장님들의 얘기를 들으면서 제가 너무 가장 마음이 아팠던 것은 '소외'였던 것 같아요. 소외, 그러니까 늘 누군가에게 인정받으려고 더 열심히 했던 것 같아서. 그리고 결국엔 그것 때문에 제가 나중에 몸이 아팠던 게 아닐까 하는 생각이 들더라고요. [빛솔_2025.1.9.]

저도 그 점에 많이 공감하면서 울었어요. 우리 모두 너무 외로운 순간들이 많은 거지. (중략) 내가 소속되어 있는 기관에서, 그 사람들 안에서 나의 이 마음을 배려받으면 좋은데, 그게 어려운 것이 현실이죠. [디셈버_2025.4.28.]

우리가 속해 있는 기관에서, 그 안에서의 외로움도 대단히 많더라고요. [호빵_2025.4.28.]

저는 교사들을 가르치고 최선을 다해서 뭔가를 지원해 주고, 그렇게 하는 게 원장으로서 도리라고 생각하는데. 그런데 그렇게 하면 할수록 연말이 되면 오히려 제가 완전히 좀 심판받는 느낌이 들더라고요. 교사들이 그만두겠다고 하면 그렇게 나를 떠난다는 느낌이 들기도 하고. 그 사람들은 자기 길을 가는 건데. 저는 원장이라는 직업에 역할 갈등이 많구나 하는 생각이 들어요. [빛솔_2025.4.28.]

한 기관의 운영도 결국엔 사람과 사람의 그 얽힘 속에서 일어나는구나. 저는 여기 와서 그 생각 진짜 많이 해요. 돌봄의 윤리나 만남의 윤리 그런 이야기 많이 하잖아요. 그것이 필요한 순간은 아이들뿐만 아니라 원장님과 교사들과의 관계도 마찬가지구나 하는 생각이 정말 많이 들어요. [별사탕_2025.4.28.]

❷ 상실감 #말하는 존재로서 우리 #진짜 대화를 해야 해

원장들은 이렇게 말할 자리가 별로 없었잖아요. 대부분 일체 강의를 듣고 강사의 질문에는 정답을 말해야 할 것 같고. 그래서 우리 모임을 만들 때 대화가 주요한 방법이 되도록 하자라고 설정을 했어요. 그런데 막상 저도 그런 교육을 안 받아봤기 때문에 이게 진짜 어렵다는 생각을 많이 했던 것 같아요 (중략) 저도 정말 누가 시키는 대로 하는 게 아니라. 생각으로는 이전의 방식을 조금 벗어나고 싶었는데, 그런 근육이 안 길러져 있다 보니까 나도 이게 좀 불편하다는 생각이 들더라고요. 그래서 저는 혼자 많이 성찰을 했던 것 같아요. [빛솔_2025.5.26.]

우리는 나의 말을 진심으로 들어주는 사람에게 말하기를 원한다. 인간은 본래 생각하는 존재이며, 말하는 존재이기 때문이다. 나의 이야기를 누군가에게 말하는 과정을 통해 존재를 드러내고, 그 존재는 비로소 관계 안에서 살아가게 된다. 그렇기 때문에 단순히 일상적인 말이 든 직업인으로서 특정한 주제를 다루는 말이 든 그 안에 진심이 담길 수 있도록 깊이 있는 사고와 성찰의 시간을 마련하는 것은 매우 중요하다.

특히 공동체의 리더로서 다양한 사람들과의 관계를 운영하고 책임 있게 좋은 방향으로 이끌어야 하는 위치에 있는 원장은 교직원, 부모, 지역사회 등 다양한 관계 속에서 살아간다. 교육적인 만남에서도 일상적인 대화에서도 말하고 듣는 일은 단순해 보이지만 절대 단순하지 않다. 관계 안에서 주고받는 그 말과 대화의 방식이 공동체 안에서의 관계의 질, 신뢰의 수준 그리고 협력의 가능성을 결정짓기 때문이다. 그래서 말하고 듣는 역량은 교육자에게 있어 관계를 맺는 데 꼭 필요한 능력이며, 리더에게는 더욱 중요한 자질이다.

나는 대화는 사람의 '심연'과 연결된다고 생각한다. 실존하는 사람인 우리는 직업인이기 전에 한 사람으로서 의미를 찾고, 내적인 욕구는 인간관계에서 진지하고 의미를 만드는 대화를 원한다. 진짜 이유는 우리의 마음이 거기에 있기 때문이지 않을까. 나를 진짜 대화의 상대로 바라보는 사람이 내 말을 듣는 사람이라면 얼마나 좋을까. 공동체 안에서도 그런 사람이 리더이든, 동료이든 어떤 위치에 있든 중요한 건 '나에게 그런 사람이 있는가'이다.

표현되지 않은 뒤에 있는 그 말들. '말을 안 했다고 해서 이 사람이 안 한 게 아니다'라고 생각하는 것. 차마 말을 하지 않고 표현하지 않은 그 후면에 있는 그 행간의 의미를 가진 언어들에 대해서 우리가 생각할 수 있는 그런 마음이 필요한 것 같아요. 표현하지 않았지만 저 사람 마음도 그랬을 거야 생각하는 것 자체가 이해라고 저는 그렇게 생각했어요. 그래서 그게 되게 되게 울림이 되더라고요. [윤슬_2025.4.28.]

원의 운영자로서 원장들은 각자의 자리에서 고군분투하며 일상을 살아냈다. 하지만 원장들끼리 현장 경험을 나누는 자리나 공적인 교육시간 속에서 이야기를 나눌 때면 종종 실존하는 나의 존재가 인정받기보다는 '운영을 잘한 성공 사례'에 묻혀 버리는 현실과 마주하게 된다. 그럴수록 나에 대한 자괴감도 커졌다. 무능해 보이는 나를 인정하고, 그 시간을 견뎌내는 것. 그것이 원장이라는 이름 아래 내가 감당해야 했던 교육의 시간이기도 했다.

원장이 고민하는 것이 곧 성장이라는 가치가 있다면, 교육의 자리는 고민을 나누는 장이 되어야 하잖아요. 그게 교육이고. 근데 그거는 걷어 놓고 좋은 운영 사례만 이야기하고. 그러면 거기에서 난 자꾸 소외되는 거예요. 근데 이런 고민을 하는 나는 되게 내가 무능력해 보이고. 나는 무엇을 보여 줄 수 있을까 생각하게 되고. 그런 과정에서 교육적인 소외를 굉장히 많이 느끼거든요. 그래서 저는 원장교육을 받거나 연수를 받고 나면 그렇게 피곤해요. [빛솔_2025.4.28.]

교육을 받고 나면 오히려 '나는 부족하구나'. '나는 정말 이렇게 큰 원에 있으면 절대 안 되는 사람이구나'. '나는 원장을 하면 안 되는구나' 그런 상실감을 많이 느꼈어요. 그리고 되게 무거운 발걸음으로 집으로 돌아가요. 근데 한 번도 그런 마음을 '교육적 소외'라고 생각해 본 적이 없는 것 같아요. 만약 좋은 사례들만 가지고 우리가 배우는 게 아니라 다른 사람의 실패와 극복 사례를 듣고, 서로의 아픔에도 공감하면 서로가 자신감도 얻고, '나는 그렇게 하지 말아야지' 혹은 '나도 그렇게 해 봐야겠다' 하는 그런 마음이 생기잖아요. [따뜻한 포카혼타스_2025.4.28.]

특히 공유되는 사례와 내가 실제로 살아낸 사례 사이의 틈이 클수록 그 차이는 교육적인 소외로 다가왔고, 그 타격은 더욱 크게 느껴졌다. 그럴 때마다 원장인 자신은 한없이 작아졌고 이해받지 못한 채 소외감과 싸워야 했다. 이해받지 못한 삶, 말하지 못한 진심 속에 남겨진 원장들. 그들은 그 자리에서 소리 없이 버티며 자리를 지켜내고 있었다.

저도 그 마음을 되게 많이 느꼈고 우리 어린이집에도 여러 가지 사례가 있지만 저기 내놓지도 못하겠구나. 예를 들면 그럴 때마다 항상 비교당하는 마음이 들더라고요. 교육은 아이들 개개인의 존중이라고 하지만 진짜 우리가 하고 있는 교육은 존중받고 있는가 하는 생각이 들었어요. 연구원들이 나눠 준 사례에는 가르침을 받는 자와 가르치는 자의 구분이 없잖아요. 모든 사람이 자기 수업을 얘기할 수 있잖아요. 정작 교육에서는 원장님들이 현장에서 어떤 놀이를 하고 있는지를 듣지도 않고, 들으려고 하지 않으면서. 그냥 우리가 선입견. 그게 좀 있는 거죠. 그것에 대한 불편한 마음들도 많았던 것 같아요. [빛솔_2025.4.28.]

결국, 우리가 살아왔던 문화는 어느새 마음 깊숙한 곳에 보이지 않는 '벽'을 만들어 놓고 있었다. 이 벽은 단지 대화를 어려워하게 만든 것이 아니라 그동안의 소외와 이해받지 못한 경험들로 인해 스스로를 보호하고, 누구도 나의 이야기를 궁금해하지 않을 것이라는 생각, 나의 사례는 성공적인 사례가 아니라는 나름의 판단들로 함께 '고민'하는 장을 열지 못하게 하는 장애물이 되었다.

지금 우리에게 교육적인 만남은 얼마나 있을까? 원장은 단순한 행정가나 운영자가 아니다. 문화적인 존재이면서 동시에 교육적인 존재이다. 따라서 원장은 단지 '가르치는 사람', 지식을 전수하는 사람에 머물러서는 안 된다. 원장 또한 '배우는 사람'으로서, 자신을 끊임없이 교육해 나가는 존재여야 한다. 그렇기에 원장에게도 교육적인 만남이 필요하다. 이는 타인을 위한 배움이 아니라, 자신의 성장을 위한 만남이다.

아이들과 교사들을 바라보는 시선, 어린이집이라는 공간에서 함께 살아가는 방식 교육적 결정을 내리는 태도 등은 결국 자기 안의 교육성이 깨어 있을 때 가능하다. 동료와의 대화 속에서, 진심이 오가는 관계 속에서, 낯선 질문을 받아들이는 용기 속에서 원장도 다시 배우는 존재로 설 수 있다. 교육적인 만남은 원장의 정체성을 단단히 붙잡아 준다. 그 만남 속에서 우리는 자신을 다시 배우고, 다시 길을 낼 수 있다.

성찰하기

- 공동체 안에서 외로움을 마주했을 때, 해결하는 나만의 방법이 있나요? 그런 마음을 타인과 나눈다면 나는 어떤 리더로 비칠까요?
- 나에게 의미 있었던 교육적 만남의 순간은 언제인가요?

2) 눈물_공감

우리의 배움은 단순한 지식을 넘어 인격적 만남인 '나'와 '너'의 관계까지 나아갈 수 있었다. 그것은 '눈물'과 '관계의 지속성(ING)'으로 나타났다. 철학자 Buber(2001)의 표현에 따르면 구성원들이 참여하는 과정에서 나와 우리의 역할에 관하여 깊은 공감과 이해를 보여 주었고, 연대감과 공동의 의미로 그 순간들이 쌓이면서 서로에게 지대한 영향을 미치게 되었다.

아직도 우리는

혼자였지요
어깨 위에 올라앉은 무게
아무도 몰랐지요

욕먹기 싫어서
당당하고 싶어서
아파도 웃었어요

마음도 찌들어
너덜너덜
낀 때 사이로

숨겨둔 꿈 하나,
이젠 함께
꺼내어 봐요

아직도 우리는
걷고 있으니까요

25.4.29. #빛솔_원장님을 생각하며

자신을 '극히 강한 내성형'이라고 여겨 온 '따뜻한 포카혼타스'는 누구보다 자신의 성격과 기질에서 비롯된 한계에 스스로 부딪히며 고군분투하고 있었다. 따뜻한 포카혼타스는 회기마다 동료 원장님들과 나누는 진솔한 대화 속에서 조금씩 변화하기 시작했다. 특히 근본적인 질문을 놓고 함께 나누는 과정은 따뜻한 포카혼타스에게 큰 울림이 되었다.

오프라인 현장 만남의 어느 날, 따뜻한 포카혼타스는 "울컥해요"라는 한 마디로 감정을 표현했다. 말로 다 설명할 수 없던 수많은 마음이 그 한순간 터져 나왔다. 오랫동안 켜켜이 쌓아 두었던 마음의 벽이 무너지는 순간이었다. 울컥 차오르는 감정은 더는 혼자 감당해야 할 무게가 아니었고, 그 감정은 관계 안에서 비로소 말이 되었다.

이미 그 길을 걸어오셨고, 그래서 내면이 단단해지셨고, 그 위치에서 계속하고 계시는 원장님들이 계신데, 나는 정말 조금 힘들다고 튕겨 나왔구나 하는 생각이 들더라고요. 그래서 '내가 어떻게 감히 원장님들과 운영에 대한 이야기들을 나눌 수 있을까' 그리고 '어디까지 이야기해야 할까' 하는 생각에 좀 치우쳤던 것 같아요. 이렇게 말해야 할까, 여기까지 얘기해야 할까, 그런 부분 때문에 좀 말할 때 주춤했던 부분들도 있었던 것 같아요. 하지만 지난주 펑펑 울면서… 이 길을 계속 걸으면서 또 다른 부분들도 있구나 하는 생각이 들었어요. [따뜻한 포카혼타스_2025.5.26.]

따뜻한 포카혼타스가 보인 눈물은 그 자리에 모인 모두의 마음을 무장해제 시킨 듯했다. 눈물은 서로가 서로에게 공감하고 있구나 하는 울림과 함께 우리의 마음의 벽을 깨부수는 강력한 도구가 되었다. 그리고 그 자리에 함께 있는 우리가 의미 있는 관계로 나아가도록 이끌었다. 우리가 공감하며 흘렸던 그 순간은 백 마디 말보다 마음을 여는 동인이 되었다. 실존하는 나의 존재를 인정받고 사소한 감정도 존중받는 경험과 같이, 서서히 우리는 개인적인 삶까지도 서로를 지지하고 힘이 되어 주는 '우리'의 관계로 나아가게 새로운 가능성을 열게 되었다.

생각해 보니까… 저는 이 모임을 하면서 같이 공감할 수 있는 이 좋은 조력자들과 함께할 수 있다는 게 너무 좋았고요. [호빵_2025.5.26.]

눈물! 함께 흘린 공감의 눈물! 그 눈물이 우리 모임에서 아주 중요했어요. 우리는 진짜 가식적으로 웃기도 잘하고 막 그러잖아요. 근데 이 눈물은 가식도 아니고 진심인 것 같아서 큰 영향력을 행사한 것 같아요. 서로를 해체했던, 벽을 깨는 느낌. 우리 모임의 전환점으로 저도 느끼는 것은 눈물이에요. 우리의 눈물이 빛납니다. [디셈버_2025.5.26.]

저는 이제 이 원장연구 소모임을 진행하면서 무엇보다 내가 원장으로 살았던 그 경험이 이렇게 계속 연결이 되니까 막 울컥한 거예요. [빛솔_2025.4.28.]

이러한 만남은 단순한 활동의 연속이 아니라, 서로의 삶에 진심으로 관여하고 응답하는 과정이었다. 이러한 경험은 우리로 하여금 서로를 '대상'이 아닌 '인격'으로 바라보게 했고, 함께 공감하며 함께함이 주는 위로와 힘을 실감하게 했다. 이 모든 과정이 바로 공동체 안에서 우리가 경험한 '관계의 교육'이었다. 그것은 누군가를 변화시키기 위한 수단이 아니라 그 자체로 가치 있는 교육의 장이자 우리가 지속가능한 배움을 가능하게 했던 핵심이었다.

　　선생님들은 알까요? 원장님은 되게 씩씩하고 열정적인 분이라고만 생각하는 것 같아요. 아까 원장님께서 그 얘기를 했을 때, 1년 반 동안 열심히 하고 소진되었던 그 마음이 저와 비슷하거든요. 원장님의 마음과 일치되는 느낌. 저도 소진을 경험했을 때 어느 순간에 그만해야 하겠다는 생각이 들더라고요. [디셈버_2025.4.28.]

　　겨울에서 봄으로 왔어요. 봄으로 이제 여름으로. 모임을 진행하다 보니까 현장 미팅으로 만난 원장님들이 너무 각별한 거예요. 그래서 교육은 거창한 것이 아니라 정말 그냥 만나서 서로 하소연이라도 하는 자리일 수 있겠다. 그게 진짜 그냥 만남의 장이 아닐까. 이 생각이 좀 많이 들었어요. [빛솔_2025.4.28.]

　　요즘은 워낙 리더들이 스트레스를 많이 받고, 무엇인가를 시작하면 더 해야 하는 위치잖아요. 사람도 더 다양해지고 인본주의 끝판으로 올라가고 있는데…. 더더욱 우리는 사람을 다루는 일이라서 앞으로 정말 더 힘들어질 텐데. 우리 안에서 이런 교육적인 만남을 통해서 계속 이 부분들을 해소하고, 다양한 논의들을 할 수 있는 그런 만남을 지속하는 것이 왜 안 될까 저는 항상 그 고민이 많았던 것 같아요. [빛솔_2025.4.28.]

우리의 ING, 나의 다짐 (2025.5.26.)

> **성찰하기**
> - 지금 내가 지속하고 관계, 일은 무엇인가요? 그 이유는 무엇인가요?
> - 이 일을 지속가능하도록 만드는 힘이 있나요? 그 이유는 무엇인가요?

3) 환대_따스함

모임을 하면서 서로 다른 상황과 처지를 듣고 이해하게 되었어요. 그러면서 또 스스로 자신을 돌아보면서 나 자신에게도 따뜻한 마음을 갖게 된 것 같아요. 원장님들께서 다양한 기관 속에서 각각의 그 역할들을 해내시는 그런 모습들을 보면서 다시 또 좀 스스로를 다잡는 그런 시간도 되었고. 또 이야기하면서 따스함도 많이 느낄 수 있었어요. 그래서 저는 원장연구 소모임을 떠올리면 생각나는 과일은 오미자입니다. 오미자는 여름에 차갑고 시원하게 먹긴 하지만 그래도 그 안에서 따스함을 느낄 수 있는…. 그래서 오미자라고 생각해 보았습니다. [따뜻한 포카혼타스_2025.5.26.]

기쁨도 맛볼 수 있었고 함께하는 것에 대한 설렘도 있었던 것 같습니다. [호빵_2025.5.26.]

사실 모임을 하면서 적극적으로 움직여 주는 원장님들, 우리 연구원님들. 생각해 보면 리더가 없던 것 같아요. 다 리더가 된 거죠. ○○으로 갔을 때는 이분들이 다 리더고, 이쪽으로 갔을 때는 원장님이 리더고. 모임의 주최는 저지만 때로는 제가 구성원으로 느껴지는 그런 특별한 경험을 했어요. 우리가 교육을 하게 되면 항상 주최 측에 그냥 끌려가는 그런 느낌이었다면 이번에는 원장님들이 중간중간에 소통해 주시고, 중간자 역할들을 자발적으로 해 주셨어요. 우리가 각자의 역할 부여를 우리가 특별하게 지정하지는 않았지만, 때때로 주체적으로 역할을 하면서 모임이 진행되었던 것, 이것도 굉장히 의미가 있다고 생각을 했어요. [빛솔_2025.5.26.]

4) 함께함의 가치 #그 관계 안에서

이번 논의 주제를 접하고 어디서부터 어떤 이야기부터 시작해야 할까….

개원 때부터⋯. 아니면 증축 후 제2막의 어린이집 모습을 이야기해 볼까. 너무 많은 이야기와 고민이 있어 일단 생각을 접었다. 그리고 틈나는 대로 생각의 줄거리를 정리하지만, 다음 회기까지 정리가 될지 걱정되었다. 일단은 시작해 보겠다.

"원장님⋯. 드릴 말씀이 있습니다."
나의 고민은 여기서 시작되었다.
간혹 월요일 아침이면 많은 고민을 하던 교사들이 다가온다. 이미 많은 시간 자기 생각 있었기에 그때는 내가 다가갈 공간이 많지 않다.
교직원 12명에서 54명에 이른 지금까지의 시간은 교직원들의 안정이 그들과 아이들, 학부모들을 위한 나의 사명임을 깨닫는 시간이었다. 수많은 교사를 보면서 결국 우리 안에서 서로가 서로에게 힘이 돼 주며, 우리가 옳다고 생각하는 길을 함께 걸어가는 그 자체가 의미 있고 가치 있는 일이었다.
원 자체의 조직문화를 바탕으로 지속가능한 어린이집을 만들기 위해서 사회적 사명감으로 자신의 강점을 활용해 기꺼이 임무를 수행하는 유능감, 자율성 있게 개인의 목표를 스스로 세우고 연구하는 모습, 서로에 대한 다양성을 인식하고 원활한 의사소통 능력을 기반으로 긍정적인 관계를 유지하는 것에 목표를 두었다.
연초에는 교직원들의 특성과 연차, 어린이집 주어진 특수한 상황을 반영(회사의 상황, 개원, 증축 등)하여 주제를 정하고, 학기 초 핵심 가치를 바탕으로 연중 반별, 경력별 모임을 주기적으로 진행한다.

특히 어린이집의 규모가 커 가면서 원장과의 대면보다는 교직원 간의 소통이 더 큰 영향력을 미치는 모습을 보게 되었고, 그들 간의 이해와 소통의 문화가 어린이집에서 정말 많은 부분을 차지함을 알았다. 이로 인해 경력 교사는 그들의 역할과 목적, 본받고 싶은 선배의 모습을 구체적으로 그려 나갔다. 그 소통의 과정은 당신의 이야기를 들을 준비가 되었다는 밝은 표정과 함께 내가 원하는 이야기는 최대한 줄이고 그들의 마음과 생각을 열 수 있는 질문을 활용하려 노력한다. 많은 원장님이 이미 훌쩍 앞서가고 계시지만, 그렇게 구성한 시간이 몇 해 쌓이면서 지금은 서로의 마음을 듣고 소통하는 것이 어렵지 않아 보인다.
물론 지난 시간에 논의되었던 '자발성'의 차이를 보이는 교사들을 들여다보고 때로는 자신의 길을 찾거나 그의 강점을 찾아 주어 다시 일어날 힘을 실어 주는 것도 주임 교사가 협력해 진행하기도 한다.

이러한 길을 걸어가며 교사들에게 많은 것들을 그대로 보여 줄 수 없으며 조금은 본받을 만한 모습이 있어야 하는 원장은 참 외롭다. 가끔은 걱정에 잠을 잘 수 없고 눈물로 기도를 한 적도 있지만 내가 찾은 답은 '동료 원장님'과 '책'이었다. 이미 나의 길을 앞서갔던 많은 원장님과 논의하기도 하고 또 전문가들이 정리해 둔 전문도서

> 들이 나를 다시 일어서게 해 주었다.
> 늘 "이 길이 맞나?"라는 의문과 함께했는데, ㅈ난시간 대표님의 "원장은 다만 고민하고 또 생각하는 시간을 통해 최선을 찾아갈 뿐이지 않을까?"라는 글로 다시 힘을 얻어 봅니다. 나와 함께하는 그들이 지금을 돌아볼 때 옳은 길을 향해 최선을 다했던 기억으로 떠올리며 웃을 수 있는 순간이길 바라봅니다. [밴드 글_윤슬_2025.4.28.]

동반자로서 서로를 바라보며 생각하는 '우리'. 그 진실한 마음이야말로, 선입견을 벗어나게 하는 가장 큰 동인이 되었다. 혼자서 모든 것을 고민하고 결정해야 했던 원장의 자리가 주는 무게감 속에서 원장님들은 종종 자신을 역할 안에 가두고 살아왔다. 그러나 함께하는 이 시간 속에서 원장님들은 비로소 그 역할의 그림자 아래 숨겨져 있던 자기 모습과 마주하게 되었다. 혼자일 때는 미처 인식하지 못했던 선입견들이 대화와 공감 속에서 드러났고, 그 발견은 곧 새로운 배움의 방향을 여는 문이 되었다. 이 모든 과정은 원장이라는 존재가 '혼자 짊어져야 하는 자리'가 아닌, '함께 걸어갈 수 있는 길'이라는 가능성이 되었다.

저는 '원장' 하면 지도자, 운영자, 경영자 이렇게 생각해 왔던 것 같아요. 그런데 교사들과 동반자로 생각하는 것 자체가 이전의 선입견을 탈피하게 했던 부분도 있었고요. '잘해야지', '우리 원을 잘 지켜야 한다'는 마음만 앞서다가 저를 돌아보는 시간은 한 번도 갖지 못했어요. 자기 자신을 성찰하게 하는 것, 그게 되게 어색했었는데, 시간이 지나면 지날수록 저 자신을 돌아보는 시간도 되었고 또 이를 통한 배움이 저에게는 큰 도움이 되지 않나 싶은 생각이 듭니다. [호빵_2025.5.26.]

저도 '혼자의 힘으로는 멀리 갈 수 없구나!'를 많이 느꼈었고 어린이집에서 원장으로 일할 때는 하나의 공동체라고 늘 생각했기 때문에 그 안에서 소외되는 아이들이 없는지 교사들은 이 안에서 의미를 찾고 있는지 항상 주의를 기울였던 것 같아요. [빛솔_2025.1.9.]

저는 "개인의 힘만으로는 불가능하다. 원장늗 뜻을 지지받고 지원하는 정서적인 공동체가 있어야 멀리 갈 수 있다." 이 문장이 너무 와닿네요. 저도 그런 순간이 있었고 또 외로움과 쓸쓸함, 공허함을 느끼는 순간이 있었답니다. [밴드 댓글_디셈버_2025.1.9.]

함께하는 공동체에 '소속된 마음'은 '우로'이며 앞으로 나아갈 '힘'이 되고 있었다.

함께 쓰다듬음. 위로. 함께라면 더 갈 수 있을 것 같아요. 이건 욕심 없이 함께하고 싶은 그런 거 있는 게 아니라, 뭐라고 해야 하지…. 각자의 삶에 충실하면서도 함께 가는 그 과정에서 서로를 위로하며 함께 갈 수 있는. 그래야 같이 갈 수 있을 것 같아요. [윤슬_2025.5.26.]

전 원장으로 내가 살아 있다고 느끼는 부분은 나로 인하여 한 선생님이라도 나의 마음을 좀 알아주고 아이들을 존중해 주고. 또 같은 교육의 가치를 바라보면서 원장님 덕분에 저도 이렇게 성장할 수 있었다는 그런 말을 듣게 됐을 때 유아 교육 전공자로서 '나도 선한 영향력을 행사하고 있구나'라는 생각이 들기도 해요. 그리고 나도 원장으로서 잘하고 있구나 하는 비로소 좀 안도감도 느껴지다가도, 근데 아직도 나의 역할에 대한 그런 딜레마는 계속 있는 것 같아요. [따뜻한 포카혼타스_2025.4.28.]

다른 원장님들의 말씀을 듣고 보니 제가 교사였을 때가 생각나요. 원장님도 의지할 사람이 필요했고 원장님 편이 필요했구나 하는 생각이 들어요. 그래서 원장님도 저에게 먼저 "선생님 이렇게 하면 어때?" 물어보시고 하신 거구나…. [별사탕_2025.4.28.]

작은 말에 울고 웃고 힘을 얻는 우리, 감동은 사소한 말, 사소한 반응에서 시작되었다. 잘하고 못하고 결과를 원하는 게 아니라, "한번 해 볼게요" 그 말에 큰 감동이 되었다.

저는 제가 선생님들께 뭔가 해 보자고 했을 때 반응도 해 주면서, 되든 안 되든 해 보고 나서 얘기를 하면 더 힘이 날 것 같아요. 그런데 먼저 안 되는 이유를 열거하면 마음이 어려워요. 그때 힘이 많이 빠지기도 하고 속상하기도 해요. 그러니까 뭔가 원장님이 이렇게까지 얘기를 했을 때는 분명 어떤 이유가 있겠지, "한번 해 볼게요"라고 한다면 되게 감동할 것 같아요. [따뜻한 포카혼타스_2025.3.24.]

원장이라는 자리는 흔히 관리자나 리더로만 인식되곤 한다. 하지만 실제로는 교사들과의 관계 안에서 서로에게 기대고 영향을 주고받는 상호 의존적인 존재이다. 그런 의미에서 원장 역시 누군가의 지지와 공감이 있어야 한다. 서로의 마음을 지켜 주는 존재가 되어 가는 과정에서 원장님들은 더 단단해지고, 더 넓어졌다. 상처를 숨기는 자리가 아니라 마음을 나눌 수 있는 자리였기에, 그들은 다시 배우고, 다시 시작할 수 있었다. 성장은 결국, 누군가와 함께 안전하다고 느끼는 순간부터 시작되는 것이 아닐까.

5) 마음을 여는 공간 #안전지대, 해소하는 공간

원장이라는 자리는 흔히 단단하고 흔들림 없는 사람이어야 한다는 기대 속에 놓인다. 하지만 누구보다 많은 결정을 혼자 감당하고, 때로는 가장 외로운 위치에 서 있는 존재이기도 하다. 그런 원장님들이 '공동체'라는 이름 아래 모였다. 처음엔 조심스럽게 마음을 열기 시작했고, 서로의 이야기를 듣고 공감하면서 하나둘씩 말문을 열었다. 함께함의 경험은 위로를 넘어서 회복으로, 그리고 다시 나아갈 용기로 이어졌다. 서로의 고민을 알아주고 이해받는 자리였기에 가능한 일이었다. 공동체는 단지 함께 있는 사람들이 아니라 서로를 지지하며 다시 일어설 힘을 건네는 관계였다. 그 따뜻한 연결 속에서 원장님들은 다시 자신의 자리를 자신의 교육을 이어 갈 수 있는 용기를 얻고 있었다.

자신을 열어야 시작되는 공간에 대한 막연한 두려움, 어색함, 불편함이 있었고 새로운 사람을 만나도 되나 이런 생각도 예전에는 했었어요. 그리고 그 이면에는 나를 오픈해도 되나 하는 경계가 있었던 것 같아요. 그런데 요새는 시대도 많이 달라지기도 했지만, 이 모임을 하면서 새로운 사람들에게 배우는 기쁨을 느꼈어요. 그래서 '아! 이런 게 이제 가능하구나!' 제가 확 마음을 연 모임은 여기가 처음이었던 것 같아요. [윤슬_2025.5.26.]

서로에게 다가가는 시간이 필요하듯이 이렇게 댓글을 남기는 것 또한 시간이 필요하다는 걸 제가 느꼈어요. [빛솔_2025.1.9.]

이런 모임이나 학습공동체 등 어떤 모임을 하면 항상 본인을 먼저 여는 것을 시작으로 하는 거잖아요. 근데 항상 그것 자체가 부담스럽기는 해요. 솔직히 그러니까 아까 말씀하신 것처럼 뭘 꺼내 놓는 것도 나도 그냥 평범한 사람이고 별로 하는 건 없고 그냥 다 남들이 하는 것인데. 다른 사람들이 오히려 더 많은 걸 더 잘하고 계시는데 내가 꺼내 놓을 게 사실 없다는 생각을 했었거든요. 그래서 나를 표현하는 게 몹시 어려웠고 그냥 남들 얘기하면 거기에 맞춰서 그냥 이 정도, 요 정도, 이렇게 이야기하는 정도… 이렇게 그냥 맞췄던 것 같아요. [윤슬_2025.5.26.]

다른 학습공동체를 시작하면서 제가 가장 중요하게 생각했던 것은 공동체가 안전해야 한다는 것이거든요. 안전해야만 내 것을 꺼내고 또 그 꺼낸 것으로 이야기가 될 수가 있어서. 그래서 저는 시작할 때 서로의 이야기를 지켜 주는 안전에 대한 규칙도 세우고 그래요. "여기에서 나눈 이야기는 발설하지 않는다." 이런 것들도 했었고. 그런데 안전하게 느끼지 못함이 여전히 있었던 것 같아요. [디셈버_2025.4.28.]

원장으로서 조금 더 잘하고 싶고, 아까 우수 사례 이야기했던 것처럼 목표가 너무 높아지다 보니까 어려움이 있었어요. 그런데 오히려 그런 부분을 가지 쳐내고 선생님들을 하나로 이어 나가는 데 지원을 하는 역할을 해야겠다. 내가 한 걸음 뒤로 물러나서 바라봐야 하겠다는, 그런 부분들을 좀 많이 배웠던 시간이었어요. 그게 저뿐만이 아니라 우리가 같이 공동체를 했던 원장님들도 서로에 대해서 되게 존중하는 그 방식, 원장님들이 가지고 있는 그런 철학, 그런 교육 가치적인 부분들에 대해서 서로 인정을 하니까 그런 부분들이 너무 자연스럽게 이야기가 많이 나왔던 것 같아요. [따뜻한 포카혼타스_2025.4.28.]

성찰하기

- 나의 안전지대는 어디인가요? 그 이유는 무엇인가요?
- 함께함의 가치를 발견하게 된 순간이 있나요?
- 나는 그 가치를 내가 만나는 사람들에게 어떻게 나누고 있나요?

6) 도전

이 시간은 우리에게 단지 정보를 나누는 자리가 아니었다. 무엇보다도, 근본적인 질문을 함께 붙들고 고민할 수 있었던 시간이었다. 나는 원장님들이 어린이집 공동체에 관한 생각을 성찰하고 다시 실천하도록 끊임없이 생각하고 말하고 또 질문하는 시도를 해 왔다.

"나는 왜 이 일을 시작했을까?", "나는 어떤 교육을 꿈꾸고 있는가?", "아이와 교사, 그리고 나 사이의 관계는 어떻게 맺어지고 있었을까?"

이런 질문들은 단순한 회고가 아니라, 자신을 깊이 들여다보게 하는 성찰의 시작이 되었다. 원장이라는 자리에서 무심코 지나쳤던 일상과 판단들을 다시 바라보게 했고, 말하지 않았던 마음의 소리와 마주하게 했다. 그리고 그 성찰은 멈춰 있던 마음을 다시 움직이게 했고, 원장님들에게 '나도 공부하는 원장'이라는 자부심을 주기도 했다.

저도 정답을 찾는 것은 아니지만 한 번 더 생각해 보게 되더라고요. 나는 누구지, 나는 어떤 원장이었지, 나는 또 어떻게 운영하는 사람이었지. 생각해 보고 또 정리하고. 특별한 것은 없었지만 그 주신 그 근본 물음을 들고 다니면서 계속 좀 생각해 보고, 프린트해 놓고, 좀 내가 생각하고 있는 그런 것들을 적어 보기도 하고 그랬었던 것 같아요.

[호빵_2025.5.26.]

저 되게 내향형이거든요. 그래서 많은 도전을 받는 그런 모임이었고 (중략) 저에게는 좀 도전적이었지만 여행 가방을 싸는 것처럼 조금 설레는 그런 시간이었고, 원장님이 이랬구나! 또 이제 이랬구나! 하며 이렇게 다양한 원장님들의 생각이나 삶을 보면서 산꼭대기에 올라가면 왜 우리가 이렇게 아파트 요만해지잖아요. 그래서 이런 것도 있고 저런 것도 있고 우리 집은 저기 이만큼이고…. 조금 넓은 마음으로 세상을 좀 볼 기회였던 것 같아요. [따뜻한 포카혼타스_2025.5.26.]

"나도 공동체가 있다!", "나 원장 소모임 간다!" 이 모임 자체가 저에게 자랑거리였어요. 이런 모임을 원했었거든요. 모임을 하면서 다른 어린이집도 좀 가볼 수 있겠다. 가서 어떻게 하고 계시나 좀 봐야지 하는 욕심도 있었는데, 그러지 못해서 그게 좀 아쉬웠어요. 교사들에게 "나 오늘 이거 원장 소모임 온라인 듣는다." 이렇게 조금 대놓고 자랑했어요. 나도 원장으로서 더 소양을 갖추고 어린이집을 이끌어 가기 위해 여러 가지를 듣고 공부하려고 노력한다는 것들을 좀 이렇게 은연중에 자랑 아닌 자랑을 했던 것 같아요. 근데 끝나면 안 되는데(웃음)…. [호빵_2025.5.26.]

"'안전지대'는 함께 성장을 만드는 도구가 된다."
[네이버 프리미엄 콘텐츠 소회_2025.6.12.]

학습공동체 안에서 관계 맺기와 심리적 안전지대 확보를 위한 노력은 단순한 정서적 만족을 넘어선다. 그것은 공동체 구성원 모두의 전문성 향상과 변화의 출발점이 된다. 원장연구 소모임에서의 경험이 이를 잘 보여 준다. 초기에는 낯섦과 경계심이 있었지만, 반복되는 만남과 진솔한 대화를 통해 점차 신뢰와 안전의 경험으로 전환되었다. 개인의 경험에 대해 다른 원장들과 공유하고 공감하는 시간에 참여하면서도, 처음에는 내 생각을 진솔하게 나누기까지 스스로에 대한 도전의 시간이었다. 이 과정은 원장님들에게 단순한 참여자를 넘어, 깊은 성찰과 교육적 변화의 주체로 성장할 수 있는 토대를 마련해 주었다.

특히 학습공동체 내에서 심리적 안전지대는 참여자에게 '내가 이 공동체에 속해 있다'라는 감

제2장 원장연구소모임

각(Belongingness)을 경험하게 하며, 이는 구성원의 참여와 지속성을 높이는 핵심 요인으로 작용한다(에드거 샤인 & 피커 샤인, 2025). 때문에 <u>학습공동체를 기획할 때는 심리적 안전지대 형성을 위한 구조적 배려가 필요하다. '말하고 나누는' 문화 설계가 필수적으로 고려되어야 한다. 공동체는 신뢰 위에서 비로소 배움의 장이 된다.</u>

성찰하기

- 학습공동체는 왜 필요할까요?
- 내가 만들고 싶은 학습공동체는 어떤 모습인가요? 이미지로 자유롭게 표현해 보세요.
- 나는 왜 이 일을 시작했을까요?
- 나는 어떤 교육을 꿈꾸고 있나요?

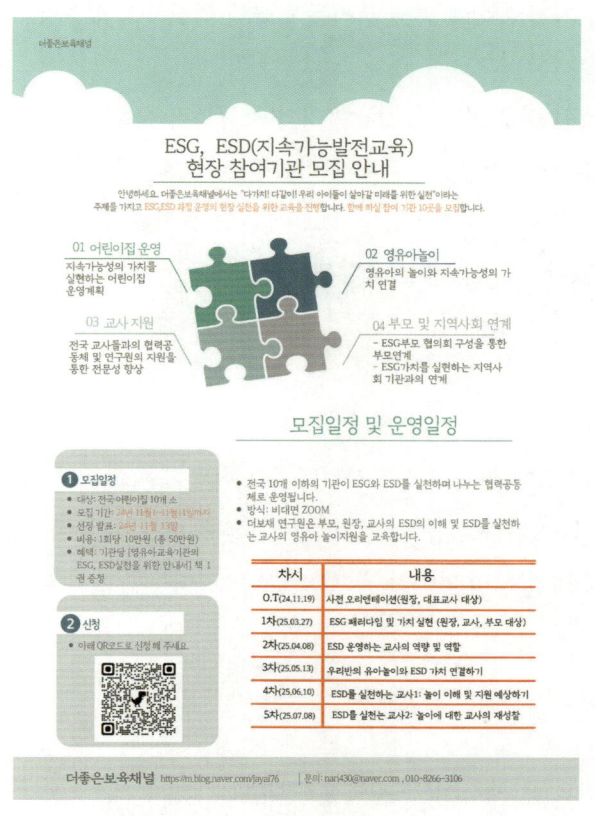

연구하는 리더, 원장연구 소모임 모집 안내문

4. 그래서 우리 모임은 여전히 ING: "지속할 수 있는 성장을 위한 우리의 협력과 연대"

지속가능한 성장을 위한 여정은 여전히 진행 중이다. 공감과 협력을 다지며 이어 온 원장연구 소모임은 그 자체로 의미 있는 공동체였지만, 그 모임이 가능했던 이유는 운영을 주도하는 '우리'라는 주체가 있었기 때문이었다. 우리는 단순히 만남을 조직하는 사람들이 아니라, 모임이 지향해야 할 집단 가치를 끊임없이 고민하고 실천하는 사람들이었다.

그 가치의 중심에는 '지속가능성 패러다임'이 있었다. 모임을 지속하는 것이 목표가 아니라 배움과 성장이 지속가능한 방식으로 일어날 수 있도록 매 순간 선택하고 움직였다. 회기마다 정답이 없었기에 우리는 인문학적 상상력으로 사유하고 서로의 이야기에 귀 기울이며 무엇이 최선일지를 함께 성찰하고 숙의하며 한 걸음 한 걸음 내디뎠다. 다른 사람의 생각을 듣고 자신을 돌아보는 성찰의 시간을 가졌고 이를 통해 으리는 조금씩 성장하고 있었다.

처음부터 길이 있었던 것은 아니다. 갓난아기가 처음부터 걸을 수 없듯이, 원장연구 소모임도 처음엔 모든 것이 낯설고 어색했다. 그러나 우리는 익숙한 방식이 아닌 새로운 관점으로 배움과 성장을 가능하게 하는 문화를 하나씩 만들어 갔다. 그것은 서툴지만 정직한 걸음이었고, 그래서 더 단단한 기반이 되었다. 이 공동체는 그렇게 '지속가능한 교육적 삶'을 함께 꿈꾸는 사람들이 모여 함께 길을 만들어 가는 중이다.

1) 원장님들의 ING

이 원장 소모임이 저를 다 완전히 성장시켰다기보다는 이 기회를 통해서 성장하는 중이지 않을까. 그래서 ING라고 적었어요. (중략) 여러 이야기를 들으면서 내 마음을 조금 단단하게 하는 마음의 근력을 쌓는 그런 성장의 기회가 된 것 같습니다. [따뜻한 포카혼타스_2025.5.26.]

❶ 가치를 숙고하다

시간이 정말 빨리 흘러가요. 모임을 시작하며 얼마 전 인사를 나눈 듯한데, 벌써 반년이 훅~ 하고 지나갔더라고요. 그동안 난 무엇을 했나 돌이켜보니, 나는 누구인가? 나는 어떤 원장인가? 나는 어떤 리더인가? 내가 만들고 싶은 공동체는 무엇인가? 나에게 수없이 질문을 던지며 시간을 보낸 거 같아요. 아직도 내가 누구인지 질문을 던지며 살아가고 있지만, 이 질문들이 나를 돌이켜 보게 하고 내 내면을 들여다보게 하고 또 나의 갈길, 방향을 찾아 주고 정립해 주는 나침반이 된답니다. '이 모임 아니면 내가 나에게 이런 질문들을 얼마나 던져 볼까?' 하고 생각해 봅니다. 이 모임은 자꾸 저를 성찰하게 하네요. [밴드 글_디셈버_2025.4.27.]

우리는 단지 일을 잘 해내는 사람이 되고 싶었던 것이 아니다. 우리는 가치를 추구하고 그 가치가 존중받는 일을 하고 싶었다. 그 바람은 개인적인 소망에 머무르지 않았다. 어린이집 원장으로서 살아가는 삶 속에서도 우리가 중요하게 여기는 가치들을 교육 철학에 담고 운영의 전반에 스며들게 하려고 애써 왔다. 하루하루의 결정 속에, 아이를 마주하는 시선 속에, 교사와의 관계 안에 우리가 품고 있는 그 가치들이 살아 숨쉬기를 바랐다. 그리고 그 가치를 함께 나누는 사람들이 곁에 있을 때, 우리는 일과 존재가 분리되지 않는 삶, 즉, 의미를 품고 일하는 삶을 살아가고자 했다.

교사와 영유아 그리고 학부모와의 관계 속에서도 그 가치가 살아 움직이기를 바랐다. 단지 한두 번의 행사나 말로 드러나는 것이 아니라 일상의 작고 반복되는 실천 속에서 진심이 전해지기를 바랐다. 우리가 지키고자 했던 가치는 구호나 이상이 아니었다. 그것은 우리의 삶의 태도였고, 방향이었으며, 무엇보다도 '일'과 '존재'를 연결해 주는 중심이었다. 그래서 우리는 일할 때마다 누군가를 만날 때마다 교육을 계획하고, 결정할 때마다 그 중심을 잃지 않기 위해 애썼다. 가치를 말하는 사람이 아니라, 가치를 살아내는 사람이 되고자 했다.

우리(더보채)도 가치를 따라서 이 일을 하고 있더라고요. 그래서 마지막으로 원장님들께 "어떤 가치로 어린이집을 공동체를 바라보고 어떻게 해 나갈 것인가요?"를 묻고 싶었어요. 그건 우리가 가르쳐 주는 게 아니라 우리 원장님들이 살아온 그 여정의 배움 속에서 나름대로 해 나가실 것으로 생각해요. 현장에 가 보니까 더 그런 생각이 들더라고요. 저는 ○○ 원장님 어린이집도 가 봤고, □□ 원장님 집도 가 봤거든요. 모임을 진행하면서 느낀 것은, 우리가 가르치는 사람도 배우는 사람도 그 집(어린이집)을 가 봐야 하겠다. 그래야 우리 안에 이 관계가 조금 더 이게 견고해지고 우리가 추구하는 그 가치로 조금 더 가까이 갈 수 있겠다. [빛솔_2025.5.26.]

가치들의 중요성을 잊어버리지 않고 지속해서 들여다볼 수 있는 그런 시간이었고, 그 생각을 좀 이어 나갈 수 있는 시간이었던 것 같아요. [윤슬_2025.5.26.]

나의 정체성을 일깨워 주고, 배움과 성장의 가치를 끊임없이 나누는 한 원장님이 내게는 큰 힘이 되었다. 그분은 단지 말로만 가르치기보다 삶으로 가치를 보여 주었고, 그 꾸준한 실천은 나에게 깊은 인상을 남겼다. 리더의 가치 공유는 반복되고 지속될 때 비로소 하나의 문화가 된다. 그리고 그 문화 안에서 교사들은 단지 주어진 일을 수행하는 존재가 아니라, 스스로 의미를 찾아가는 교육적 주체로 성장하게 된다.

원장이 지속해서 자신의 가치를 나누고 실천하는 모습을 보여 줄 때, 교사 역시 그 안에서 질문을 시작하게 된다. "나는 왜 이 일을 하고 있는가?", "나는 어떤 가치를 따라 움직이고 있는가?" 이러한 질문은 억지로 던져진 것이 아니라, 관계 안에서 자연스럽게 깨어나는 물음이다. 그리고 그 물음을 통해, 교사는 자신만의 이유를 찾고, 자기만의 길을 걷기 시작한다.

교사들 개개인이 여기(어린이집)에 머무르는 건 나의 발전이 가장 첫 번째 이유라고 생각을 하거든요. 교사들의 일상은 매일 반복되기도 하고, 다른 직장인들처럼 그런 외적인 동기 부여가 잘 안 되기 때문에. 원장님들께서 그리고 자신도 '아, 내가 뭔가 하고 있다. 발전하고 있다. 난 여기서 배우고 있다. 그다음 단계로 나갈 것이다.' 이것을 계속 제안해 주는 것도 필요한 것 같아요. 그것이 저를 계속 교사로 있게 한 힘이었고 지금의 사람들에게도 그게 중요한 그 요인이 되지 않겠냐는 생각이 많이 들고, 그것이 바로 조직문화라고 저는 그렇게 생각해요. 우리가 여기에 직장인으로 왔으니 그 직장인으로서 내가 어떻게 살아갈지를, 그 방향성을 원장 선생님들이 정해 주는 것이 가장 필요하지 않을까 하는 생각을 교사 때 많이 했던 것 같아요. 별사탕_2025.2.17.]

가치는 어떤 일에 있어서 우선순위를 결정짓는 '1'이다. 영유아 교육기관에서 무엇을 가장 먼저 두고 생각할 것인가? 이 질문은 단지 행정이나 운영의 문제가 아니라, 교육의 본질을 다시 묻는 일이다. 우리는 교사들과 함께 그 '1'을 찾아가고자 했다. "무엇이 우리에게 가장 중요한가?", "우리는 어떤 가치를 기준 삼아 아이들과 만나고 있는가?" 그 질문을 교사들과 함께 고민하는 일은 단순한 변화가 아니라 작지만 분명한 교육적 전환, 변혁적인 시도에 가까웠다. 함께 질문하고 함께 성찰하는 과정은 조직의 방향을 정하는 기준점이 되었고, 실천의 깊이를 더하게 만들었다.

이 모임을 시작하기 전, 한 원장님은 이런 고백을 하셨다. "저는 늘 교사들에게 '무엇이 1순위의 가치인지'를 질문하긴 했지만, 사실은 이미 정해 놓은 답을 설명하고, 그것에 교사들이 동의하도록 설득하고 있었더라고요." 답을 주는 리더가 아니라, 질문을 함께 품는 리더로의 변화.

그리고 그 변화는 교사들에게도, 원장 자신에게도 더 깊은 교육적 성장의 길을 열어 주었다.

어린이집의 아이들을 교육하는 게 우리의 1차 목적인데, 아이들을 교육하기 위해서 우리가 무엇을 해야 할까. 어린이집에서 일어나는 상황에서 무엇을 1번으로 놓아야 할 것인가의 방향에 대한 동의는 교사들에게 얻는 것이 필요한 것 같아요. 그래야 그다음 것들을 선택하는 게 수월하지 않을까 하는 생각을 가장 많이 했던 것 같아요. [디셈버_2025.2.17.]

❷ 내가 추구하는 가치는 무엇인가?

'배려'와 '성장' 두 가지가 제가 세운, 올해 저희 기관의 운영 방향의 가치입니다. 그래서 서로 배려하면서 함께 성장하는 방법과 방안들을 모색해 보고자 합니다. 저는 이제 교사 관리보다는 작년 말부터 사실은 ESG, ESD 관심거리가 되게 많았거든요. 그래서 이 모임을 시작하게 된 계기도 이 부분을 좀 더 깊이 있게 배우고 싶은 그런 욕심도 있었고요. (중략) 아이들한테 ESG에서 이야기하는 소중한 가치를 가지고 어떻게 다가가야 할지 고민이 돼요. 그래서 올해는 작년보다 ESG 실천의 범위를 넓혀 보고 싶습니다. 그렇게 계획을 세웠지만 이것 또한 저의 계획일 수 있습니다. 선생님들과 같이 합의한다고 했지만, 아직 합의가 안 됐습니다(웃음). [디셈버_2025.5.26.]

공동체를 잘 운영하는 원장이 되기 위한 정답은 없다. 어떤 방식이 옳은지, 어디까지 책임져야 하는지에 대한 명쾌한 해답은 늘 유보된 채 남아 있다. 그런데도 원장은 매일같이 선택하고, 결정하고, 관계를 조율해야 한다. 아무리 스스로 최선이라 판단한 결정일지라도, 그것이 현장에서 실천으로 이어지기 위해서는 교사들의 참여와 협력이 필수적이다. 단지 타인을 설득하기 위한 '가치 공유'는 한계를 가진다.

오히려 중요한 것은 교사 스스로가 그 일의 의미와 가치를 '공감하고 깨닫는 것'이다. 그때 비로소 개인의 실천이 자연스럽게 집단의 변화로 이어질 수 있다. 이를 위해서는 먼저, 리더 스스로 그 가치와 의미를 깊이 확립하는 시간이 필요하다. 리더가 진심으로 이해하고 확신하는 가치만이 말이 아닌 태도와 실천으로 드러날 수 있다. 변화무쌍한 현실 속에서 상황을 통제하고자 서두를수록 우리는 가치가 아니라 '관리'를 따라가게 되고, 그 순간 방향을 잃기 쉽다. 그래서 원장은 단지 관리자도, 설득자도 아닌 '실존하는 존재'로서의 회복이 필요하다. "나는 왜 이 자리에 있는가?", "나는 무엇을 위해 일하고 있는가?" 이 물음에 진심으로 다가설 때, 원장은 다시 자신의 방향을 찾고, 더 나은 실천으로 나아갈 힘을 얻게 된다.

저는 '원장 연구 소모임은 의미를 찾게 한 조력이다'라고 큰 범주로 생각을 적어 봤는데요. 제가 원장으로서 '왜 지금 이 자리를 지키려고 하는 거지', '내가 왜 여기에 있으려고 하는 거지'에 대해서 계속 저 자신에게 물음을 던져서 생각하게 하고 의미를 부여해 주셨던 것 같아요. (중략) 사실 이 모임이 아니었으면 이렇게 의미를 찾는 시간은 없지 않았을까 하는 생각이 들어요. 제가 새로운 기관의 원장이 되고 나서 '나는 지금 무엇을 하는 사람인지', '나는 지금 여기 왜 있지', '나는 지금 뭐 하고 있지'라는 생각을 끊임없이 했었어요. 난 원장으로서 이런 것도 하고 싶고 저런 것도 하고 싶었는데 하면서, 그렇게 좀 갈팡질팡할 때 지역 놀이학습공동체를 찾아갔고 다시 또 이렇게 모임으로 연결이 되면서 나를 찾아가는 그런 시간이 다시 되지 않았나. 저도 원장님처럼 원장연구 소모임한다고 교사들에게 자랑해요. [따뜻한 포카혼타스_2025.5.26.]

원장도, 교사도 결국은 '의미를 찾고, 그 의미를 따라 살아가려는 사람'이다. 그렇기에 교육 현장에서의 대화는 단순한 정보 전달이나 지시의 언어가 아니라, 일의 의미를 함께 발견하기 위한 방향으로 이끌려야 한다. 한 원장님은 어느 날 이런 고민을 털어놓았다.

"교사들과 함께 일의 의미를 이야기하고 싶었어요. 하지만 혹시라도 내 의도가 교사들의 생각을 고정하고 있지는 않을까 두려웠어요." 그 두려움은 단지 지도 방식에 대한 고민을 넘어서, '의미를 스스로 찾는 주체로서의 교사'를 존중하고 싶은 마음에서 비롯된 것이었다.

그러나 동시에 그는 이렇게 자신에게 되묻기도 했다. "만약 교사들이 의미를 발견하지 못하고 있다면, 그럴 때 나는 어떻게 해야 할까?" 의미를 나누는 대화는 교사에게만 요구할 수 있는 것이 아니다. 먼저 리더인 내가 '왜 이 일을 하고 있는가?', '나는 어떤 사람인가?'를 끊임없이 살피고 성찰하는 것이 필요하다. 남이 묻지 않아도 스스로 '나는 오늘 왜 이 자리에 서 있는가?', '내가 지키고 싶은 가치는 무엇인가?' 이러한 내면의 질문들은 그를 다시 단단하게 세웠고, 교사들과의 관계 속에서도 방향을 제시하는 사람이 아닌, 의미를 발견하도록 곁에서 지지하는 사람으로 자신의 역할을 다시 정의하게 했다. 성찰 없는 실천은 반복에 머물고, 성찰이 깃든 실천만이 진짜 의미를 만들어 낸다. 이는 교사들에게 답을 제시하기보다 함께 질문하는 자리, 의미를 찾아가는 여정 속에서 동행하는 리더로 성장하게 한다.

사실 보육실도 너무 바쁘고 기본적인 업무만 해도 정말 빠르게 돌아가야 하는 그런 하루잖아요. 우리가 교사들의 그런 일과를 너무 잘 알기 때문에. 또 원장으로서는 그런 상황들을 또 배려해 주고 싶고 내가 그들한테 너무 많은 짐을 짊어지게 하고 싶지 않은 그런 마음들이 많이들 있으셨을 것 같아요. (중략) 그렇다면 나는 어떤 대화를 통해서 교사들의 시선을 바꿔 줄 수 있을까 하는 고민을 했던 때가 있었는데, 결국에는 '의미'인 것 같아요. '내가 이 일을 왜 하지?' 하는 의미를 찾아갈 수 있도록. 근데 그것은 원장과 교사 간의 신뢰가 바탕이 되지 않으면은 전혀 통하지 않더라고요. [윤슬_2025.3.24.]

성찰하기

- 나는 왜 이 일을 하고 있는가?
- 내가 지키고 싶은 가치는 무엇인가?

❸ 가치 충돌, 역할 갈등

원장님들은 가치를 실현해 나가는 과정에서 종종 깊은 딜레마를 마주한다. 공동체 구성원들과 함께 의미 있는 가치를 설정했음에도, 막상 현장에서는 그 가치가 충돌하거나, 역할 간의 기대가 엇갈리는 순간을 맞이하게 된다. 특히 바쁘고 복잡하게 돌아가는 일상 속에서는 충분한 숙고 없이 빠르게 결정을 내려야 하는 상황에 놓이기도 한다. 교실마다, 기관마다 고유한 현실적 제약이 존재하고 그 어려움이 분명히 인정되지만, 그런데도 원장님들의 마음 한편에는 교사들의 지속가능한 성장과 배움을 지원하고 싶다는 간절한 바람이 자리하고 있다. 그러나 그 실천의 길이 언제나 순탄한 것은 아니다. 자신이 옳다고 믿고 이어 온 실천들이 구성원에게는 오히려 부담으로 다가오거나 거부당할 때, 원장 스스로는 가치에 대한 혼란과 역할에 대한 회의감을 동시에 겪는다.

겉으로는 '함께 성장하는 어린이집'을 표방했지만, 막상 대화의 자리에 앉아 진심을 나누다 보면 원장님들 스스로가 구성원들과 연대하고 협력하는 집단적 가치와는 다소 거리가 있었음을 마주할 때가 있다. 그동안 말로는 '함께'를 이야기했지만, 실제로는 자신이 옳다고 믿는 방향으로 구성원을 이끌려고 했던 마음, 자신의 기준을 절대화해 왔던 실천, 그리고 그 속에 담긴 자기모순과 판단의 오류를 외면하고 있었다. 그동안 잊고 지냈던 우리의 가치는 함께 대화하며 자기모순에 직면할 수 있었다. 결국, 공동체를 잘 운영하기 위해서는 단지 리더가 어떻게 무엇을 이끌

것인지보다, 집단 구성원들과 '공유되는 가치'가 무엇인지를 함께 묻고 우리가 그 방향으로 나아가고 있는지에 대한 각자의 생각과 경험을 나누는 과정이 필요하다.

나의 1순위를 잠시 이해의 시선으로 2순위로 내려놓을 수 있을 때, 우리는 공동체의 가치에 더 가까이 다가설 수 있다. 하지만 이런 전환은 단숨에 이루어지지 않는다. 속도는 조절되어야 하고, 방향은 함께 맞춰 가야 한다. 그래서 우리는 느리지만 단단하게, 그렇게 함께 걸어갈 수 있어야 한다.

원장으로서 나는 선생님들을 잘 가르치려고 했던 것인데, 오히려 이 사람들을 얻으면서 하는 게 아니라 선생님하고 적대적인 관계가 될 때도 있었고, 그런 의도가 전혀 아닌데…. '나는 선한 가치를 공유하면서 가르치는 것을 지속해서 했어.'라고 이론은 그런데, 그렇게 했음에도 불구하고 따라오지 않는 사람들에 대한 그 막막함, 그런 것도 저는 많았던 것 같아요. (중략) 선생님들한테도 소소한 그런 피드백, 그 가치 공유가 아주 중요한 힘이 되는구나! 그게 쌓였을 때 서로 통하는 느낌이 들더라고요. '우리의 삶을 들여다보면 선생님들한테는 전문적인 이론의 영역과 삶의 영역이 분리되지 않을 때 더 와닿을 수 있겠다.' 이런 생각이 갑자기 드는 거예요. [빛솔_2025.4.28.]

최우선의 가치 하나가 분명하면 다른 가치들은 포기할 수도 있다는 깨달음. 가치를 정하고도 늘 우리는 내적으로, 외적으로도 가치 충돌과 가치 선택 등으로 딜레마를 겪곤 한다. 이 상황에서 최선의 가치를 붙잡는 순간 나의 역할의 의미는 그 가치에 따라 달라진 해석을 하게 된다. 그 시선에 따라 앞으로 유사한 일들을 겪으면 앞선 고민의 시간이 조금은 줄어들고 선택도 한결 가벼워질 수 있지 않을까? [별사탕_2025.2.17.]

그러나 공동체가 같은 가치를 말하기 시작할 때 그 안에서 각자의 역할과 우선순위가 충돌하는 순간들도 더 또렷하게 드러나기 시작한다. 예를 들어 영유아 중심을 가장 중요하게 생각한다는 데 동의했지만, 그 '영유아 중심'이 안정적인 운영을 최우선으로 여기는 입장과 충돌할 때가 있었다. 또 어떤 경우에는 교사의 감정과 존엄을 지키는 일이 중요하다는 가치가, 보육의 연속성과 책임이라는 원장의 입장과 부딪히기도 할 수 있다. 가치를 말하는 순간, 책임도 명확해진다. 이러한 갈등은 실패나 위기가 아니라, 공동체가 진짜 '가치'를 논의하고 실천하려 할 때 필연적으로 겪게 되는 과정이다.

④ 비움과 채움

요즘 리더들에게 마음 챙김과 마음수련이 강조되는 데에는 그만한 이유가 있다. 가치가 충돌하고 요구가 넘쳐나는 영유아 보육 현장에서, 원장은 수많은 상황을 조율하고 원만히 운영해 나가야 할 책임을 지고 있다. 그만큼 자기 관리, 자기 돌봄의 힘이 절실하다. 이러한 상황적 압력 속에서 원장님들의 내면에서 조용히 흘러나오는 "오늘도 잘 버티자"라는 한마디에 그 절실함이 묻어 있는 듯하다. 그 삶은 때로는 관망하고, 때로는 비우고, 다시 채우는 과정의 반복이다. 누군가 보기에는, 예전보다 열정이 식은 듯 보일 수도 있다. 하지만 그 고요함 속에는 여전히 자신을 향해 더 깊이 들어가고자 하는 몸부림이 아닐까?

'오늘 하루만 잘 버티자'에서 '방법을 찾아가며' 시도하는 나로 변화되어 가는 중인 것 같아요. 하루만 잘 지내보자 했던 마음에서 먼 그림을 그려 보는 사람이 되기 위해 노력하는 것. 그게 저한테 많은 변화인 것 같아요. (중략) 교사들이 뭘 요구하는지에 대한 부분들을 알고 조금 시도하고. 교사들에게 좋은 생각과 이런 것들을 줄 수 있도록 노력할 필요가 있겠다고 생각하는 시간이 되었습니다. 교사들과 진정으로 소통하지 못했던 내 모습을 되새기며 앞으로 내가 할 일들을 새롭게 배우는 중이기도 한 것 같아요. 요즘에는 유튜버 강연을 보면서 교사들을 인정하는 화법들을 배우고 있어요. 교사협의체에서 선생님들의 말을 더 많이 끌어내려면 결국 원장인 나의 성찰, 나를 돌아봐야 하는 것 같아요. [따뜻한 포카혼타스_2025.4.28.]

어린이집 원장으로서 일해 나갈 때 유순히 받아들임도 배움의 한 영역이지만, 고민하는 숙론의 시간, 고민하는 시간을 지나는 것도 성장이라는 말을 이해하게 되었다. 배움공동체에서 서로의 고민을 듣고 내 고민을 경청하는 동료로 인해 위안을 얻고, 이 내적인 충만함은 새로운 배움과 도전을 해 나갈 힘이 된다. 보이지 않지만, 서로는 서로를 연결하는 끈이 되어 대화를 공감하고 단순한 나눔이 아닌, 정서적인 배움의 공간으로 이해되고 있었다.

어린이집 원장으로서 여러 가지 고민이 들어요. 그 고민을 하는 것 자체가 중요하고, 그 고민을 나누고 좀 충분히 숙고할 수 있는 시간이 있으면 좋은데 그렇지 않으니까. 점점 말을 안 하게 되더라고요. 점점 말을 안 하게 되고…. 우리 어린이집의 좋은 부분은 이야기하지만, 고민이 되는 부분들은 나한테 마이너스가 되니까 하지 않게 되는. 고민이 성장이라는 원장님 말씀이 저에게도 많은 공감이 됐어요. [빛솔_2025.4.28.]

당연해 보이지만, 나에게는 전혀 당연하지 않았던 시간. 연구 소모임은 그런 새로운 시도이자, 도전의 계기가 되어 주었다.

원장연구 소모임을 통해 원을 운영하면서 변화된 부분을 물으면 나 자신에 대한 변화는 수없이 많이 있지만 보이지는 않으니까. 운영의 변화에 대해 말씀드리고 싶은 게 있어요. 그때 나눠 주셨던 자료(신학기 운영 계획안)를 보면서 생각해 보니. 한 번도 선생님들한테 자신의 반을 어떻게 운영할 건지에 대한 이야기는 안 해 봤던 것 같아요. 처음에 반의 가치를 정립하고 그 후에 목표를 설정하는 것이 당연한 것인데. 이걸 해 볼 시간을 주지 않은 것 같아요. (중략) 당연하지만 한 번도 해 본 적이 없어요.

항상 1년 단위로 전체적인 계획을 세우고 이런 것들은 해 봤지만. 반별로 교사가 직접 자신들이 해 나갈 것들을 세워 보라고 하지는 않았던 것 같은데. 이번에 해 봤거든요. 그랬더니 교사들도 목표를 세우고 본인들이 어떻게 할 것인지에 대해서 서로 나누기도 하면서 서로가 서로에게 많은 힘을 얻고 팀워크를 가지고 해 나가는 것 같아요. [디셈버_2025.5.26.]

학습공동체에 대해 품고 있던 큰 기대를 잠시 내려놓고, 오히려 자신을 스스로 돌아보는 시간을 가졌던 원장님들은 그 과정을 통해 자신의 마음조차도 새로운 시각으로 바라보는 힘을 키우고 있었다. 오랜 시간 원장을 해 오며 쌓아 온 관성과 주변의 기대 속에서 '항상 앞서 있어야 한다', '주도해야 한다'는 압박감이 있었지만, 잠시 멈추고 비워도 괜찮다는 인식의 전환이 생겨나고 있었다. 수년간 현장을 이끌어 온 원장님들은 경쟁하는 사회에서 역량을 키우기 위해 무언가를 끊임없이 채우며 살아왔다. 하지만 이번 공동체에서는, 그동안 채워 온 것만큼이나 '덜어냄'이 필요한 순간이 있다는 사실을 함께 인식하게 되었다. 채우는 만큼이나 '조금은 덜어냄'이 성장의 틈을 만들고, 새로운 시도로 만들어 갈 공간이 열리는 듯했다. 이 공동체와 교류하는 시간은 서로의 말에 귀를 기울이며 내가 더 해야 할 것보다 덜어낼 것이 무엇인지를 찾는 여정과 같았다.

이게 그런 거죠. 이끌어야 한다는 그런 막연한 두려움. 학습공동체에 대한 원대한 꿈은 있는데 이걸 어떻게 운영을 해야 하는지는 막연하더라고요. 아직도 그거에 대한 거는 좀 그래요. 선생님들 어떻게 학습공동체를 어떻게 꾸려줘야 하나 이런 생각이 있긴 한데, 원장님들이랑 이야기를 나누면서 교사들도 각자의 몫을 조금씩 할 수 있도록 안내해야겠다고 생각했어요. 원장이 뭔가를 이끌어야 한다는 그런 막연한 두려움을 조금 없애는 것도 도움이 될 것 같다고 하셨는데…. 그 말씀을 듣고 아직은 완전하지는 않지만 조금은 덜어내도 되겠다는 그런 기쁜 마음이 들어요. 사실 원장들은 어디 가도 항상 이렇게 리드해야 한다는 그런 생각들이 있잖아요. [호빵_2025.5.26.]

이렇게 멀리서 바라보고 관망하는 거죠. 관망하다 보면 세상의 이치를 알게 된다. 그래서 경기를 멀리서 바라보면서 우리가 선택할 수 있는 제일 나은 선택을 하는 거예요. 이것보다는 이게 더 낫다. 그리고 우리는 인간이라서 나약하고, 인간의 지혜로운 생각으로 극복할 수 있는 것들은 한계가 있다는 것을 받아들이는 것도 필요한 것 같아요. [윤슬_2025.5.26.]

윤슬 님은 이전 경험과 직면하고 있는 현실 사이에서 자신의 역할을 끊임없이 고민하고 고민했던 시간을 꺼냈다. 그러면서 내가 할 수 있는 최선을 찾아가고 있었는데, 지금 내가 선 이곳에서 한 사람부터 시작하겠다는 다짐을 내비쳤다. 우리에게 과연 최선은 무엇일까? 최선의 가치는 같을 순 없다. 가치를 바라보는 시선에도 차이가 있고, 나의 시선조차도 변화되어 가며 한계를 지닌 존재란 걸 받아들이는 것도 깨닫게 되었다. 거리를 두면 소극적이라 함부로 비난하지 않으며, 때로는 '관망'도 필요하다는 것도 발견하게 되었다.

내가 굳이 이전 것을 떠올리면서 그때의 것으로 끌고 가기 위해 나를 따르라는 것이 아니라 그냥 여기서 시작해야 할 것 같고 여기서 나에게 동하는 그 한 사람부터가 시작이라고 생각하며 같이 가야 하는 것 같아요. 물론 시작했다가도 잘 안되기도 하고. (중략) 그래도 또 거기에서 시작하고 그 사람들에게서 조금이나마 이 관계 속에서 내가 보고자 하는 것. 함께 가기도 하고, 해 주기를 바라기도 하고. 그러면서 한 번 더 한 명이 오고 한 명이 오면, 그러면 좀 더 많은 사람이 무엇인가 할 때 좀 기쁘게 하지 않을까 그렇게 생각해요. [디셈버_2025.4.28.]

그런데 이전 모임에서 ○○ 연구원님이 올려 주신 신학기 운영 계획안과 □□ 어린이집을 방문하며 내가 착각하고 있었구나~ 하는 생각을 하게 되었습니다. 내가 함께 협의한다고 하고 "나를 따르라~~~!!"라고 한 건 아닐까? 한 번도 선생님들께 선생님들의 철학과 가치로 교실을 운영할 수 있도록 하지 않았던 거 같아요. 깊은 반성의 시간을 가졌답니다.
그래서 ○○ 연구원님이 올려 주신 자료를 활용해 선생님들이 반별로 학급 운영 계획을 세워 볼 수 있도록 하였답니다. 그렇게 시작한 지 2달이 지난 현재…. 선생님들이 주도적으로 해 나가는 모습을 볼 수 있게 되었어요. 선생님들께 그들의 운영 철학이 반영된 놀이 이야기를 만들게 하였고, 그렇게 놀이 이야기가 만들어져 콘테스트를 하였고, 그렇게 당선된 두 놀이 이야기를 함께 올려 봅니다. 조금 민망하지만, 예쁘게 봐주세요. [밴드 글_디셈버 2025.4.27.]

그래서 제가 저만의 돌파구를 찾았던 게 참여하는 공동체에 참여하는 거였어요. 그래서 좀 많이 바뀌었던 것 같아요. 3년, 이제 4년 차 되면서는 이제 내가 더 뒤로 많이 물러나야 하겠다. 계속 내가 끌고 가는 태도로 그렇게 해서는 원이 바로 설 수 없구나. [따뜻한 포카혼타스_2025.4.28.]

핵심 물음에 답하고자 성찰하는 시간을 보냈던 원장님들은 하나같이 스스로가 할 수 있는 일을 고민했고, 그중에서도 지금 할 수 있는 실천들을 정했고, 이것을 나누고자 말하는 가운데 앞으로의 의지를 표현하였다. 누구보다도 열심히 살아왔던 호빵은 질문을 받고선 며칠을 생각했다는 말을 여러 번 표현하였다. 호빵은 스스로 지난날들을 돌아보며 앞으로 나아갈 자기의 길을 찾아가고 있었다. "앞으로 이렇게 해야 해"라고 누가 말하지 않았어도 더 나은 삶을 위해 이미 걷고 있는 모습을 우린 서로의 말에서 깨닫고 있었다.

아무리 누군가가 공격을 해도 자기 자리를 지키기 위해서는 툴툴 털고 일어날 수 있도록 하는 그런 모임이 필요한 것 같아요. 이 모임을 하면서 여러분들의 상황드 다 비슷하기도 하고… (중략) 다양한 운영 형태를 보이는 어린이집의 원장님들 이야기를 들으면 비슷하지만 그래도 각각 다 다르고, 서로 아픔들도 다 있는데 그 안에서 우뚝 솟아나는 그런 모습들을 보면서 도전도 받고 더 열심히 살아야겠다라는 생각도 하고. '각자의 초소에서 최선을 다하시는 분들이 이렇게 많단 말이야?' 이런 생각도 들기도 하고 그랬고요. [호빵_2025.5.26.]

성찰하기

- 내가 가장 중요하게 생각하는 가치는 무엇인가요?
- 그 가치을 지키기 위해 더해야 할 것과 덜어내야 할 것은 무엇인가요?

우리의 여정을 묻고, 길을 여는 시간 [소회_2025.5.26.]

5. 우리 어린이집, 어떻게 만들어 나갈까?

1) 더보채 연구원들의 어린이집 공동체 사례 나눔

원장님들은 저마다 좋은 어린이집에 관한 꿈이 있다. 그런 꿈이 일을 하는 데 방향지시등이 된다. 꿈꾸는 조직문화는 교사들이 자율성을 갖고 일하며 성취감을 느끼고 배움과 성장이 있는 모습이다. 이러한 어린이집은 교사들이 참여하는 공동체이기도 하다.

● 첫 번째 사례_ 의미를 발견해 주고 의미를 부여해 주는 지원하는 사람의 가치

그 나눔에서 제가 했던 역할은 선생님들이 각자 의미 있다고 한 모든 놀이가 '정말 의미 있는 겁니다'라고 그 교사의 관점으로 의미를 발견해 주는 것이었어요. 가르쳐야 하는 내용이 정해져 있지 않고 아이들의 놀이를 이해하며 지원하는 것이 교사의 역할이기 때문에 교사들은 항상 '내가 아이들의 놀이를 잘 이해했나?', '지원을 잘한 건가?'라는 그 혼란함 속에서 살잖아요. 그 교사들에게 이 나눔을 통해서 선생님들 잘하고 있다고 그 사람들을 지지해 주는 것 역시 제 교육의 목표였습니다. [사례 나눔_별사탕_2025.3.24.]

일하다 보면 누구나 방향을 잃을 수 있다. 성공도 실패도 반복되는 경험이고, 그 사이에서 내가 나를 어떻게 바라보는가는 일을 지속해 가는 데 있어 중요한 내적 자원이 된다. 어쩌면 이 마음은 자동차의 주유와도 비슷하다. 아무리 좋은 성능을 가진 자동차라도 지속해서 연료를 채우지 않으면 달릴 수 없듯이, 우리도 일상 속에서 보람, 가치, 기쁨과 같은 윤리적 감각을 채워야 앞으로 나아갈 수 있다.

시간이 지나면 자동차에 부품을 교체하고 윤활유를 보충하듯 '소모임'이라는 시간은 그런 윤활유 역할을 한다. 그 시간을 통해, 내가 지금 하는 일을 살펴보고 무엇을 덜어내고, 무엇을 더해야 할지를 정비하는 과정이 누구에게나 필요하다. 놀이연구 소모임에 참여한 별사탕은 "가르치는 사람도 가르침을 받는 사람도 모두에게 윤리가 필요하다"라는 말을 나누었다. 그 말은 관계 안에서 지속가능한 배움과 실천을 할 수 있으려면 리더든 교사든, 모두가 자기 역할을 성찰할 수 있어야 한다는 의미로 다가왔다.

교사들 개개인이 자신의 관점에 대해서 성찰하고 놀이를 기록하고 협의를 통해서 놀이 지원을 하도록 했어요. 제가 생각하는 교사의 역할은 영유아를 사랑하는 교사예요. 근데 이 사랑한다는 것이, 물론 마음으로 아이들을 사랑하는 것도 있지만 우리는 직업인이잖아요. 직업인이라면 사랑하는 사람으로서 해야 하는 우리의 역할이 있는 거예요. 예를 들어서 저희가 엄마로서 자식을 사랑하는 것과 교사로서 아이를 사랑하는 건 분명히 역할이 다르다고 생각을 하거든요. 그래서 교사들이 직업적 윤리를 어떻게 실천할 것인지를 고민하게 하고 행하게 하는 것이 교사 역할이라고 생각을 합니다. [사례 나눔_별사탕_2025.3.24.]

놀이연구 소모임을 마치고 난 다음에 정말 피드백도 좋았고 교사들이 너무 즐거워했었거든요. 그 기쁨이 어디서 온 기쁨인지 생각을 하다 보니까, 꼬리에 꼬리를 물고 교사로서의 전문성은 곧 깊이 있는 이해와 연구를 통해 아이를 바라봐야 하는 윤리적 실천이라는 생각이 들더라고요. 교사들이 스스로 내가 직업인으로서 가지고 있는 윤리적인 마음이라고 해야 하나요? 교사로서의 윤리성에 대해 본인이 잘 해내고 있다, 나 잘하고 있다고 생각을 하게 된 것에서 기쁨을 느끼지 않았겠냐고 생각을 했어요. 그 안에 요인들을 찾아보면 누군가 함께했다는 것, 누군가 나에게 잘하고 있다, 우리 함께하자는 것을 통해서 내가 의미 있는 일을 하고 있다고 생각한 자기 확신을 경험했고요. [빛솔_2025.3.24.]

서로 간의 존중과 협력 연대를 통해서 서로가 돌봄을 받으면서 함께 성장했다는 것이 가장 중요한 것 같아요. 그리고 두 번째는 교사들이 놀이의 의미와 배움을 발견하는 과정에서 결국에는 우리가 근본적인 질문으로 갈 수밖에 없었어요. (중략) 결국에는 '나는 이런 일을 하는 사람이었지'라는 교사로서의 내 존재 의미를 회복하게 된 것. 그것이 이 교사들이 느낀 기쁨이 아니었을까…. 그래서 나는 교사로서 지금 옳은 일을 하고 있고 잘하고 있구나 하는 자기 스스로에 대해 확신하게 된 것이 그 기쁨의 근원이 아니었겠느냐는 생각이 들어요. [사례 나눔_별사탕_2025.3.24.]

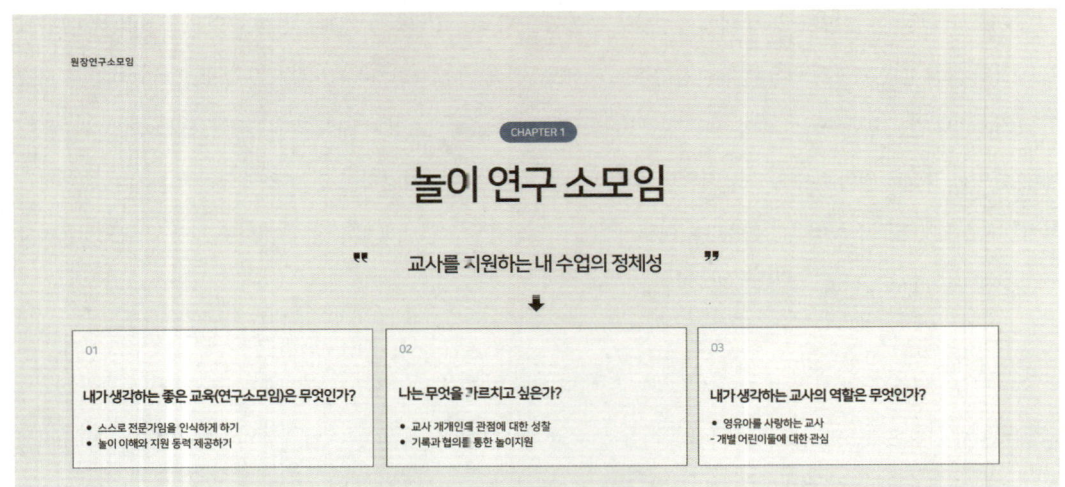

학습공동체 실천 사례 나눔 자료

　연구원은 현장 사례를 준비하는 과정에서 자신의 변화도 알아차렸다. 그리고 지금 '나에게 그 일의 의미'와 '나만의 이유'를 재발견하였다. 연구원과 만났던 선생님들은 학습공동체를 통해 특별한 배움과 성장을 고백하였다. 보통의 교사교육에서는 느끼기 어려운 친밀감, 행복감, 만족감이었다. 적어도 학습공동체 안에서는 분명히 리더는 필요하지만, 배움과 성장에 있어서는 구분이 없어 보였다. 서로가 서로에게 의미 있는 배움을 경험하게 한 주체들인 것이다. 낯설고 두려운 마음으로 시작했던 선생님들. 마음의 거리를 좁히는 데 시간이 필요했을 뿐, 사랑하는 마음은 서로를 연결하는 선이 되었다. 사랑하는 마음의 진심은 서로를 다가서게 이끌었다. 사랑하는 마음은 공동체를 여는 데 일등공신이었음을 발견하게 되었다.

　진심은 통하는구나! ○○ 연구원이 아이들을 사랑하는 그 마음과 선생님들이 아이들을 사랑하는 마음이 이 교육의 시간을 통해서 접속이 되더라고요. 모임을 준비하며 여러 가지 고려했던 점들이 많지만, 만남을 거듭할수록 다른 모든 것들은 중요한 것에서 제거가 되더라고요. 스멀스멀 다른 것들은 문제로 안 보이게 되는 현상이 보였었고. 그래서 한 번의 시도가 어려웠지 두 번 세 번든 그 안에서 선생님들이 움직이기 시작했어요. 선생님들이 의미를 발견하고 그 가치가 동기가 되니까요. 저는 마당만 열어 줬지 그다음부터는 연구원님과 선생님들이 다 했어요. [빛솔_2025.3.24.]

❷ 두 번째 사례_나의 의견이 존중받는 수평적인 조직문화_"역시!"의 힘

내 목소리가 반영되는 일의 보람, 의견을 내고 바꾸려고 했던 시도의 주체로서 '자율성'이 존중받음으로써 보람, 성취감, 즐거움을 경험했던 협의체를 운영할 수 있었다.

공간 협의체를 운영해 나가면서 저희 교사들한테 나타난 제일 큰 공통적인 변화는 바로 내 의견이 반영된 어린이집이라는 부분에 대한 성취감이었어요. (중략) 또 무엇보다 제일 좋았던 것은 우리 교사들끼리 모여서 주체가 돼서 의견을 내고 바꾸려고 했던 시도가 굉장히 재미있었다고 얘기를 해 주더라고요. 그래서 당시에 아이들의 높은 반응은 물론이거니와 어린이집 어느 공간을 가더라도 내 손길이 안 닿은 곳이 없다 보니까, 아이들이 의미 있게 머물다 간다는 것이 교사들한테는 큰 보람으로 다가왔었기 때문에 그때 교사들에서 마주치는 선생님들은 항상 물어보는 첫 질문이 "그래서 오늘은 어떻게 놀이했냐"는 질문이었던 것 같아요.

교사가 즐거운 현장, 교사의 생기가 가득한 현장이 나도 뭔가 할 수 있는 중요한 사람이라는 생각이 들게 했습니다. (중략) 이렇게 오랜 시간 지속할 수 있었던 이유를 돌아봤을 때 먼저 첫 번째로 교사의 자율성이 있었던 것 같습니다. 정해진 기한 내에 무조건 내야 하는 결과물, 아니면 지정된 시간에 꼭 운영되어야 하는 강압적인 협의체가 전혀 아니었고 운영 방식의 모든 것을 교사들이 다 계획하고 실행하는 만큼 우리의 의견이 반영되지 않은 부분이 없었어요. 우리가 하고 싶은 협의, 어린이집의 재발견이라는 분명한 목표를 가지고 모두가 능동적으로 참여했기 때문에 같은 방향성으로 임할 수 있었던 것 같습니다. [사례 나눔_미니_2025.3.24.]

리더가 건넨 언어의 힘, "역시!"라는 공감의 말 한마디가 가장 큰 힘이 되었다고 미니는 회고하였다.

협의체 형성이 가능했던 이유의 전제는 원의 지지가 있었기 때문이라고 생각합니다. 저희가 활동을 하면서 원감님께 제일 많이 들었던 단어가 뭘까 떠올려 봤더니, "역시!"라는 말이었어요. 별다른 말씀 없이 그냥 지나가면서 역시라는 말 한마디가 저희 선생님들을 엄청나게 세워 주셨던 것 같고 이것이 원동력이 되어 더 의견을 내면서 다양한 시도가 가능했었던 것 같습니다. [사례 나눔_미니_2025.3.24.]

그 선임 교사의 말이 저의 입을 열게 하는 자연스러운 공감을 끌어냈던 것 같아요. 그리고 공감성 있는 말 한마디가 사실 가장 쉽지만 가장 중요한 역할을 하는 것 같아요. 또 교사들이 결집할 수 있는 공간의 제공과 또 중간 연차 교사들이 여유롭게 다가갈 수 있는 그런 도전과 약간의 책임감이 있어야 한다고 저는 생각합니다. 사실 저희는 원장님께서 오히려 많은 권한을 주셨어요. [사례 나눔_미니_2025.3.24.]

수평적인 조직문화였기 때문에 가능했던 것 같습니다. 협의체 안에서는 그 누구도 연차를 드러내지 않고 동등한 교사라는 타이틀만 있었던 것 같아요. 진정한 아이디어는 무심코 던진 한마디에서 출발할 때도 많이 있잖아요. 이 모임에서는 무언가 꼭 답을 제시해 줘야 할 것 같은 부담, 뭔가 의견을 제시하는 것에 대한 어려움 같은 부담을 덜어냈더니 나만의 진정한 생각을 편하게 오픈하는 길이 있는 협의체가 운영될 수 있었던 것 같습니다. [사례 나눔_미니_2025.3.24.]

각자의 색깔을 가진 교사들이 하나의 가치를 향해 어우러지는 어린이집 공동체. 조금은 다른 이야기를 하지만, 우리가 바라는 어린이집 공동체는 원장님들의 말에서 알 수 있다. 윤슬은 내가 없어도 잘되는 곳, 내가 빠져도 지속가능한 어린이집이길 바랐다. 이러한 마음이 늘 있었던 윤슬은 공모전에 참여하면서 시야를 넓히게 되었다고 회고하였다. ESD 공모전 과정에서 교사는 주인의식을 갖고 참여하는 모습을 보였다. 이를 계기로 지속가능한 성장, 지속가능한 배움도 교사 자신으로부터 시작된다는 본질을 깨달았다.

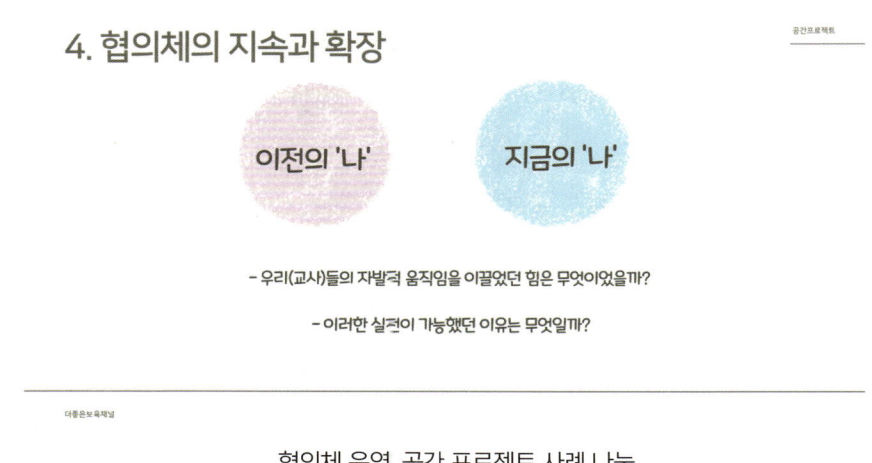

협의체 운영_공간 프로젝트 사례 나눔

2) 배움_문화(말하고 듣는 문화, 주체로 서로를 인정하는 문화)

우리의 원장연구 소모임은 '함께 말하고, 듣고, 참여하며, 만들어 가는' 운영의 가치를 몸소 배우고, 그 가능성을 직접 마주한 시간이었다. 이 배움의 과정은 "지금 나는 무엇을 위해 일하고 있는가?", "무엇을 위해 배우고 있는가?"라는 질문 앞에서 우리를 멈춰 서게 하였다. 때로는 힘겹게 시간을 내어 참여한 이 소모임은 단지 학습의 자리가 아니라, 원장으로서 살아가는 데 있어 '배움이 왜 중요한가'를 다시 생각하게 한 장이었다. 배우는 일은 단지 정보를 얻는 것이 아니라, 나 자신을 가치 있는 존재로 여기는 일과 다르지 않음도 느꼈다. 이러한 실천공동체의 장에서 우리는 각자의 운영을 돌아보고, 본질적인 질문에 귀 기울이며, 자신의 길을 찾고자 애썼다. 질문은 정답을 요구하지 않았고, 그 대신 '생각하는 존재로서의 나'를 일깨워 주었다. 그리고 그 시간이 모여, 우리는 서로의 성장을 함께 지지하고 연결하는 '공동의 길'을 만들어 가고 있었다.

"내가 지금 뭐 하는 사람이지?"라는 정체성을 찾고 그 나름대로 채우고 싶은 배움의 열정이 있는 사람들이 저희인 것 같아요. 그래서 뭔가 배우고 싶고. ○○ 원장님도 오늘 휴가 냈다고 했었잖아요. [빛솔_2025.1.9.]

틈틈이 계속 생각하고 성찰하고 그런 시간이었고 또 서로 이야기하며 다른 원장님들 말씀도 들어 보고. 그러면서 이런 생각도 하시고 이렇게도 하시는구나 하는 생각을 했어요. 아까 원장님이 현수막을 붙일 때 "도와주시겠어요?" 말씀하셨듯이, 그런 하나의 포인트도 저에겐 좀 새로운 배움이었고 그래서 그 자체로 너무 좋았습니다. [윤슬_2025.5.26.]

'내가 꿈꾸는 조직문화는 과연 무엇일까?' 하는 생각도 많이 했는데, 교육의 목적이라든지 방향에 대해서 선생님들의 이야기를 듣고 함께 방향을 모색해 나가는 것이 지금 제가 꿈꾸는 조직 문화가 아닐까 하는 생각을 이번 모임을 준비하면서 하게 되었습니다. 제일 의미 있었던 것은 시야를 더 넓게 하는 것이에요. 어린이집 안에서 이렇게 머물러 있으면 우리 맨날 표준 보육과정, 놀이 중심 과정 등 거기서 이제 끝났을 텐데. ESD 관련해서 지속가능이라는 단어가 환경도 포함하지만 원장으로서는 지속가능한 어린이집에 대한 고민도 많이 했던 것 같아요. 이게 여기도 적용해야 해야 하는 거구나 왜냐하면 어린이집은 제가 빠진 후 멈추면 안 되잖아요. [디셈버_2025.5.26]

그리고 늘 선생님들하고도 얘기하지만 내가 없어도 잘 되는 곳이었으면 좋겠다는 이런 바람이 저는 있는 것 같아요. (중략) 진짜 일(Task)이 중요해서 이건 어디에 적용하고 이런 건 별 의미가 없는 것 같아요. 근본적인 규칙, 즉 기둥을 내가 어디에 두느냐에 따라서 저 신조가 어린이집 곳곳에 적용되지 않을까 이런 생각을 이참에 해 보게 되었습니다. [현장 사례_윤슬_2025.2.17.]

실험의 장이 된 시간에서 깨달은 점은 리더로서 공동체 운영에 관한 것이었다. 원장의 권한을 적절히 교직원에게 부여하는 것도 중요하고, 정해지지 않은 상태에서 자연스럽게 자기 일을 찾아가도록 하는 유연한 운영의 가능성을 보게 되었다. 학습공동체 운영을 준비하는 사람은 공동체의 구성원들과 권한 부여와 자율성은 앞으로도 더 실천하는 가운데 논의할 수 있다면 더욱 의미 있는 운영이 가능하겠다는 생각을 하였다.

우리가 어린이집을 운영할 때도 권한 부여를 요즘 많이 중요하게 보는데, 더욱 그 부분 때문에 많이 생각했던 것 같아요. 선생님들 덕분에 제가 힘을 많이 받았죠. 그러면서 이 함께가 너무 중요하다는 것을 경험을 했었고, 그다음에 원장님들이 동기 부여를 많이 가르쳐 주셨고, 책임감을 어떻게 해야 권한 부여로 이어질 수 있을까에 대해서 많이 생각한 것 같아요. 저는 리더에 대해서, 공동체 운영에 대해서, 이런 것들이 저한테 다 새롭게 배움이 됐습니다. [빛솔_2025.5.26.]

성장할 수 있는 환경은 서로가 서로에게 안전기지가 되는 것이다. 그러한 안전기지는 나의 존재를 상대방에게 인정받는 길이고, 스스로 유능감을 갖게 하는 중요한 기준이다. 또 안전기지는 단번에 만들어질 수 없다. 지속성을 갖고 가치 공유하며 만들어 가는 문화와 비슷한 무엇이다. 빛솔 님은 원장이 품고 있는 시선, 그 가치, 마음을 함께하는 교직원들에게 다양한 상황에서 공유되고, 지속해서 나눌 때 영향력의 깊이를 경험했다. 이 관계에서 원장은 교직원들에게 가치를 공유하기 전에 '고민의 시간'을 보내야 했다.

고민은 그 자체가 사람에게 깊이 있는 사고로 이끈다. 특히, 사고 공유는 정답이 없으므로, 원장이 교사들에게 다가서는 가치 공유는 그들의 반응을 살피며 최선을 찾아가는 것과 같다. 그 때문에 원장의 고민은 교사들의 성장을 여는 길이 되기도 하고, 깊은 성찰 끝에 나누는 말 하나가 사람을 살리기도 하고 죽이기도 한다. 리더의 고민은 리더로서 성장하는 길 위에 있으며, 고민을 어떻게 대하는지에 따라 얼마든지 차이를 만들게 된다. 이런 차이를 우리는 그 어린이집만의 문화라 말할 수 있다.

저를 계속 깎아 먹는 생각밖에 나지 않았고 미래를 위해서 뭔가 성장할 수 있는 환경을 만들어 줄 수 없을 것 같고…. 그래서 그때부터 고민하면서 살았던 것 같아요. 특히 유능감, 그러니까 나는 되게 여기서 내 일을 되게 잘하고 있고 나는 앞으로도 잘할 수 있다는 스스로에 대한 유능감을 가지고 서로에 대한 안전기지가 됐으면 하는 마음. 그런 걸 좀 중점적으로 두고 살았던 것 같아요.

그럼 그런 마인드를 쫙 뿌려서 내가 어떻게 실천을 할 건가? 교직원과의 회의 혹은 회의의 주제부터 시작해서, 그 주제를 도입해서 이야기를 나누고 마무리할 때까지 이 전체적인 흐름은 내가 어떤 말부터 꺼내고 상대방이 반응했을 때 내가 어떻게 반응을 해 줘야 하나, 이런 고민부터 시작했던 것 같아요. 결국엔 내가 어떤 말로 저 사람의 의견을 존중할까 하는 것인데 그러면 교사들도 저의 마음을 배우거든요. 저한테 배우면 동료 교사한테도 그대로 하고, 신입한테도 그대로 하거든요. 이게 조직문화거든요. [현장 사례_윤슬_2025.2.17.]

제가 신도 아니고, 모든 것을 다 할 수 없으니 어린이집의 큰 줄기인 목표를 세우면서 함께 가야겠다. 그리고 이제는 나 말고 우리 경력교사들이 그 길을 조금 더 단단하게 하도록 해야겠구나. (중략) 서로 소통하고 서로가 서로에게 안전기지가 되어 주고, 그런 조직 문화가 되려면 저 말고 저희 헤드 선생님들, 경력 선생님들이 훨씬 더 그 길을 만들어 갈 수 있는 것 같아요. 저보다는 신입 교사나 저 경력자 교사들과의 격차가 낮으니까 서로 피드백이 쉽게 오고 갈 수 있고, 그것이 가능한 그룹을 단단하게 만들어 주는 게 내가 할 수 있는 길이겠다는 생각을 했던 것 같아요. [윤슬_2025.4.28.]

우리 한 사람 한 사람은 문화이다. 나 자신도, 우리 어린이집도, 함께 살아가는 모든 구성원도 저마다 존중받아야 할 문화적 존재이다. 그래서 원장은 묻게 된다. "문화적 존재인 교사들이 과연 자신을 주체로 인식하고 있는가?", "나는 그들의 목소리에 진심으로 귀 기울이고 있는가?" 교사의 목소리를 듣고자 하는 원장의 시선이 진심으로 닿을 때, 문화는 표면이 아니라 관계 깊숙이 스며든다. 따라서 관심과 시도는 일시적이 아닌 '함께 지속하는' 노력이 되어야 한다.

디셈버는 이전의 자기 생각과 지금 변화하고 있는 제 생각 사이에서 스스로 차이를 느끼고 있었다. 그 변화의 시작은, 바로 '교사의 목소리에 귀 기울이기'라는 아주 작아 보이지만 실은 절대 작지 않은 실천에서 비롯된 것이었다. 교사의 말에, 표정에, 태도에 관심을 기울이고 경청하는 이 작은 행위들이 우리가 '좋은 문화를 만들어 갈 수 있는 초석'이 된다.

우리 어린이집의 조직 문화가 앞으로 바로 서기 위해서는 선생님들이 주체가 되어야 하잖아요. 그동안 너무 원장의 이야기만, 내가 바라보는 가치만 추구했다고 한다면…. 그래서 그 선생님들이 무엇을 원하는지 들어야겠다. 다시 처음으로 돌아가서 지금 저를 믿고 남아 있는 저희 선생님들은 원장인 제가 했던 어떤 부분들을 보고 이렇게 남아 있고 어떠한 성장을 원하고자 하는지, 그들의 이야기를 올해는 조금 많이 듣고 나가려고 합니다. 그리고 학습공동체로서 어린이집. 그렇게 좀 방향을 잡아 가려고 하는 그런 단계에 저는 지금 있고요. [디셈버_2025.2.17.]

어린이집이라는 공동체는 서로가 다름을 이해하고, 교사와 원장이든 이해의 차이를 좁히는 노력을 함께 해야 한다. 미니가 말하는 이해는 '쌍방향'이었다. 교사는 원장의 먼저 관심을 보여 주고, 교사는 원장을 이해하는 차원으로 함께 노력하며 만들어 가는 문화로써 공동체를 만드는 모두가 주체인 것이다. 공동체 안에서도 대화는 말하는 자와 듣는 자 서로 간의 노력이 필요하다. 문화라는 렌즈를 통해 우리는 서로를 관찰하고 자신의 이해를 이야기하며 대화를 잇고 협력을 경험하고 있다.

저경력일 때 제가 바라던 이상향의 공동체는 좋은 리더 속에 협력하는 팀원이 꾸려진 공동체였던 것 같아요. (중략) 원장과 교사가 소통이 되어야 한다는 그런 필요를 느끼고 표현했을 때, 이러한 것을 잘 수용해 주시는 리더도 있고 조금 완강하게 거부하는 리더들도 있고. 다양하니까 현실적으로 원장과 교사의 벽은 어쩔 수 없는 것 같아요. (중략) 서로가 주체가 되는 공동체는 사실 어렵잖아요. 원장과 교사의 관계를 허문다는 것 자체가. 하지만 교사임에도 내가 주체가 돼서 말을 해야겠다는 자신감이 생기기 위해서는 무엇보다 수용적인 원장님이라는 인식이 생겨야 하는 것 같아요. 저 역시도 늘 원장님이 나한테 다가와 주길 바라는 그런 마음이 있었던 것 같아요. 서로가 먼저 노력해야 하는 그런 공동체가 됐으면 좋겠다는 생각을 했어요. [미니_2025.2.17.]

소속감을 느끼게 하는 문화, 공동체에서 소속감을 느끼는 사람은 나만의 이유를 얻는 것과 같다. 소속감은 그 사람이 그 공동체에 있어야 할 근거를 마련해 준다. 각각의 사람이 소속감을 느끼도록 공동체의 가치를 지향한다면, 분명 소속감은 사람과 사람을 잇는 단단한 연결 고리가 되지 않을까.

그래서 제가 특별히 나를 지속하게 만든 힘은 소속감을 줄 때인 것 같아요. 특히 신입 교사들이 향방을 모를 때 원에 소속감을 얻을 수 있도록 하기 위해서는 '내가 여기에 정말 필요한 사람이야'라고 느낄 수 있도록 하는 것. 자신이 하는 일의 의미를 발견해 주는 것. 그게 원장으로서 리더로서 공동체가 되기 위한 하나의 요소가 되지 않을까 생각합니다. 특별한 의미를 발견하게 해 주는 그 포인트가 다 다르겠죠. [빛솔_2025.2.17.]

01 어린이집 문화

- 우리는 무엇을 위해 모인 공동체인가?
- 나는 왜 공동육아를 선택했는가?

공동육아 어린이집

- 독립적이고 관계적인 아이를 키우기 위한 교육 공동체
- 내가 선택한 또다른 사교육의 공동체
- 부모-교사가 협력하여 아이를 교육하는 공동체
- 교사대 아동비율이 낮은 질 좋은 교육이 가능한 공동체
- 부모들도 함께 어울리며 만들어 가는 공동체

어린이집 문화, 공동육아 어린이집 경험 나눔 자료

성찰하기

- 내가 지금 실천하고 싶은 관심사는 무엇인가요?
- 내가 속한 공동체나 구성원들을 위해 지금 할 수 있는 작은 시도와 관심은 무엇일까요?

3) '더보채'의 ING

원장연구 소모임은 개인의 성장과 공동체가 함께 성장해야 한다는 가치로 움직였고, 이 가치는 더보채를 움직이는 강력한 동력이었다. 일을 지속하고 선택할 때 선험적인 가치는 '가정'이었고, 우리는 가정이라는 우선순위가 있었기 때문에 더보채를 선택한 거나 다름이 없다. 우리는 이 원장연구 소모임을 통해 우리의 가치를 함께 고민하고, 그것을 드러내며 원장님들과 공감했다.

각자가 주인의식을 발휘해서 조직 안에서 개인의 성장도 있고 조직도 함께 성장할 수 있도록 하는 것이 가장 좋은 리더십이라고 하는데, 제가 보다 보니까 우리(더좋은보육채널)가 좀 그런 거예요. 비록 지금은 수익이 많지 않지만 어쨌든 제가 저도 성장하고 있고 제 안에 있는 우리 연구원들도 성장하고. 그러면서도 저희가 가장 중요하게 생각하

는 가치는 가정이거든요. 그 가정을 지키면서 이 일을 할 수 있도록 하는 것이 중요한 것 같아요. [빛솔_2025.5.26.]

원장연구 소모임, 분주한 참여자의 썰(說)

원장연구 소모임을 앞두고 갑작스러운 제주 답사로 일정이 빡빡했습니다. 당일 방문이다 보니 만나야 할 사람도 많고 시간도 촉박했으며, 남편을 따라다녀야 하는 상황에서 제 의지대로 일정을 조율하기 어려웠습니다. 그래서 줌 참여 여부도 불확실했죠. 남편과 계획된 일정을 모두 마치고 나서, 남편은 제주의 유명한 아이스크림을 먹고 비행시간까지 잠시 휴식을 취하자고 제안했습니다. 극심한 피로 때문이었는지, 남편은 차 안에서 아이스크림을 먹자마자 잠들어 버렸습니다.

시계를 보니 원장연구 소모임 시작 10분 전. 순간 내적 갈등에 빠졌습니다. '나도 그냥 잘까? 어제 3시간밖에 못 잤고, 어른들을 만나느라 너무 긴장해서 뒷골도 당기고 고질병인 청력 저하가 시작되고 있는데…' 원장연구 소모임에 참여하지 않고 휴식을 취하고 싶은 유혹도 있었습니다. 피로가 극심해 어지러울 정도였거든요.
하지만 저는 온라인으로 진행되는 원장연구 소모임에 접속했습니다. 비록 남편의 코 고는 소리+렌터카 반납과 비행기 시간 때문에 제대로 말하지 못했고, 화면을 켰다 껐다 하며 불안정하게 접속했지만, 무언가 간절히 참여하고 싶은 마음에 끝까지 연결했습니다.

제가 줌으로 접속한 이유는 제 책임감이나 성실함, 혹은 무언가를 배우고자 하는 목적이 아니었습니다. 오늘 모임에 저는 특별한 역할이 없었고, 참여하지 않아도 큰 문제가 되지 않으리라는 것을 누구보다 잘 알고 있었습니다. 그런데도 저는 그 자리에 있었습니다. 왜 그랬을까요? 대표님의 글을 보면서 그 이유를 조금씩 발견할 수 있었습니다.

우리의 모임에는 더보채에서 제 말을 들어주고 제 정체성을 세워 주는 리더 대표님과 연구원님들이 있습니다. 그리고 제가 살아내지 못했던 어린이집 현장을 견전히 멋지게 지키고 계시는 원장님들의 살아 있는 이야기가 있습니다. 그래서 참여하고 싶었습니다. 이런 마음은 억지의 마음이 아닌 자발적인 마음입니다.

나를 격려해 주는 리더와 동료들이 있다는 사실만으로도! 무언가 나는 마무리하지 못했지만, 여전히 그곳을 지키고 계시는 존경하는 분들의 이야기를 들을 수 있다는 것만으로도! 충분했고, 제가 참여한 원동력이 된 것 같습니다. 이런 것도 돌봄의 윤리인가요? ㅎㅎ 저는 잘 모르겠지만 왠지 그런 거 같습니다.

연구원님들의 발표와 원장님들의 이야기를 들으며 남편에게 말했습니다.
"여보, 나 다시 원장 하면 잘할 수 있을 것 같아. 그때는 이런 걸 몰랐어. 내가 열심히 하면 선생님들도 따라올 거라고 생각했거든…."

당시에는 몰랐지만, 지금이라도 조금은 알게 되어 감사합니다. 앞으로 어딘가에서 리더의 역할을 하게 된다면, 좀 더 성숙한 리더가 될 수 있을 것 같습니다. 힘들고 지쳐도 매일매일을 넉넉히 살아내는 원장님들과 더보채 공동체를 기도하고 응원하며, 함께 모여 서로의 이야기에 귀 기울여 주시고 저를 성장시켜 주셔서 감사합니다.

추신) 그날 남편은 저에게 제가 먹어봤던 아이스크림 중 가장 비싼 아이스크림을 사 주었어요.
가장 비쌌지만, 맛은 세모였던 아이스크림이었습니다.
물론 애쓴 남편이 속상할까 봐 남편에게는 너무 맛있다고 했지요.
이것도 돌봄의 윤리인가요? 남편과도 돌봄의 윤리가 적용될 수 있나? 궁금합니다^^ [밴드 글_기억_2025.3.26.]

또한, 원장연구 소모임을 통해 원장이라는 현재를 살아가는 사람들과 관계 맺은 연구원은 원장님의 자리와 역할을 사람과 사람 안에서 이해할 수 있게 되었다. 공동체에서 '관계'는 단선적인 기술이나 전략으로 보는 것이 아닌, 질적으로 문화를 형성하고 만들어 가는 차원에서도 관계 요소는 중요하게 다루어야 한다. 원장연구 소모임은 원장님들의 배움과 성장이 중심축이었으나 덤으로 우리의 실천을 되짚어 보는 반성과 성찰의 시간이었고, 앞으로 나아갈 가치를 다시금 단단하게 정립하는 계기가 되었다.

파인애플 같은 원장들의 마음. 겉으로 보이게는 단단하고 맛난 파인애플. 그러나 속을 열어 보면 한없이 부드럽고 여린 속살 같은 원장님들의 마음과 닮은 구석이 있다. 교사의 시선에서 바라본 원장의 모습과 원장 스스로가 자신을 바라보는 시선의 차이는 사뭇 달랐다.

저는 단단해 보이는 원장님들의 속 이야기를 들어 보니까 너무 부드럽고 달콤하게 느껴졌어요. 하지만 그것이 드러나도록 딱 자르려면 뭔가 도구가 있어야 하는 거예요. 그래서 이 원장 소모임이 원장님들의 그 내면을 이해할 수 있도록 돕는 도구이자 제가 원장님들에 대해 생각해 볼 수 있는 그런 자리였던 것 같습니다. 하지만 저는 여전히, 그리고 지금까지 이 점이 가장 어려워요. 일하기 위해 만난 사람들이고 분명히 원장으로 해야 할 역할이 있고 교사는 교사의 역할이 있고 그 각각의 역할들을 잘 충실히 해 나간다면 어린이집이라는 공동체가 하나의 목소리를 낼 수 있겠다는 생각을 하고 있었거든요.

근데 공동체는 결국 관계이고 서로 간의 가치로 서로가 얽히는 일이다 보니 그게 전부가 아니더라고요. '그래, 맞아. 관계고 사람이고 서로가 모인 곳이니까 그럴 수 있다'고 생각을 하면서도 또 한편으로는 그 원장 선생님들이 교사들을 향한 찐 사랑이 조금은 제가 이해할 수 있는 그 범위를 벗어나는 그런 자리였던 것 같아요. 그래서 그것이 저를 힘들게 했고, 내가 이런 사람이라는 걸 다시 생각해 볼 수 있는 자리였던 것 같습니다. [별사탕_2025.5.26.]

우리 원장님들의 그 마음이, 그 진심이 교사들에게
부모님들에게 아이들에게 진하게 스며들길
원장님들을 통해 또 사람을 이해하고 현장을
이해할 수 있음이 저에게는 큰 감사입니다!
오늘 모임을 마치고 오니 이 노래,
'싸이(Psy) - 기댈 곳'이 생각나네요
저희가 서로에게 기댈 곳이 되길 바라며

꼭 한번 들어보세요 :)

원장님들의 경험을 듣고 또 생각하다 보니 원장의 삶을 더 깊게 이해하는 방향에 설 수 있게 되었다. 깊어진 이해는 현재하는 어린이집 현장 지원에서도 보이지 않았던 소소한 것들에 감사하고 고맙게 느껴질 만큼 '공감'은 새로운 이해를 열게 되었다. **아는 만큼 보이고, 이해하는 만큼 실천으로 나아가게 이끈다는 말이 있다. 나는 그 말을 이번 모임에서도 몸소 체험하였다.** 6회차 모임에서 우리는 학습공동체 참여를 통해 느낀 경험에 대해 공유하였다. 원장연구 소모임에서 의미를 나름대로 깨달아 가던 원장님들은 마지막 회기가 다가오자 지속가능한 모임이 되길 바랐고, 그 바람이 모여 'ING'라 하였다.

함께하는 시간이 좋았는데요. 제가 다른 어린이집에 교사교육을 나가잖아요. 이제는 이 모임을 통해서 원장 선생님들 마음을 알게 되었으니까 교육을 허투루 못 하겠더라고요. 원장 선생님들께서 이 자리를 만들기까지 없는 살림에 교육비를 저희한테 주시기 위해 얼마나 노력하셨을까 하는 생각도 들고. 또 교사들이 변화되고 성장했으면 좋겠다는 마음으로 외부 강사를 알아보셔서 저한테 이렇게 의뢰를 해 주신 걸 아니까. 진짜 열심히 해야겠다는 생각이…. 원래도 열심히 했지만(웃음). [별사탕_2025.5.26.]

4) 돕는 마음_힘을 주는 사람

더보채의 출발도 그랬다. 원장연구 소모임도 혼자가 아닌, 우리의 이름으로 걸음을 뗀 동인은 '돕는 마음'이었다. 이롭게 하려는 돕는 마음은 이타적이며 선한 가치이다. 선한 가치는 외현적으로 측정이 불가해 보이지만, 분위기로 드러나고 사람과 사람으로 감각으로 느껴지고 전염되는 특성이 있다. 이러한 선한 가치가 중심이 되는 조직은 강력한 조직력을 나타낸다.

여러 가지 것들을 잘 엮어서 조직해 주는 연구진들을 보면서 '야, 이 팀 조직력 뭐야? 여기에서 이런 것들을 창안해 낸단 말이야?' 이런 생각을 좀 했거든요. [호빵_2025.5.26.]

특정한 리더와 팔로우로 구분이 없었던 실천공동체 운영은 특별한 경험이었다. 어떻게 이런 모임이 가능했는지를 생각해 보면, 자발적인 동기와 돕고자 하는 마음이었다는 말 속에서 그 뜻을 유추해 볼 수 있다. 원장님들을 대상으로 실천공동체를 운영한 사례는 앞으로 원장의 역량 강화, 원장의 전문성 신장을 위한 하나의 유형으로서 원장교육의 예시로 제공할 수 있을 것으로 기대된다.

복합체인 사람과 어린이집을 조화롭게 잘 운영해야 할 책무성을 가진 원장이 지속가능한 어린이집을 만들기 위해서라도 원장에게는 반드시 성찰의 시간이 있어야 합니다. 교육 현장에서 마주하는 수많은 일은 가치를 판단하고 최선을 찾아야 하는 일이 대부분이므로 사고하는 힘을 기르도록 재정향할 필요가 있지요.
리더로서 가져야 할 책무도 너무 많고 그 안에서 내가 겪어내야 할 게 참 많다 보니까, 원장교육이나 연수의 자리 자체가 대화의 자리가 되면 좋겠다는 마음이 저는 되게 많았었어요. 그 대화의 자리는 가치와 책무를 숙고할 수 있는 시간이 될 필요가 있다고 생각했어요. 우리가 소속된 공동체가 그 역할을 못 한다면. 그 연수 시간이 진짜 내가 그 현장에서 살아가고 있는 이야기를 전개할 수 있는 자리가 되면 좋겠다는 생각을 많이 했었어요. [빛솔_2025.4.28.]

역할	내용
원장연구 소모임 리더	• 구성원이 안정감을 느끼는 공동체 문화 만들기 • 내러티브 활성화를 위한 역할 • 원장연구 소모임 리더로서 핵심 질문 만들기
함께하는 성찰자	• 협력하는 성찰자 • 실천공동체 안에서의 원장의 학습 성찰 • 원내 협력공동체를 지속할 수 있도록 하는 동력
연구자	• 원장과 조직의 문화에 대해 기록 • 실천공동체 안에서 이루어지는 학습에 대한 의미 분석 • 실천공동체의 호혜적 관여에 관한 내용 기록, 성찰

처음 구상했던 더보채의 역할

6. 마지막: 사랑을 주고받는_공동체를 지향하며

아래는 마지막 연구 소모임에서 우리의 모임을 평가하며 나눈 대화 중, 가장 기억에 남는 원장님들의 목소리이다.

"우리 모두, 이 모든 게 연결되는 느낌!"

"사랑이 맞네요. 사랑을 표현하는 것에도 용기가 필요한 것 같아요."

"우리는 서로를 들여다볼 수 있는 공동체!"

"결국 공동체는 실천이네요."

프로그램을 운영하든 선생님들을 관리하든, 이 모든 것들이 사실 어린이집이라는 공동체에서 해야 하는 일이잖아요. 다른 사람들은 공동체로 보지 않을지라도 우리는 이 안에서 끈끈한 연대를 갖고 선생님들을 너무 사랑하고. [빛솔_2025.4.28.]

사랑하는 마음, 사랑으로 배우고 사랑으로 가르치며 사는 우리. 리더는 먼저, 자기의 마음을 장악해야 삶과 공동체를 변화시킬 힘을 만들 수 있다. 원장은 교사들을 지원하고 협력공동체를 영유아 교육기관에서, 이 공동체 안에서 교사들과 어떤 목적으로 함께 만들어갈 것인가에 대한 목적, 목표를 만든다. 원장은 직업인으로 어떤 윤리를 갖고 일을 하게 되는데, 이때 원장이 어린이와 교사들을 사랑하는 마음은 사랑은 모든 직업인의 근본 마음이 아닐까 생각해 본다. 교사도 다르지 않다. 겉으로 보기에는 교사로서, 원장으로서 직무를 하는 듯 보이지만, 일하게 만드는 가장 강력한 동력은 사랑이라고 원장님들은 말했다.

원장님들이 공동체를 운영할 때 '사랑'이 일을 지속해 나가는 중요한 동력이었고, 가장 중요한 윤리였다. 때론 사랑이 자신에게 날카로운 송곳이 되어 희생을 강요하게 내몰기도 하였다. 좋은 원장이 되기 원하는 목표와 일하는 목적이 그동안 지켜 온 시간만큼이나 내면의 갈등은 치열했다는 고백도 있었다. 리더는 마음을 먼저 장악해야 한다는 말. 그냥 하는 말이 아니었다. 사랑은 눈에 보이지 않아도 공동체를 운영하는 충전소와 같았다. 언제든 말을 걸어오면 들어주고 마음이 쉬어 가는 그런 '따뜻한 충전소' 말이다. 그런 충전소가 원장님들의 재교육 시간이 되고, 사람이 전부인 원장님들이 더 나은 미래를 위해 지속해야 할 나만의 이유를 만드는 재충전 교육적 만남의 장이 학습공동체가 되어도 좋지 않을까 바라며 마침표를 찍는다.

제가 이 책을 오늘 아침에 읽으면서

이걸 좀 같이 나누고 싶었어요.

내 마음이 단순히 삶에 반응할 뿐만 아니라

바로 삶을 만들고 있다는 걸 알겠어요.

그 마음을 장악해야 내 삶 앞에 세상과 삶을 변화시킬 수 있겠죠.

[빛솔_2025.2.17.]

7. 원장님들의 참여 후기

#디셈버

15년째 원장을 해 오며 항상 당면한 문제를 해결하며 아등바등 살았던 거 같다. 누가 시킨 것도 아닌데 타고난 열정 탓에 대충은 못 하고 그냥 항상 열심히였다. 그러다 보니 어느 순간 몰려오는 허탈감과 외로움에 슬프기도 했다. 이렇게 모임에 참여하기 전, 나는 꽤 오랫동안 외로움을 느끼고 있었다. 사람들과 함께 있어도 마음 깊은 곳은 늘 허전했고, 내가 이끄는 공동체 안에서도 정작 나는 혼자인 것 같았다. '나만 이런 건가?' 하는 생각에 스스로를 다그치기도 했고, 어쩌면 이런 고민을 나눌 수 있는 자리를 찾고 있었는지도 모른다.

그러다 원장연구 소모임을 알게 되었고, 조금의 망설임도 없이 참여하게 되었다. 처음엔 낯설고 부담도 되었지만, 시간이 지날수록 이 자리가 나에게 얼마나 필요했던 공간이었는지를 깨닫게 되었다. 무엇보다 좋았던 것은, 나와 같은 고민을 안고 있는 동료들을 만났다는 점이다. 각자의 자리에서 최선을 다하고 있는 분들의 이야기를 들으며 나를 돌아보게 되었고, 나 역시 마음을 열고 나의 이야기를 나누기 시작했다.

이 모임을 통해 나는 단순히 정보를 얻은 것이 아니라, 깊은 성찰의 시간을 가졌다. "나는 누구인가?", "나는 어떤 원장인가?", "내가 만들고 싶은 공동체는 무엇인가?" 나에게 수없이 질문을 던졌다. 지금까지 어떤 마음으로 이끌어 왔는지를 되짚어 보게 되었고, 그 과정에서 나 스스로를 다시 만나는 기분이었다. 함께 고민을 나누고, 서로의 이야기에 귀 기울이는 시간이 쌓이면서 외로움은 조금씩 사라지고, 대신 연대와 공감의 감정이 자리를 채웠다. 이제는 이전보다 조금 더 단단한 마음으로 공동체를 바라보게 되었다. 나 혼자가 아니라는 것, 함께 걸어갈 동료들이 있다는 것을 알게 된 것만으로도 큰 위로와 힘이 되었다. 원장연구 소모임은 단순한 모임이 아니라, 나를 다시 연결시켜 준 따뜻한 공간이었다. 앞으로도 이 경험을 바탕으로 내 공동체를 더욱 성찰하며 이끌어 가고 싶다.

#윤슬

"원장님은 어떻게 극복하셨어요?"
반짝이는 눈빛으로 던진 그 질문이 아직도 귓가에 아른거립니다. 부족한 나의 영향력에 무게를 느꼈던 어느 시점, 문득 이런 생각이 들었습니다. "원장에게 내내 괜찮고 완벽한 시점이 과연 존재할까? 지속가능한 어린이집이란 무엇일까?" 모임 중 나누어 주셨던 그림책 『이게 정말 나일까?』(요시타케 신스케)의 한 장면이 떠오릅니다. "자기 나무의 종류는 타고나 정할 수 없지만, 어떻게 키우고 꾸밀지는 스스로 결정할 수 있대요."라는 말처럼 안 괜찮은 나, 그저 그런 나, 그리고 더 성장하고 싶은 나를 함께 안아 주며 '더 괜찮아지는 나를 선택'했던 것 같습니다. 그런 마음과 태도는 교사들에게로, 또 그 교사들을 마주하는 사람들에게로, 결국 아이들, 교사, 학부모 모두에게 전해졌으리라 생각합니다. '있는 그대로의 나'를 인정받는 경험이 서로를 존중하는 교육공동체를 만들어 간다고 믿습니다.

　이번 시간을 통해 저는 지속가능한 삶의 가치를 유아교육에 어떻게 녹여낼 수 있을지 깊이 고민할 수 있었고, 교육자이자 운영자로서 흔들림 속에서도 함께 나아갈 수 있는 협력공동체의 소중함을 다시금 느꼈습니다. 지속가능한 교육 실천에는 협력적 공동체가 필요합니다(유네스코, 2021). 그런 의미 있는 공동체가 되어 주신 더좋은보육채널에 진심으로 감사드리며, 특히 이번 여정을 함께해 주신 원장님 한 분 한 분께 존경과 따뜻한 응원의 마음을 전합니다.

#따뜻한 포카혼타스

"내가 좋아하는 일을 해야, 힘이 들어도 행복할 수 있을 거야."

　보육 현장에서 아이들과 가장 가까이, 가장 많은 시간을 보내며 지내 온 지도 어느덧 9년 차 원장. 아이들 곁에서 영향력 있는 원장이 되고 싶다는 마음으로 성실히, 곁눈질하지 않고, 최선을 다해 매일을 살아왔다. 하지만 어느 순간, 문득 멈춰 서게 되는 날이 있었다. 아무리 노력해도 바뀌는 게 없는 현실. 쪼개고 또 쪼개도 모자란 시간. 이 모든 수고를 알아 달라는 건 아니지만, 돌아오는 반응은 기대와 다르고 마음은 지치고 무거워졌다. 그때, '더.보.채 원장연구 소모임'과 만나게 되었다.

　소모임에 처음 참여했던 날의 기억은 지금도 선명하다. 연구원분들과 처음 만나는 원장님들 앞에서 설렘과 긴장이 뒤섞인 마음으로 자기소개를 했다. 각자의 경험과 경력을 나누는 자리에 앉아 '나는 어떤 이야기를 풀어낼 수 있을까?', '이 자리에 내가 있어도 괜찮은 걸까?' 하는 생각이 밀려왔다. 그러나 소모임이 거듭될수록, 그런 불안은 사라졌다. 서로 솔직하게 나누는 이야기 속에서 나는 위로를 받았고, 공감했고, 함께 웃고 울었다. 누군가의 이야기가 꼭 내 이야기처럼 들렸고 눈빛만 마주쳐도 마음이 전해지는 순간들이 있었다.

　무엇보다, 바쁜 일상 속에서도 온전히 '나'를 돌아볼 수 있는 성찰의 시간이 생겼다. 늘 선택하고 결정하며 결과를 책임져야 하는 원장의 역할. 그 무게 속에서 나는 잠시 멈춰 서서 지금까지의 걸음과 앞으로의 방향을 되짚을 수 있었다. 더좋은보육채널의 대표님, 연구원분들, 그리고 다섯 분의 원장님들과 함께한 시간은 나에게 하나의 배움이자, 전환점이었다. '더 즐겁게, 더 오래, 지치지 않고 원장의 길을 걸어갈 수 있는 방법'을 나는 이 모임에서 배웠다. 그리고 지금도 여전히, 다양한 고민이 존재하지만 그 여정 속에 숨어 있는 '가치'를 찾아 한 걸음씩 정진 중이다.

#호빵

원장연구 소모임 참여 제안을 받았을 때 나는 주저 없이 하겠다고 했다. 그 시간에 나는 힘에 부치는 여러 상황으로 풀이 죽어 있었다. 원장연구 소모임을 통해 정보와 해결 방안도 찾고, 교직원들과 소통하는 다양한 방법들도 알고, 원장도 연구 모임을 하며 항상 배움을 게을리하지 않는다는 것을 교직원들에게 과시할 속마음이었다. 다양한 교직원들과 부모를 만나면서 친절과 배려를 장착하고 있지만, 원장님들과 함께 한 자리에서는 철갑을 두른 듯 나를 오픈하는 일은 쉽지 않았다. 연구 모임이 회차를 거듭할수록 생각을 멈추지 않는 질문에 나는 정답을 찾아 발표하려고 노력했다. 지금까지 모든 모임에서 그랬듯이….

실상 정답은 없었다. 정답은 나를 믿어 주는 나 자신이었고, 함께하는 원장님들의 따뜻한 눈빛과 공감이었다. 이 일을 왜 하는지의 정체성이었고, 빛바랜 나의 정체성에 색깔을 입히는 시간이었다. 연구 모임을 통해 나의 현실을 깊게 마주하고 그럼에도 불구하고 나를 잃지 않아야 한다는 이 당연한 생각에 눈물이 났다.

모임 때마다 맛있는 간식과 힐링 장소를 마련해 주시고, 어린이집을 공개해 주신 더 좋은보육채널 연구진들과 원장님들께 감사드린다. 나는 다시 출근길에 오늘 할 일을 정리하고, 퇴근 후에도 운영에 좋은 아이디어가 떠오르면 메모하며, 어린이가 있는 이 공간을 사랑하며 지낼 것이다.

 제3장 더좋은보육채널을 아시나요?

: '가치'로 세워져가다.

들어가며_ 그 시작, 나를 돌아보는 일

2022년 2월, 나는 한 번도 상상하지 않았던 '전업주부'의 삶을 살기 시작했다. 어린이집 현장에서 만들어 온 화려한 이력서는 더 쓸모없는 듯 모든 게 낯설었다. 하루의 시작도 쉼도 한계가 없는 자유롭게 펼쳐져 있는 일상의 시간. 1분 1초를 다퉈서 매진해 왔던 일터가 없어진 것뿐인데, 나는 이 현실이 혼란스럽고 힘겹고 답답했다. 그러고 보니 그럴 만도 했다. 지금까지 살아온 나의 일상에서 직장인으로서 삶이 십의 팔 할 이상을 차지했으니까 현재 마주한 하루가 적응되기 위해서는 또 많은 시간이 필요해 보였다.

처음은 나름으로 열심히 집안일을 했다. 그동안 미뤄 두었던 집안일을 보이는 대로 시작했다. 무엇을 하든 목표를 세우고 나면 그것을 성취하기 위해 열심을 냈던 나는 집안일도 일하듯 했었다. 그렇게 빨래하고 청소하고 묵은 때를 벗겨내는 일도 했지만, 남는 게 시간처럼 느껴졌다. 더욱이 가사에 자기 동기를 갖고 나름의 의미를 갖는다면 지루하지만은 않을 텐데, 나는 그리 즐겁지 않았다. 인수인계 후 코로나까지 걸리는 바람에 방 안에 갇혀 있자 하루하루가 길고도 지겹게 느껴졌다. 어쨌든 시간을 잘 보내려고 생전에 보지 않던 유튜브를 열어 몇 시간을 보기도 하였다. 그런 하루를 보내고 나면 한심한 내 모습에 자책하며 다음은 보지 말아야지 하다가 또 비슷한 일상이 반복되었다. 며칠을 반복하고 나면 한심스러운 내 모습에 금세 후회가 밀려왔다. 어쩌다가 한 번 영상을 보고 나면 별 관심도 없던 사람들이 시간을 잡아먹는 벌레들처럼 핸드폰을 여는 순간 또 달려들었다. 자유롭지만 의미를 찾지 못하니 휴식도 어느 정도지 늘 비슷한 일상을 보내는 내 모습이 견디기 어렵게 되었다.

이런 날을 일주일을 보냈을까. 그러다가 나를 돌아보게 되었다. 나는 어떤 사람인지, 도대체 나는 무엇을 위해 살아야 하는지, 지금 나에게 가장 의미 있는 일은 무엇인지, 나는 무엇을 할 수 있는지…. 내 마음 깊숙이 있던 생각들을 글로 옮겨 보았다. 글을 쓰게 되자 복잡했던 감정이 가라앉았고, 글을 쓰면서 나를 돌아보는 시간이란 걸 깨닫게 되었다. 의미를 찾지 못해 헤매던 내 마음을 다잡던 글쓰기. 그 시간은 나에게 해 주고 싶었던 책을 읽고 기록에 남겼다. 퇴직하면서 출간했던 성찰일지 책은 치열한 일상 속에서 나를 돌보는 일이었다면, 전업주부로 살던 나에게 글쓰기는 실존하는 나를 위한 시간이었다.

아무도 나를 부르지 않을 때, 내 글을 읽는 독자들이 찾아와 안부를 물어 주었다. 나와 세상을 잇는 연결 고리가 되었다. 그 시작이 블로그 글이었다. 온종일 바닥에 엑스레이 찍는 날이 한심스러웠지만, 고민 끝에 찾아낸 혼자 집에서 잘 지내는 방법이었던 글쓰기. 매일 고정적인 일상을 깨부수고 현장에서 하고 싶어도 못했던 글쓰기를 지루해질 틈 사이에 시작했다. 글쓰기의 소재와 내용은 나름은 다양했다. 보육, 정책, 교사, 부모, 어린이, 교사교육, 교육과정, 1주 1권 책 읽기, 육아 정보, 일상과 삶의 성찰 등. 글은 누군가에게 도움을 줄 수 있었고, 글을 쓰는 일은 나에겐 즐겁고 행복했다. 아이들을 돌보는 일, 자녀와 함께 살아가는 일, 나를 돌아보며 글을 쓰는 일. 이 모든 일은 나에게 의미가 있었다.

1) 더보채의 처음

더보채를 만든 이유는 나와 세상을 잇고, 보육 현장을 지원하는 글을 쓰며 현장을 돕고 싶었기 때문이다. 나에게 돕고자 하는 마음은 일하는 동력이 되었고 선한 가치는 일하는 방향이었다. 더 좋은 보육 현장을 위한 가치는 블로그 글의 목적이 되었다. 교사로서, 원장으로서 현장과 함께 살아내며 경험했던 그 꿈들을 상상하면서 나와 세상을 연결하고, 나와 사람들을, 아이들과 부모, 교사들과 교사들, 교사들과 더 넓은 세상과 연결하는 데 다리가 되는 '더좋은보육채널'이길 바라며 이름도 지었다. 블로그에는 주 3회 이상으로 꾸준히 글로 독자들과 소통하였다. 2022년 2월부터 1년 동안 지속해서 글을 쓰자, 관심 있게 글을 읽는 이웃들도 생기게 되었다. 특히 국공립어린이집 위탁 신청을 준비하는 선생님들을 위해 쓴 글들은 꾸준히 읽히는 글로 관심을 받게 되었고, 한 재능 플랫폼에서 오리지널 전자책으로 단독 계약을 만들면서 고정 수익도 창출하기에 이르렀다. 수익금이 쌓이면서 난생처음 잘 나가는 프리랜서로 이름을 알리게 되었다.

전자책 판매 수익금에 따른 세금 부담으로 고민하던 어느 날. 늘 나의 삶을 애정이 어린 시선으로 지켜봐 준 두 사람과 연락이 닿았다. 애초에 나는 채널을 만들 계획이 없었다. 그저 자투리 시간을 의미 있게 보내고 싶었던 나는 그동안 나에게 일어난 사건을 두 사람에게 이야기하였다. 돌아보면 우린 예전이나 지금이나 늘 그랬다. 우리의 첫 만남은 십 년을 거슬러 오른다. 훗날 함께 일할 거라곤 상상하지도 못했던 우리였다. 더보채 이야기에 스며들게 된 두 사람은 그 뜻을 함께하였다. 약속이나 한 듯 "우리 뭐라도 하게 해 줘요." 내 기억으론 그날의 그 말이다.

이렇게 더보채는 세 사람이 함께하는 커뮤니티로 우리라는 이름으로 만들기 시작했다. 그때 우리가 나누었던 마음은 첫 온라인 회의가 있었던 날 쓴 블로그 글에서 느낄 수 있다. 주저하던 나에게 용기를 준 두 사람은 나를 리더로 세워 주었고, 우리는 이 이름에 소속되고 연결되고 계속 만들어져 가는 길에 서게 되었다.

지난 9월, 함께 가치를 나누며 더 좋은 보육 현장을 만들어 가기 위한 공동체를 상상하며 '더좋은보육채널'을 만들었다. 돌아보니 세상에 나온 지 고작 다섯 달이다.

'더좋은보육채널' 이름에는 '연구소'라는 단어를 제외했다. 이미 '연구소'의 뜻과 요소를 품고 있는 '더 좋은 보육을 위한 채널'이기 때문이다. 이름을 짓고, 공동체 구성원들과 회의할 공간을 만들며, 나는 가슴 벅찬 감동을 느꼈다.

배움공동체를 오랫동안 열망했던 건 나였다. 물리적인 공간의 제약을 넘어서서 꿈과 가치를 공유하는 사람들이 만드는 학습공동체는 공동체 안에서 서로 영향을 받고 소속감을 느낀다. 이 안에서 서로의 요구를 말하고 들으며 채워 나간다. 더좋은보육채널. 이제 다섯 걸음마를 뗀 것 같다.

한 발 한 발. 구성원들 간에 공동체 의식이 끈끈하고 선한 영향력이 되어 다시 보육 현장을 돌아보게 하는 힘을 만들고, 그 에너지로 교사들, 원장님들 그리고 다음 세대 부모님과 아이들을 위한 '무엇'을 고민하게 이끌었다.

더 바라는 건, 더좋은보육채널 배움공동체가 보육 현장의 이야기를 세상에 공유하고, 어린이, 교사, 돌봄과 교육, 다음 세대의 성장을 응원하는 사람들이 함께 공동체를 이루는 데 선한 연결 고리가 되기를 소망한다. 즉, 생각에 공감하고 공유하는 사람들이 정서적인 연결로 함께하는 좋은 공동체가 되는 것이다.

외부의 시선에서 보육 현장을 쓴 이야기는 흔히 접할 수 있다. 그러나 내부인의 목소리로 한 어린이집 내, 한 기관 내에서만이 아니라, 한 개인과 기관의 이익을 넘어서서 공동의 선을 위해 함께 나누고 함께 배울 수 있는 선한 영향력의 배움공동체. 이것이 더좋은보육채널이 존재하는 목적 중 하나이다. '더좋은보육채널 학습공동체'는 보육 현장 내에서, 혹은 보육과 관련된 사회적 이슈를 포괄하여 더욱 많은 사유를 다루고자 한다. 더좋은보육채널은 앞으로 보육 현장으로 연결하는 시도를 더! 해 보려 한다.

#블로그_더좋은보육채널, 이제 다섯 걸음? 두 번째 이야기 (2024. 2. 1.)

1. 공동체를 바라보는 나의 시선

공동체 안에서 마주하는 모든 사람은 서로 영향을 주고받는 관계에 있다. 인문학적 상상력으로 이들 관계를 바라보면, 우리가 인식하지 못할지라도 우리의 관계는 보이지 않는 관계의 끈으로 연결되어 있다(최원형, 2016). 거대한 생태계에서 나와 우리를 살피는 생태 감수성으로 볼 때 지속가능한 미래로 갈 수 있듯이, 교육적인 상상력으로 어린이집을 바라보면 나와 우리, 우리와 공동체 관계를 둘러싸고 있는 이해관계자들은 서로를 돌보고 돌봄을 받는 관계에 놓여 있다. 특히 사회문화적인 존재인 인간은 서로 의존하는 관계로 존재하므로 서로가 서로에게 끊임없이 영향을 주고받는다.

서로가 존재함으로 돌봄을 받고 돌볼 수 있는 관계이기에 돌봄의 윤리도 필요해진다. 지속가능한 발전 교육의 가치로 우리의 관계를 바라보면 이해관계자들은 서로에게 사회(Social)가 되고, 이러한 관계를 둘러싸고 상호작용하는 소통, 대화, 교류하는 모든 것들이 연결된 건 지배구조(Governance)로 볼 수 있다. 서로를 돌보는 관계로 본다. 존재론적인 시선으로 서로를 본다. 실존하는 존재로서 사는 나는 타인의 돌봄이 필요하다. 한 아이의 엄마로 살고, 며느리로서 시부모님을 살펴야 할 자리와 더좋은보육채널의 대표로서 나와 관계 맺고 있는 사람들에게 해야 할 역할이 있는 나로서 살아가야 한다. 스스로가 나를 누구로 보는지에 따라 나를 말할 수 있지만, 나와 관계하는 사람들이 보는 내가 있다. 둘 다 나라는 사람을 말하는데, 관계의 밀도에 따라 다른 나 자신을 바라보는 차이가 있다.

겉모습만 보면 완벽한 원장으로 보여도 남들의 시선이 침범하지 못하는 가정 안에서 엄마로서 아내로서의 모습은 얼마든지 감출 수 있듯이, 관계 맺고 있는 사람들이 누구인지, 어떤 시점에서 만났는지에 따라 보는 것, 볼 수 있는 것도 다르기 마련이다. 실존하는 존재로 사람을 보는 눈, 한 사람은 내가 보는 게 전부가 아니고 복합체라는 유일무이한 존재라는 시선. 이것이 사람을 바라보는 나의 시선이다.

공동체를 운영하는 나에게 중요한 가치는 무엇인지를 원장님들에게 질문한 적이 있다. 원장님들에게 던진 질문은 곧 나에게도 물음으로 울렸다. 질문을 곱씹어 보면서 과거의 나, 지금의 나, 미래의 나를 동일 선상에 올려 두고 시대가 변화되고 나이가 더 들어도 붙잡고 싶은 가치를 고민하게 되었다. 사람은 살다 보면 흔들리며 살기 마련이다. 아름다운 꽃이 어찌 거센 바람, 폭포수 같은 빗줄기 하나 맞지 않고 자랄 수 있었을까. 마찬가지다. 예전부터 나는 교육하는 사람들은 교육에 관한 정보나 지식을 주는 것 이상으로 중요한 건 눈에 보이지 않는 것들을 대하는 태도와 그것을 다루는 마음이라고 생각했었다.

살다 보면 흔들릴 때가 있다. 매번 흔들리는 시간을 통과하면 어느새 견디는 근력이 생겨 빨리 제자리를 찾도록 방향을 알려 주는 '지시등', 그것은 나에게 '관계'라는 가치였다. 좋은 관계는 내 생각을 잘 표현할 수 있고 말하지 않고 있어도, 무언가 대단한 프로젝트로 결과물을 내지 않아도 사람 자체가 좋은 땅과 같이 무한한 에너지를 품는 모습이다. 술어적 주체로만 성급한 판단을 하지 않고, 함께하는 사람들이 지닌 고유한 토양인지, 좀 더 이해하고 더 알기 위해 노력하는 리더가 되길 바랐다.

그런 리더가 되고 싶었다. 그런 선생님이 되고 싶었다. 인생을 둘러싸고 있는 수많은 인연 가운데 별처럼 빛나는 그 사람들을 발견하는, 그런 사람을 알아차릴 수 있는 리더가 되고 싶었다. 이 안목은 그냥 만들어지는 게 아니다. 전문가로 불리고 공인된 자격증을 취득하기 위해서도 수십 시간의 전공과목을 이수하고, 몇 년에 걸려 수련 시간을 거쳐서 교사 자격증을 취득하듯이, 리더로서 안목도 수많은 시간과 노력이 필요했다. 리더로서 그런 안목을 기르고자 나름의 방식을 찾고 실험해 보며 나만의 방법들을 정착하게 되었다. 일주일에 한 권씩 책을 읽고, 영감을 주는 강의를 찾아서 듣고, 유아교육 분야만이 아닌 다양한 시선을 넓히는 잡지도 꾸준히 읽으려고 시도 끝에 얻은 결과였다.

더욱이 '더보채'는 모두에게 낯선 이름이었다. 이름만 봐서는 연구소인지 광고 업체인지 정체성이 불분명한 이름이 한몫했다. 신생 연구소이었기 때문에 새로운 만남, 새로운 관계로 이어지는 통로가 되었다. 이전에 만나 보지 못했던 사람들을 온라인을 통해 연결되고 교육적인 만남의 공간으로 잇는 경우가 대부분이었다. 겉으로 보이는 내 모습을 보고 관심을 보이는 사람들에게 내가 할 수 있는 최선은 '가치를 공유'하는 그것으로 생각했다.

블로그를 통한 공동체의 가치 공유

　더보채에 접속하는 사람들은 어떤 일을 하는지, 어떤 것에 관심이 있는지, 우리가 개발하고 만든 콘텐츠를 찾고 SNS상에 유입되는 경로 등을 파악하면서 우리와 관계하는 그들을 살피게 되었다. 더좋은보육채널을 찾는 구독자들, 블로그 이웃들의 말이나 댓글 내용에서 어떤 특성이 있는지를 파악하고 이해하는 시간을 통과하면서 그들에게 필요하고 의미 있는 콘텐츠, 교육 내용으로 교류하는 접점을 구상하게 되었다. 이처럼 우리와 관계 맺고 있는 사람들은 우리가 해야 할 일을 보여 주는 일면이기도 하다.

　이것은 더보채가 가진 '관계성'으로 말할 수 있다. 관계성을 현재에서 미래로 넓혀 앞으로 예상되는 것들을 생각해 보면서 과거에 우리가 했던 일들을 돌아보기도 하고, 현재와 내일의 일들을 구체화하는 요소가 된다. '관계'를 바라보는 시선 또한 더보채가 나아갈 길, 운영해야 할 내용을 만들어 가는 데 중요한 부분이다.

2. 가치를 공유하는 리더

- 위대한 평민을 기르는 교육: 풀무학교
- 한 영혼이 자라면 온 세계가 성장한다: 간디학교
- 나를 살리고 세상을 살리는 아름다운 배움의 공동체
- 자신의 성장을 돕고 학교 자연을 닮아 가는 인간교육
- 제 빛깔로 살아가는 행복한 공동체
- 나와 세상을 돌아보는 따뜻한 품….

이 비전들은 진정성과 울림이 있었던 학교의 이야기다. 간디학교의 운영은 가치에 의해, 가치를 따라 한 사람의 배움과 성장의 가치를 끊임없이 지향하고 실천했기에 가능했다. 간디학교의 리더는 학교를 단순히 지식과 기술을 연마하는 기관으로 보지 않고 '행복을 추구하는 공동체'로 만들기 위해 그곳에 모인 구성원들을 개인으로서 '제 빛깔로 살아가는' 존재로, 그들의 존엄성과 고유성을 존중하였다. 그로 인해 구성원 한 사람 한 사람은 주체성을 회복하고 자아를 실현해 나가면서 행복한 공동체가 되어 갔다.

더보채의 핵심 가치는 4개의 키워드로 정리해 보았다. 더보채는 '대화', '관계', '성찰', '선함'이라는 4개의 가치로 운영해 왔다. 우리가 생각하는 대화는 사람의 소중함을 인식하고 지속하는 관계 속에서 열린 대화로써 해석하는 공동체를 만드는 도구가 된다. 관계는 나, 우리, 공동체의 이해와 문화적인 존재로서의 정체성을 만들어 나갈 때 서로의 관계를 살리는 방향을 추구한다는 뜻이 있다.

함께 나누고 함께 배우며 성장하는 가치를 지향하는 더좋은보육채널

성찰은 더보채를 운영하는 모든 것에 영향을 주는 핵심 요소에 해당된다. 반성하지 않는 삶을 경계하고 가치가 없다고 소크라테스가 제자들에게 강조했듯이, 교육하는 사람들은 끊임없이 자기의 존재 의미를 찾아가며 반성과 성찰을 통하여 어려움을 극복하고 좀 더 나은 방향으로 나아가게 된다. 그만큼 우리는 꾸준히 자아를 성찰하는 시도와 그 시간을 만들어야 할 가치가 있다. 이러한 노력은 개인에게는 자신의 정체성을 발견하며 함께하는 공동체는 일의 목적과 방향성을 찾게 만들어 보다 나은 방향으로 서게 이끈다. 이 과정에서 우리는 고정적이고 불변적인 정체성(Being)이 아닌, 끊임없이 변화하고 성장하는(Becoming) 자신과 공동체의 정체성을 만들어 가게 되는 것이다.

보육 현장에서 교육을 통해 우리의 가치를 나누고 지속적인 성찰을 통해 개인 및 공동체의 배움과 성장을 지원한다. 선함의 가치는 이 모든 것을 해 나가는 근본적인 가치에 해당한다. 이러한 가치들은 서로에 대한 신뢰에 기반하고 있다. 피터 드러커는 "전략은 조직문화의 아침 식사거리밖에 되지 않는다"라고 했는데, 좋은 가치, 좋은 전략이 있어도 이를 뒷받침하는 조직문화가 없다면 제대로 운영되지 않는다는 뜻이다. 조직을 운영하는 힘은 외부 요인보다는 내부자로 관계 맺고 살아가는 구성원들에 의해 만들어지므로 전략의 승패는 조직문화에 영향이 있을 수밖에 없다. 이처럼 더보채를 바라보는 나의 시선은 아래 그림과 같다.

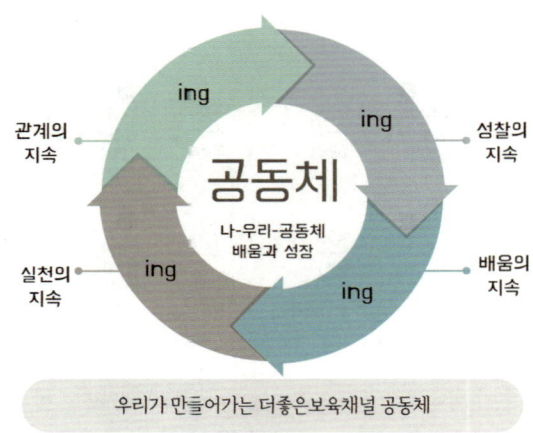

우리가 만들어 가는 더좋은보육채널 공동체

　한 마디로 '상호 의존적이고 돌봄의 윤리를 실천하며 지어져 가는 우리'라고 말하고 싶다. 서로가 있으므로 인하여 배우고 성장할 수 있었고, 지어져 가는 우리들의 관계는 신뢰를 기반으로 각자가 상호 의존적인 관계에 놓인 우리를 인정하며 돌봄의 윤리를 지속해서 실천해 나가고 있다. 이러한 설명은 어린이집 조직문화를 둘러싼 커다란 이미지의 언어들로 나의 인식에 가득 채워져 있다.

3. 우리가 일하는 방식: 함께, 대화, 선한 가치, 나다운

1) 함께

더보채는 성장하는 공동체다. 나도 더보채를 만남으로 변화했고 배움을 얻으며 성장을 경험했다. 우리도 이 관계 안에서 다름을 배우고 각자의 실천 과정과 나눔에서 예상하지 못했던 나의 변화와 성장을 계속 알아 가고 있다. 생각해 보면 어린이집도 여러 교사 간에 협력과 나눔을 요구하는 관계로 연결된 유기적인 공동체이다. 원장과 교사들은 단순한 계약 조건을 넘어서 돌봄의 윤리와 실천을 서로 주고받는 관계이다. 영유아 교육기관 현장은 교사들 간의 함께하는 분위기를 만들고, 문제 해결, 협업 능력을 키우는 공동체이다. 이러한 관계에서는 혼자 힘으로 해결 가능한 일들보다는 '함께' 일을 하고, '함께하는' 자체를 의미 있게 바라봐야 한다.

공동체의 본질 자체는 혼자서는 성립할 수 없다. 혼자서는 절대로 운영이 성립될 수 없는 나의 성장, 우리의 성장, 우리가 함께하는 실천들이 결실을 보는 공동체는, 우리의 가치를 나누고 공유하며 알아 가고 배우며 성장하는 방향에 가까이 가게 된다. 더좋은보육채널이 운영해 온 공동체는 실천공동체, 학습공동체로 말할 수 있다. 공동체는 둘 이상의 사람들이 모여 관심사, 화제를 중심으로 생각을 나누고 풀어 가면서 공동체의 방향성, 목적, 실천들을 만들며 성장을 위한 것이다. 이런 점에서 영유아 교육기관의 구성원들, 운영의 특성상 공동체로서 기본 조건이 성립된다.

서구의 공동체를 뜻하는 커뮤니티(Community)는 라틴어로 같음을 뜻하는 'Communitas'에서 왔으며, 이 말은 또한 'Communis', 즉 '같이, 모두에게 공유되는'에서 나온 뜻이다. Communis라는 말은 라틴어 접두사 con-(함께)과 munis(서로 봉사한다는 뜻과 관계있다)의 합성어이다. 공동체는 혈연이나 지연에 기반을 둔 전통적인 닫힌 공동체와 공동의 관심사와 목표를 이해하고 구성된 근대적 열린 공동체, 즉 사회나 결사체 등으로 나뉜다. 이는 퇴니스가 분류한 '공동사회'와 '이익사회'를 '공동체'와 '결사체' 또는 '연합체'로 다르게 번역하는 이유이기도 하다. 광의의 공동체는 혈연을 넘어선 민주적 공동체로 결사체를 포괄하기도 한다. 대개 공동체를 이루는 요소로 '소속감'과 '영향력' 그리고 '요구 충족'을 꼽는다. 이 세 가지 요소는 참여자 개인이나 그룹이 서로 계속 일하도록 돕는 데 자원이 된다. 그리고 공동체는 혈연, 지연과 같은 단선적인 형질을 넘어선 민주적인 조직으로도 볼 수 있다. [위키백과]

영유아 교육기관과 같이, 현장을 지원하는 더보채도 함께하는 공동체이자, 자신도 공동체와 함께하는 조직이다. 현장과 함께하는 공동체로서 더좋은보육채널은 자신의 역할을 돌아보며 정체성을 만들어 왔다. 우리가 방향이나 가치들은 단번에 만들어지지 않았다. 이 또한 공동체 구성원들과 대화하며 내 생각, '함께하는 공동체'의 의미가 무엇인지를 연구원들과 성찰하며 만들어 온 것들이다.

더보채 공동체가 제대로 운영되기 위해서는 대표의 생각으로만 운영되는 것이 아닌, 주종의 구분 없이 우리가 행복한 공동체로서 함께하는 배움, 함께하는 성장이 필요하다. 우리가 일하는 방식에는 항상 '함께하는' 자체가 중요했다. 누구든 먼저 필요한 사업을 말할 수 있는 관계, 그 안에서 우리는 무엇이든 함께해서 의미 있는 일로 보인다면 주인의식을 갖고 참여해 왔다. 이런 관점에서 나는 '함께한다'는 의미란 공동체와 적극적으로 연결하는 첫걸음이며, 함께하는 사람에게는 배움과 성장의 기회가 될 수 있다고 생각한다.

함께하는 더보채 공동체는 세 사람으로 시작하였다. 우린 공동체를 통해 지속적인 만남을 이어 왔고, 서로로 인해 배우고 전문성도 연마될 수 있었다. 혼자서는 꿈꿀 수 없었던 네이버 프리미엄 콘텐츠 운영, 책 발간, 온·오프라인 교육과 현장 지원, 컨설팅과 공모전 지원 등은 모두 '함께했기에' 가능한 성과였다. 소소한 것들로 행복을 느끼는 일들도 있지만, '함께하는 것' 자체로도 만족하고 의미 부여를 해 왔던 공동체였다. 실존적인 인간은 자기 충족, 자기 이유로 일을 하게 된다. 그 이유가 충만하면 열정과 최선은 누가 말하지 않아도 자연스럽게 뒤따른다. 더좋은보육채널이 그랬다. 함께하는 가치가 빛나면 그 빛에 영향을 받는 사람들이 따라오기 마련이다. 흔히 튼실한 기업의 재무지표로 환산이 되지 않는, 좋은 공동체로 일하면 반드시 그 가치를 알아보는 사람들이 또 함께하게 된다. 단순하지만 이 원리로 2025년에는 새 식구가 생겼다. 신생 연구소지만 4명이 함께하는 탄탄한 배움공동체인 것이다.

더보채 공동체 우리가 일하는 방식에는 우리가 함께하는 것에 대한 기쁨, 만족감, 소속감과 행복한 정서들이 내재해 있었다. 다양한 이렇게 볼 때 공동체에 참여하는 것은 공동체를 운영하는 주최나 리더에게 인사이트가 분명히 있는 관점이다. 특별한 전략이 아닌, 구성원들이 함께하는 존재만으로도 감사하는 '대확행'이었다. 어떤 요인 덕분에 행복을 느끼는 것이 소소하지만 확실한 행복이라면, 그런 조건들이 부족해도(급여, 복지, 물질의 충족 등) 존재론적으로 얻는 만족감은 겉으로 보이는 물질과는 비교가 되지 않는다는 걸 더좋은보육채널 공동체 안에서 난 깨달았다.

나라는 존재를 소중히 대하고 존중하는 한 사람이 '있음' 자체로도 안정감과 소속감을 느낄 수 있었다. 존재하는 자체만으로도 안정감을 주고 기쁨이 되는 만남이 우리 안에 중심축이 되었기 때문일 것이다. 전도서 말씀은 우리가 우리로서 '함께하는' 의미를 붙잡게 해 주었고, 말씀처럼 우리여서 더 강하고, 더 나은 더보채가 되리라 기대한다.

> 한 사람이면 패하겠거니와 두 사람이면 맞설 수 있나니 세 겹 줄은 쉽게 끊어지지 아니하느니라.
> Though one may be overpowered two can defend themselves.
> A cord of three strands is not quickly broken. [전도서 Ecclesiastes 4:12]

지속가능성의 패러다임으로 공동체를 어린이집 현장으로 연결해 보면 어떨까? 어린이집은 원장님과 교직원들 사이에 민주적인 조직문화 안에서 개인의 성장과 배움을 높이고, 원의 운영 전략과 원장의 리더십도 함께하는 교직원들로 인해 더 큰 힘을 발휘하게 된다. 이 조직문화 안에서 원장의 리더십은 조직원들이 있으므로 인해서 주어지는 영향력이다. 십여 년간 원장으로 살았던 나는 나도 교직원도 함께 주인의식을 갖고 일하길 바랐다.

공동체인 어린이집에서 형성하는 조직문화는 '함께 존재함'을 인식하고 소중히 대하는 태도를 중요한 가치로 보았다. 이러한 관계를 이해하는 나의 시선은 더좋은보육채널이 일하는 방식에서도 고스란히 스며들었다. 그 바람으로 교사들에게 내 생각을 여러 내용과 형식의 옷을 입혀서 다가갔다. 스스로는 일 잘하는 원장인 줄로 알았다. 철저히 내가 만들어 놓은 인식의 틀에 갇혀서 살았다는 걸, 그곳을 떠나고 나서야 나의 모습을 바라보게 되었다.

평소에 인식하지 못했던 진짜 심연까지를 돌아보고, 반성과 성찰을 통해 나의 진면모와 직면했다. 리더의 확고한 신념으로 일했던 나를 매일 마주쳐야 했던 선생님들은 어땠을까? 그들의 관점에서 나는 함께하기에 좋은 사람이었을까? 함께하기 좋은 사람은 나의 주장만 하지 않는다. 나의 가치가 불변의 진리인 양, 무조건 옳다는 식의 확고한 태도는 나와 타인 사이에 벽을 만든다. 지식을 채울수록 그 벽은 견고해지기 쉽고, 말로는 함께하자고 외치지만, 그 말조차도 목적에 사용되는 도구적인 수단에 불과하다.

더보채는 사람과 사람, 사람과 세상을 잇는 일에 진심이다.

혼자서는 멀리 갈 수 없고, 힘든 일을 만나게 되면 잊고 있었던 나와 만나게 된다. 사랑하는 사람과 이별을 겪고, 큰 질병으로 생사를 넘나들 때는 그 경계가 금방 허물어지기 쉽다. 그만큼 철옹성같이 내가 쌓아 온 벽이 별 의미가 없다는 걸 나 스스로가 자인하기 때문이다. 더좋은보육채널의 처음도 그랬듯이, 더보채는 육신의 아픔을 겪던 시간에 만들어졌다. 그동안 남의 힘을 빌려서 굳이 일하지 않아도 수월하게 성과를 얻었던 나였다.

그런데 코로나19를 겪으며 내 혼자의 힘으론 도저히 감당할 수 없는 육신의 질병과 상황적 압력에 놓이면서 공동체의 의미를 다른 시선으로 본 계기가 되었다. 불확실한 미래. 지구 환경 위기로 닥칠 불안정한 우리의 미래. 우리의 삶을 어떻게 살 것인가? 어떻게 자연과 더불어 살 수 있는가? 나와 우리 모두의 공공재이듯, 이전의 삶의 방식과 태도를 과감히 버리는 게 최선일지도 모른다.

그날의 아픈 경험은 결과적으로 더보채를 만든 일등공신이었으니, 아픔, 절망은 희망과 꿈과 그리 멀지도 전혀 다른 게 아닐 수 있지 않을까. 더보채가 세상에서 목소리를 낼 수 있는 건, 세상의 모든 것들이 연결되어 보이지 않는 힘을 나에게 주어서일지도 모른다. 눈으로 보이는 더좋은보육채널 연구원들은 그 꿈들을 실천하는 나의 손과 발이 되어 주었고, 나와 우리가 존재하고,

우리와 수많은 사람을 연결해 주는 거대한 공동체라 생각한다. 이제 나는 고정된 시선, 한계가 있는 생각에 갇히길 두려워하고, 아는 사람을 넘어서 우리에게 말을 걸어오는 누구든 함께 연대하고 협력하며 선한 공동체를 만들고자 더 함께할 것이다.

"그렇게 만들어진 내 속의 진주는 '함께하다'의 가치였다."

더좋은보육채널의 7가지 선언문

하나. 우리는 교육 주체의 연대와 협력을 지향합니다. 영유아 교육기관의 교직원, 연구자, 부모와 어린이를 중심으로 한, 함께 나누고 함께 배우는 과정에서 연대하고 협력을 만들어 가는 배움의 장을 만들고자 합니다.

둘. 우리는 영유아를 가르쳐야 할 존재이므로 최고는 선한 가치, 사랑입니다. 마음이 따뜻한 우리, 진심 돌봄과 교육, 관계의 교육을 연구하고 실천하는 공동체를 지향합니다.

셋. 우리는 교사, 원장님을 삶과 앎의 주체로 연구하는 존재, 실천하는 존재, 나누고 배우며 실천하는 존재, 성장해야 하는 존재로 봅니다. 수동적이고 결핍이 있으므로 교육을 받아야 하는 것이 아닙니다.

넷. 우리는 하나의 공동체로서 배우고 성장해야 하는 존재로 변화하는 존재입니다. 개인을 넘어 영유아 교육기관, 지역사회를 넘어 상생의 가치를 꿈꾸며 사람과 사람, 사람과 세상, 사람과 콘텐츠, 사람과 문화를 잇는 배움과 성장을 추구합니다.

다섯. 우리는 자신의 성찰과 실천으로 각자 위치에서 할 수 있는 일을 존중하며 자기 이해, 정체성을 만들며 교육의 가치를 실현해 나가도록 의미를 만드는 '선한 운동', 플러스가 되는 '브리지(Bridge)'가 되고자 합니다.

여섯. 우리는 현장을 위해, 현장이 우선이 되는 현장 중심의 실천과 지원을 지향합니다. 틀에 박힌 기성복이 아닌, 각자의 색깔을 이해하고 반성과 성찰을 통해 자기다움을 드러내는 맞춤형 현장 중심의 교육으로 디자인을 꿈꾸어 봅니다.

일곱. 우리는 현장의 다양성을 존중하고 인정하는 협력공동체입니다. 이론과 실제, 연구와 실행을 단선적으로 평가하지 않고, 사회문화적인 맥락을 존중하며 더 나은 방향으로 지원합니다.

영유아, 부모, 교직원, 지역사회, 연구자 모두가 바라는 행복한 삶, 행복한 교육은 혼자의 노력으로 가능하지 않고, 어느 한 분야만의 실천으로 불가능합니다. 지속가능한 성장과 발전의 가치로 그리는 더좋은보육채널의 운영은 나다운, 우리다운 정체성을 만들며 Z-자의 위치에서 할 수 있는 일을 하는 방향에 있습니다.

이러한 점에서 우리는 분절적이고 고립적인 실천과 운동을 넘어서길 바랐고, 그 꿈을 위해 더좋은보육채널의 마음을 7가지 선언문을 만들었습니다.

2) 대화로 만드는 문화

지금까지 더보채를 운영해 온 가치는 관계성을 기반으로 하고 있다. 상대적인 우위에 위치하기 위해 경쟁을 선택하지 않고, 각자의 존재를 있는 그대로 보고자 하는 마음, 서로를 향하는 마음은 그 사람이 잘 살아가길 바라는, 나의 성장만큼이나 함께하는 공동체 사람들의 성장과 공동체의 성장도 중요하게 바라보려는 시선어 조금이라도 그 관점을 담아내고자 했던 시도들이 쌓이고 쌓여서 더좋은보육채널의 문화를 만들어 가게 했다. 이처럼 서로를 바라보는 시선은 더좋은보육채널을 움직이는 보이지 않는 연결선으로 중대한 역할을 해 왔다.

더보채 연구원들은 하루에 열 번도 감사를 말하는 사람들이다. 그래서일까. 더보채 사람들과 소통하는 연구 회의가 1시간, 2시간을 넘어서도 지루하고 지겹지 않고 힘이 난다. 연구도, 배움도, 성장도 우리 안에 공명하는 힘은 '서로에 대한 신뢰와 존중 그리고 사랑'이 있기 때문이었다.

겉으로 보기엔 일의 방식은 간단하다. 질문하지 못할 것도 없고, 지향해야 할 가치는 있으나 모든 갈래 사업의 방향은 열려 있다. 우리의 대화는 대화의 소재부터 제한된 것이 없으니 일상적인 생각을 나누다가 새로운 아이디어가 나오기도 하고, 상대방의 말을 듣다가 생각지도 못했던 아이디어가 나오기도 하였다. 더보채의 일하는 방식은 각자의 존중과 신뢰로부터 이어진다. 나의 말을 경청하던 연구원들은 각자에게 어떤 의미로 이해되는지, 어떻게 해석이 되는지, 들으면서 생각되는 것들은 무엇인지를 질문하고 생각하며 대답하는 과정에서 그다음의 방향을 만들어 갔다.

일을 실행해 나갈 때 서로의 생각을 말하고 진심을 듣는 것을 중요하게 생각한다. 피상적인 말하기가 아니라 현재 나의 무엇이 고민인지, 이 고민이 어디에서부터 나왔는지, 이 일의 의미는 뭐라고 생각하는지 등등 정답도 없는 근본 질문에 대한 서로의 생각을 듣는다. 철학자들이 "진정한 타자와의 만남은 서로 성장하게 한다"라고 했던 말이 성취되는 걸 회의를 통해 여러 번 경험하곤 했었다. 외현적으로 보이는 일을 말하다가 성찰과 반성으로 배어 나오는 자기 생각을 나누다 보면 길을 잃기도 하지만, 대부분은 속마음을 나누는 가운데 우리 스스로가 언제, 무엇을, 어떻게 해야 할지에 대한 대화로 연결점을 찾았다.

우리의 대화는 정해진 회의 시간만 국한되지 않았다. 우리에게 대화는 운영의 핵심인 셈이다. 나와 다른 사람과의 관계에서 대화는 시작된다. 이 관계는 대화에 의해 이루어지고, 대화할 때에는 타자로 하여금 자기다워지게 한다. 철학자 부버는 "나와 타자의 관계는 대화에서 시작되며, 타자와 관계에서 대화는 상대를 유일한 실존으로 존재하게 한다"라고 하였다(Buber, M., 2001). 대화는 자기다움을 나타내고, 공동의 의미를 찾아가는 데 중요한 도구가 된다. 대화의 요체는 책임이기 때문에, 우리가 대화하는 것은 서로에게 책임을 다하는 행위가 된다. 우리의 대화에서는 자유로움과 편안함이 스며들었고, 이러한 대화 속에서 아이디어들이 불쑥 튀어나오기도 했다. 처음에는 이 대화들을 기록할 생각을 하지 못했다. 자유롭게 대화하다가 예상을 뛰어넘는 좋은 아이디어 놓치기를 반복했던 우리. 이러한 시행착오를 거쳐서 '기록하는 도구'를 찾게 되었다. 대화를 대화답게 남기는 작업이 중요하다는 걸 알게 되었던 우리는 적은 인원의 연구소여도 업무 효율을 높이면서 '네이버 프리미엄 콘텐츠' 플랫폼에서 매주 2개의 교육 콘텐츠를 개발해 내는 성과를 기록할 수 있었다.

거리상 떨어져 있는 연구원들 간의 소통은 매번 줌으로 화상 접속이 불편하기도 했다. 이러한 과정을 거치면서 '대화를 오롯이 잘 담아내는 업무 도구'들을 찾게 되었다. 대화 기록에 유용한 네이버 클로바 노트, 업무의 성격별로 기록 관리가 가능한 잔디 프로그램 등을 업무에 활용하게 된 것은 처음부터 계획에 따른 실행이 아니었다. 잔디 업무 프로그램이나 콘텐츠를 기획하거나 만들어 갈 때도 이런 가치들을 반영하려는 의도를 분명히 말하였다.

이처럼 구성원들 간에 깊은 이해는 서로의 마음을 이어 주고 일을 해 나가는 데 강력한 동력을 만들고 일하는 사람에게 의미를 발견하도록 이끌었다. 지금까지 거의 모든 일은 먼저 일의 방식을 구조화하고 실행한 것이 아니었다. 으히려 반대의 방향으로 일을 했지만, 결론은 더 다양했고 창발적이었다. 우리의 일하는 방식은 한 달에 자유롭게 이뤄지는 회의 내용에서 엿볼 수 있다. 다음은 우리가 나눈 '대화 중심의 회의록'에 관한 블로그 글이다.

더좋은보육채널 공동체

회의라고 다 똑같은 회의가 아니죠.

더좋은보육채널 연구원들의 2월 22일 회의록-교사교육 계획 선공개!

회의라 쓰고 협의라 생각하는, 회의에 매우 진심인 더좋은보육채널 연구원들의 연구 회의!

더.보.채는 무엇보다 놀이 지원, 놀이 상호작용, 놀이 이해, 놀이학습공동체 등 교육과정 운영을 지원하는 것에 많은 관심을 쏟습니다. 회의가 끝나고 나면 언제 시간이 흘렀는지 2시간이 훌쩍!!! 시간도 그렇지만 서로의 생각을 나누고 토의하다 보면 뜨거운 열기에 얼굴도 발그레~ ㅎㅎ 화끈화끈~^^;;

더좋은보육채널 연구회의 3차 영아 특강 성찰과 지원

3차 영아특강 성찰과 지원

작성자 김희진   날짜 2024년 2월 22일

회의 안건	3차 영아특강 성찰과 지원
회의 안건	영아반 교사를 위한 성찰과 지원
회의 내용	*연구원1: 영아반 교사를 위한 성찰과 지원 중요한 것은 무엇일까요? *연구원2: 유아의 질성적 사고를 생각해 보았어요. 질성적 사고는 처음 그 느낌을 가지고 사고를 하는 것인데, 비언어적 상호작용과 감각으로 놀이하는 영아를 바라볼 때 교사는 질성적 사고를 하지 않을까. 질성적 사고와 반성적 사고를 오고가며 교사는 성찰해 나가고.. *연구원1: 그 반성적 사고를 위해서 중요한게 무엇일까.. *연구원2: 음.. 관찰과 기록? *연구원1: 질성적 사고와 반성적 사고의 상호작용하면서 사고 한다면, 교사가 일상 생활을 하는 동안에도 사고하고 있다고 할 수 있지 않을까. 관찰과 기록보다 더 중요한 것은 반성성을 지닌 교사? *연구원2: 교사가 상황 속에서 사고를 하기위해서는 내가 지금 하고 있는 것에 대해 의구심, 호기심, 이런 생각들이 필요하니까. 내가 지식적 지식을 더 많이 알고 있고 이런 생각에서 벗어나 상황 자체를 바라보는 것이 가장 중요하니까.. ... 중략 ... *연구원3: 우리의 성찰과 지원 특강을 통해 교사들이 자기들의 경험을 통해 만들어진 사고를 조금 더 열린 마음으로 바라보고 다시 경험을 쌓아가는 그 과정을 해나갈 수 있도록 지원할 수 있었으면 좋겠네요
우리의 새로운 생각	* 사고하는 교사가 왜 중요한지를 다시 생각하고 그것을 리마인드 해 보는 것 * 교사의 중요 역량으로서 반성성에 대한 강조 * 교사의 하나의 경험으로서 성찰과 지원
기타 / 메모	* 특강에 참여하는 연구원들의 생각 역시 자유롭게 나눌 수 있도록. * 특강에 참여하는 교사들이 자기의 생각을 편안하게 나눌 수 있도록.

더풀은 보육채널

#더 많은 교사와 함께 성장해 나가길

#더 좋은 보육 현장을 지원하고 #더 많은 어린이가 행복한 현장을 만들어 가길

[블로그_2024.2.23.]

3) 선한 가치: 어린이집 살리기 프로젝트_어·살·프

우리가 세상으로 연결되는 핵심 가치는 '선함'이다. 선한 가치는 '공동의 선'으로 말할 수 있다. 누구에게만 좋은 게 아니라 서로에게 교육의 공동선 앞에 더 가까이 다가서는 것이다. 공동의 선을 바라는 우리의 마음이 닿은 사업이 <어린이집 살리기 착한 프로젝트>이다. 더좋은보육채널이 무언가 새로운 사업을 구상할 때 먼저 고려하는 것은 '선한 가치'였다. <어린이집 살리기 착한 프로젝트>는 '함께하는 상생'과 '선한 가치'가 결합한 사업 중 하나이다. 우리의 가치로 관계하고 있는 이해관계자들을 지원하는 일이라면 무엇이든지 연결할 수 있는 상상력으로 구상한 일이었다. 우리는 구체적으로 추진 계획을 결정하기 전에 내부적으로 성찰과 숙론을 거쳤다. 예를 들어, 아래는 우리가 했던 질문들이다.

선한 가치를 담는 성찰 질문
- 선한 가치는 나에게 어떤 의미가 있는가?
- 이 일의 선한 가치는 무엇인가?
- 이 일의 가치는 무엇인가?
- 이 일의 최선의 가치는 무엇인가?
- 무엇이 최선을 담는 것일까?
- 현장 사람들에게 도움이 되려고 나 자신은 어떤 준비를 하고 있는가?

이 프로젝트는 현장의 문제를 개선하고 적극적으로 해결하려는 지원 방안에서 시작하였다. 2023년 어린이집 이용 학부모 만족도 조사에서 1순위, 2순위로 뽑힌 기관은 직장어린이집, 국공립어린이집 순으로 나왔다. 이 조사에서 학부모가 선호하는 이유는 맞벌이 가정, 장애인을 포함한 가족들, 다문화 가정과 같은 취약한 계층의 가정이 대리적인 보호 서비스와 안심과 신뢰할 수 있는 보육 환경이라고 인정됐고, 이런 시설이 제공하는 여러 보육 서비스는 이용하는 학부모들에게 만족도가 매우 높은 것으로 나타났다.

하지만, 안타까운 건 일반 사람들에게는 어린이집의 다각적인 노력으로 맺은 만족도와 운영 내용이 유치원보다 질이 낮거나 교육적이지 않다는 편견이 존재하고 있다. 사회면에 나오는 뉴스 이면에 지배적인 생각들은 일반 사람들의 인식을 투영하므로 그런 시선에서 어린이집 이해관계자들은 매우 안타까운 심정으로 일련의 일들을 겪어내고 있다. 더좋은보육채널의 어린이집 살리기는 '살린다'라는 '선한 가치', '상생의 가치'를 담은 것이다.

현재 우리는 시공간을 초월하여 여러 학습을 체험하고 있다. 급변하는 문화와 지식은 직접 만나서 교류보다는 SNS를 통해 진화하고 있는 게 현실이다. 어린이집은 영유아를 담당하는 중요한 교육기관이지만, 이에 상응하는 목소리를 내지 못한다는 내부자들의 목소리를 해석해 보면 적절한 지원과 이해를 도울 제3의 채널이 필요한 것이 현실이다. 홍보는 어린이집 내 자체 인력으로는 부족하고 효율성이 떨어진다. 부모님들은 좋은 어린이집을 찾는 데 한계가 있고, 어린이집은 열심히 보육 서비스를 제공하면서도 일한 만큼 제대로 알리지 못하는 어려움이 있다. 나도 그랬다. 동료 기관장들의 보육 경험도 유사했다. 그만큼 보육 현장의 기본 업무만으로도 버겁고 쉽지 않다는 뜻으로도 보인다. 이 사업은 수익을 창출하는 것이 아니었다. 그러나 사회적 공헌과 책무성의 차원에서 우리가 잘 할 수 있는 일을 찾아서 해낸 것이다.

보육 현장 특수성 등으로 대안 마련이 어렵고 해결을 위한 지원 인력으로 더좋은보육채널과 같은, 현장을 잘 아는 연구자들이 함께 손이 되고, 목소리가 되어 세상과 연결하는 홍보의 도구가 되었던 일. 나만이 아니라, 우리를 함께 살리는 프로젝트! 그래서 선한 채널 프로젝트라 이름을 붙였다. <어린이집 살리기 착한 프로젝트> 시작은 더좋은보육채널이 지향하는 가치와 정체성을 만드는 대표적인 사례이다. 실제로 블로그에서 공유된 직장어린이집 한 곳, 공동육아 어린이집 한 곳이 소개되었다. 다음은 직접 방문해서 현장을 둘러보고 교직원들과 인터뷰한 내용을 블로그에 올린 내용 중 일부이다.

#지속가능한 사회로 더 좋은 길로, 더 선한 길로! 우리 함께하는 진짜 이유입니다.
함께하는 더 좋은 보육 현장! 이제 우리 함께해요. 더좋은보육채널이 함께할게요.

어린이집 살리기 프로젝트 포스터

[현장탐방 저널] 보고 싶어도 볼 수 없었던 우리, 이제 우리도 변화가 필요한 때: 협력에 관하여

교육은 무엇인가?
어린이는 누구이며,
교사는 어떠해야 하는가?
놀이는 왜 필요하고 배움은 왜 중요한가?
이러한 질문은 우리의 정체성을 확립하게 한다.
어린이집은 각자의 정체성을
다양한 시간과 공간들을 통해
드러내게 해 주고 있으며
어린이, 교사, 학부모, 환경 모든 공동체가
서로 얽혀 가며 나를 가장 나다워지게 한다.
[평택에 있는 직장보육 시설 '자람 어린이집' 리플릿 글 中]

영유아 교육기관 이야기를 글로 쓰기로 마음먹었다. 사실 마음먹은 시점이 먼저인지, 글을 쓴 일이 먼저인지도 구분 짓기 어렵다. 지난주 '자람어린이집'을 방문했던 사진을 보다가 갑자기 글을 써야겠다는 생각이 들었다.

어떤 일은 치밀한 계획보다는 뭐라고 딱히 말하기 어려운 '영감'으로 시작됐다. 이번에도 예상하지 않은 아침을 열었다. 우연한 글쓰기와 새로운 일은 항상 맞닿아 있다. '설렘과 기쁨'. 방문 후기를 단어로 함축하면 딱 이랬다. 이렇듯 자람어린이집을 방문한 소감은 처음 본 삶의 공간에서 덤으로 받은 '영감' 덕분이었다.

우린 그동안 보고 싶어도 볼 수 없었다. 볼 수 없는 이유는 여러 가지였고, 우린 조용히 따를 수밖에 없었다. 그래도 희망은 있다. 지속가능한 사회를 위해, 우리 자녀들과 다음 세대를 위해서 지금부터 무엇이라도 해야 한다는 것을.

우린 이미 잘 알기 때문이다. 기존의 교육 방법을 다시 살펴보고 변화하는 세상에 살아갈 역량을 키워 줘야 하듯이, 교사교육이나 교육과정, 연수 내용과 방법에 재정향해야 한다. 이런 의미에서 자람어린이집 방문은 지속가능한 교육의 가능성과 발전을 위해 새로운 끈을 연 '협력'의 의미가 있다. 대단한 학회나 저널이 아니어도 어떤가. 영유아 교육기관의 역사는 개개인의 서사로 엮어진 결합체이기도 하다. 묵묵히 자기 길을 걸으며 동료들과 후배 그리고 영유아를 사랑하는 사람들에게 어린이집을 개방하고 함께하는 것은 새로운 '협력', 새로운 길을 연다.

유월의 피어난 이름 모를 풀꽃과 앞마당에 아이들이 놀다 간 흔적들. 자람어린이집 문틈 사이로 재잘거리는 아이들의 목소리. "원장님과 대화 나누고 쏙 환경만 보고 오자" 그 말을 했던 건 까마득히 잊은 채 우린 금세 어린이집 환경에 몰입하게 되었다.

함께 사는 공간마다 아이들과 교사들의 모습은 밝은 에너지가 느껴졌다. 처음에는 자세히 보면 혹시 부담될까 슬쩍 봐야지 했건만, 원장님의 열정은 순식간에 우리의 일정을 압도하였다. 원장님은 교실 문을 열자마자 아이들과 교사들이 사는 이야기를 쉼 없이 쏟아냈었다. (이하 생략)

[블로그_2024.6.25.]

4) 나다운_주인의식

공동체가 잘 운영되려면 구성원들의 '자발성'이 필요하다. 리더의 원대한 목표로만 움직이는 게 아니다. 구성원들이 자발적으로 뜻을 함께하여 참여할 때 무엇이든 시작할 수 있다. 자발성이 높은 공동체는 활발하고 역동적인 조직 분위기를 보인다. 원장연구 소모임에서도 원장님들은 공통으로 교사들에게 바라는 건 '자발성'이었다. 일을 잘 해내는 것 자체보다도 함께하는 교사들의 태도에 대한 기대였다. 나 또한 그랬다. 내가 조직 구성원으로 참여했던 공동체 모임이나 리더로서 공동체를 운영하는 위치에 있거나 조직이 잘 운영되려면 참여자들의 '자발성'은 중요하다고 생각했었다.

이것은 평소의 나다운 사고방식이기도 했다. 나는 더좋은보육채널이 자발성을 가진 우리가 되길 바람으로 운영해 왔다. 기대하는 점을 실천하려면, 구성원들이 공동체에 자발성을 갖고 참여하려면 어떤 점들을 고려해야 하는지, 공동체에서 자발성은 어떻게 만들어지는지, 구성원들의 자발적인 참여, 주인다운 의식으로 공동체에 선한 기여를 하려면 나는 어떤 역할을 해야 하는지 등. 나는 이 물음에 스스로 성찰의 시간을 가졌다. 성찰에 도움을 준 책, 인문학 강의를 들으면서 나의 생각을 깊이 들여다보게 되었고, 자기 이해로부터 시작된다는 걸 깨닫게 되었다.

자발성은 자기 이해와 연결되며 나에게 의미 있는 일이라는 걸 깨닫게 되면 일을 해야 할 동기를 발견하게 된다. 일하기 전에는 함께하는 일의 목적, 방향성, 일의 종류는 무엇인지, 그 안에서 각자는 무엇을 할 수 있는지, 그 일들이 나에게 어떤 의미인지를 연결 짓는 성찰을 해 본 후, 이에 대한 나의 이해를 구성원들에게 나누는 시간을 중요한 과정으로 삼았다. 왜냐하면, 실존적인 인간은 의미를 발견하지 않으면 진짜 행동하지 않기 때문이다. 학습에서도 자발성이 중요하듯이, 일에서도 마찬가지다.

더보채는 나다움-주인의식을 중요한 가치로 보고, 그것을 살리는 방향으로 사업을 구상하였다. 가령, 영유아 놀이를 사랑하고 놀이 지원 경험으로 경력을 쌓은 B 연구원에게는 그 일이 내가 가장 잘할 수 있는 일로 이해되므로, 이 역량을 극대화하는 방향으로 사업을 연결 짓고 실천하도록 하였다. 이런 식으로 업무를 나누고 같은 방식으로 실천을 해 왔다. 적어도 '영유아 놀이' 분야에서는 B 연구원이 대표보다 리더인 것이다. 공동체 안에서 리더는 고정적이지 않아야 하고, 서로가 서로에게 열린 통로가 되어 새로운 가치와 의미를 생성하도록 그 길 가까이에 다가서도록 노력하였다. 나다움을 아는 것, 나다움을 일로 연결하는 건 우리가 일하는 독특한 방식이자 가치로 말하고 싶다.

4. 우리가 만들어 가는 더좋은보육채널

배움 공동체를 오랫동안 열망했던 건 나였다. 물리적인 공간의 제약을 넘어서서 꿈과 가치를 공유하는 사람들이 만드는 학습공동체는 공동체 안에서 서로 영향을 받고 소속감을 느낀다. 이 안에서 서로의 요구를 말하고 들으며 채워 나간다. 더보채는 이제 다섯 걸음마를 뗀 것 같다. 한 발 한 발. 구성원들 간에 공동체 의식이 끈끈하고 선한 영향력이 되어 다시 보육 현장을 돌아보게 하는 힘을 만들고, 그 에너지로 교사들, 원장님들 그리고 다음 세대 부모님과 아이들을 위한 '무엇'을 고민하게 이끌었다.

더 바라는 건, 이 배움공동체가 보육 현장의 이야기를 세상에 공유하고, 어린이, 교사, 돌봄과 교육, 다음 세대의 성장을 응원하는 사람들이 함께 공동체를 이루는 데 선한 연결 고리가 되는 것이다. 즉, 생각에 공감하고 공유하는 사람들이 정서적인 연결로 함께하는 좋은 공동체가 되는 것이다. 외부의 시선에서 보육 현장을 쓴 이야기는 흔히 접할 수 있다.

그러나 내부인의 목소리로 한 어린이집, 한 기관 내에서만이 아니라, 한 개인과 기관의 이익을 넘어서서 공동의 선을 위해 함께 나누고 함께 배울 수 있는 선한 영향력의 배움공동체, 이것이 더보채가 존재하는 목적이다. 더보채는 앞으로 보육 현장으로 연결하는 시도를 더 해 보려 한다. 전국에 수많은 어린이집 줄줄이 문을 닫고, 초저출산으로 사라지는 우리 아이들에 대한 뉴스로 불안과 혼란을 겪는 보육교사들이 꿈을 갖고 다 함께 배우고 다 함께 성장을 꿈꾸도록 온라인 마당을 만드는 것. 그 마음으로 '제1기 SNS 기자단'을 계획하게 되었다.

우리는 블로그 글에 우리가 바라는 꿈들을 담고자 노력했다. 우리와 뜻을 함께하는 사람들이 한 사람이 두 사람이 되고, 더 많은 사람으로 연결되고 이어지길 바라는 마음이었다. 그 마음을 알게 된 사람들은 우리가 하는 교육을 함께하고 싶다는 말을 걸어왔다. 그 움직임들은 순수하게 우리만의 노력은 아니었다. 우리를 알아봐 준 분들이 존재했기 때문에 가능한 일들이었다. 이처럼 더좋은보육채널이 새로운 시도를 했던 사업들은 영유아 교육 분야에서 이전에 해 왔던 일들과는 조금은 달랐다. 그 조금의 차이가 쌓이자 우리만의 독특한 이미지로, 정체성으로 자리매김했던 게 아닐까 싶다.

본격적인 접수는 다음 주 특강 날에 하기로 정했다. 제1기 SNS 기자단은 외부인들이 보육 현장을 바라보고 평가하는 시선을 넘어서길 바란다. 제1기 SNS 기자단을 통해 어린이집 현장의 생생할 필요와 배움이 공유되길 바란다. 서로에게 좋은 영향력을 주는 자기 계발 채널이길. 어린이집에서 살아내는 교사들의 시선에는 항상 어린이와 부모, 돌봄과 교육이 살아 숨 쉰다. 교사들의 시선을 통해 보육 이야기가 좀 더 다양한 사람들에게도 공감을 얻길 바란다. 그런 의미에서 더좋은보육채널 제1기 SNS 기자단은 새로운 길이었다.

다가오는 2월 6일(화)은 영아 놀이 특강 2차시 온라인 강의가 있는 날이다. 이번 특강에서 많은 분이 참여하고 좋은 기회를 만들어 갈 수도 있다. 현직 교사를 대상으로 한 이번 온라인 교육은 13명이 참여한다. 참 감사하게도 앙코르 교육 신청이 있어서 다음 회기도 기획하고 있다. 혼자서 강의할 때 느끼지 못한 든든하고 안정감 있는 이 마음. 공동체는 그래서 누구에게나 필요하다. 인생을 다 산 것 같은 어른에게도 소속감을 느끼고 정서를 인식하고 교류하는 공동체가 필요한 것을. 한 사람이 공동체가 되도록 연결되는 건 또 한 사람이 손잡아 주었기에 가능하다. 혼자로서는 절대로 불가능한 우리. 우리가 서로에게 있어 줄 때 존재하게 되는 공동체처럼 말이다. 지속가능한 공동체의 전제 조건은 지식이나 명분이 아니다.

나처럼 소중한 타자와의 만남이 있는 공간이면 충분하지 않을까. 가치를 나누고 이해하며 서로를 인정하는 관계에 놓인 타자와의 관계에서 나는 함께 만드는 배움의 공동체를 보게 되었고, 함께 성장하는 우리를 꿈꾸게 되었다.

더좋은보육채널 SNS 기자단 모집 공고 포스터 [블로그_2024.2.20.]

'SNS 기자단 활동'처럼, 우리가 하는 일은 우리가 교육을 바라보는 가치가 스며들고, 교육을 구현하는 방식도 우리의 인문학적 상상력으로 만들어 낸 것들이다. 사람들은 궁금해했다. "더보채는 언제 만나서 어떻게 일하나요?", "언제 그렇게 글을 쓸 시간이 있어요?"라고. 우리가 일하는 방식은 지나온 여정을 보면 알 수 있다. 영아 놀이 특강, 책 저술, 연구 회의와 현장 지원 등. 더좋은보육채널의 이름으로 처음 연 '특강' 제목과 특강 기획에는 항상 우리가 일하는 방식이 녹아있는 것들이다.

우리는 무엇을 하든, 어떤 일을 하든 탁월하게 잘 아는 사람은 아니어도 치열하게 고민할 줄 아는 사람들이다. 그냥 해도 될 교육을 생각을 쥐어짤 때도 있었다. 고민하고 또 하다 보니 고민에도 근력이 있는 건지, 깊은 사고로 가려면 아직도 멀었지만, 적어도 답도 없는 고민에 빠진 사람들을 누구보다 잘 이해하는 협력자가 되는 것에는 자신감이 생겼다. 때론 함께 고민하는 것만으로도 힘을 얻는 선생님들도 있었다. 함께함의 가치와 사고를 지속해서 공유해 주는 협력자가 존재하는 것만으로도 만족해했던 현장의 선생님들이 우리를 지금까지 존재하게 만든 거나 다름이 없다.

처음으로 더보채의 이름으로 했던 교육에 우리의 고민과 우리의 일하는 방식이 가장 잘 드러난다. 가장 하고 싶어 했던 영아반 교사들을 위한 놀이 특강은 수많은 대화를 거치고 거쳐서 만들어진 작품과도 같았다. 온라인 특강 1차가 개설되기까지 여러 차례 연구원들과 협의하는 시간을 가졌다. 수차례 협의 끝에 우리가 지향하는 교육내용과 운영 방식을 정하게 되었고, 더좋은보육채널의 '온라인 영아 놀이 특강'이 세상에 나왔다. 온라인 특강을 주최하면서 단지 일회성으로 끝나지 않았다. 교육 기획부터 홍보와 원고까지 모든 걸 우리 손에 걸쳐서 만들어졌다. 이 과정에서 우리가 중요하게 생각하는 가치들이 제대로 반영되었는지, 함께했던 참여자들은 어떻게 느꼈는지를 다시 돌아보는 시간을 가지기도 하였다. 그러면서 우리의 일하는 방식과 가치를 연결하는 시간들이 차곡차곡 우리만의 기록으로 쌓게 되었다.

대표적으로 이 과정에서 더 교육을 바라보는 우리의 시선이 세워졌다. 가치도 실천 과정에서 정교화되는 걸 처음으로 체험했다. 우리는 놀이 중심교육과정에서 영유아의 놀이를 관찰하며 이에 대한 의미를 발견하고 지원하기 위한 교사의 성찰을 가장 중요시한다. 이를 영아 놀이 특강에 반영하기 위해 놀이 영상 사례를 공유하며 놀이에서 보이는 영유아의 흥미를 발견하고 이를 지원하기 위한 다양한 일지 양식을 지원할 뿐만 아니라 이를 가능하게 하는 교사 성찰일지를 매 차시 함께 지원하여 교사들의 자기 성찰을 위한 장치를 마련하기도 하였다.

이 과정에서 연구원들은 교사들이 왜 그러한 관점으로 놀이를 바라봤을까? 그러한 관점을 가진 교사들에게 더 필요한 지원은 무엇일까? 등에 대해 지속하여 협의하며 이미 정해진 내용을 전달하는 것이 아닌 서로의 관계 안에서 새로움을 쌓아 가고자 노력했다. 이 때문에 이는 교사들뿐만 아니라 그들을 지원하는 우리들의 성장을 동반한다.

'함께 나누고 함께 배우고 성장하는 가치를 지향하는 공동체!'라는 더보채의 비전은 '공동체'로서 우리가 중요하게 보는 가치를 담고 있는 말이다. 그 가치 아래에 나와 우리에 대한 시선, 보육 현장과 어린이, 교사와 원장님들, 우리를 둘러싼 여러 관계에 관한 생각들이 연결되어 있다. 우리말로는 공동의 관심사와 이해를 토대로 구성된 하나의 결사체를 뜻한다. 대게 공동체를 이루는 요소로 '소속감'과 '영향력' 그리고 '요구 충족'을 꼽는다. 이 세 가지 요소는 참여자 개인이나 그룹이 서로 계속 일하도록 돕는 게 자원이 된다. 그리고 공동체는 혈연, 지연과 같은 단선적인 형질을 넘어선 민주적인 조직으로도 볼 수 있다.

애초에 어떤 교육을 하려면 항상 근거 물음을 우리 스스로 되물었던 우리였다. "이 일을 무엇 때문에 하는지? 이 일은 나와 우리에게 어떤 의미가 있는지? 교육적인 만남이 우리에게 어떤 의미가 있는지, 어떤 배움과 성장이 있는지?" 등등. 이러한 근본 물음은 일의 전체적인 성격, 목적, 방향에 영향을 미치고 큰 그림을 그릴 수 있게 할 뿐만 아니라, 세부적으로 일을 해 나가는 방식에는 왜 그런가의 근원적이고 핵심이 되는 측면에서 '가치'가 구심점이 되도록 한다(정창우, 2016:154).

5. 마음을 잇는 공동체의 교육적 만남

영유아 교육은 교사들의 손끝에서 시작되고 마무리되는 독특함이 분명히 있다. 영아보육은 더욱 그렇지 않은가. 영아들을 한 달이라도 돌본 경험이 있는 분들은 단번에 무슨 뜻인지 알 테다. 영아반 아이들을 돌보는 일은 영아 놀이에서부터 기저귀 갈이, 식사와 낮잠, 개별의 요구에 맞춘 일상생활 지도 등. 보육교사는 영아의 손발이 되어 줄 때도 있고, 친밀한 관계 맺음으로 일상생활을 지원하는 일도 해야 한다. 영아반 교사의 역할은 유아반 교사의 일과 다른 차이가 있다.

교사의 말이 문득 떠올랐다. 한 기관에서 십 년 가까이 영아반 교사로만 살아왔던 교사. 교사는 교사로서의 자기 역할에 대한 혼란을 느끼고 있었고, 그 마음은 대화에서 오롯이 표현되었다. 나는 영아반 교사들과 교육적인 대화 시간을 갖고자 계획했고 교사들과 상황과 여건을 고려해 만남의 시간을 만들었다. 표면적으로는 교사교육이었지만, 교사들이 교실에서 사는 이야기를 듣고자 함이었다. 첫 시작에 나는 교사 시절의 내 경험을 이야기했다. 이어서 '영아 놀이의 가치', '영아 놀이 이해' 등의 주제로 깊이 대화하는 시간을 가졌다. 이윽고 교사들은 자기 고민과 영아보육에 관한 생각을 말하기 시작했다.

안개와 같았던 생각들은 금세 걷혔다. 교사로서 나를 성찰하기 시작했던 교사들은 어색한 장막을 깨부수는 듯했다. 하나둘 먼저 자기 경험을 이야기하자, 이내 즐기고 서로를 호응하는 모습도 눈에 띄었다. 같은 자리에 나와서, 같이 생각을 나누며 배움을 엮어 가는 '배움공동체'. 나와 교사들은 공동체 안에서 이미 힘을 얻고 있었다. 나와 교사들은 교육에 대한 소망과 꿈, 영아 놀이에서 우리의 역할에 대한 의미를 나름대로 만들어 나갔다.

그해 교육공동체 경험은 나에게 많은 영감을 주었다. 교사와 진솔했던 대화, 지속해서 생각을 나누고 고민을 들어주는 공동체 속에서 교사들만 성장하는 게 아니었다. 원장인 나도 교사들과 만남에서 연대감, 동질감, 깊은 소속감과 애정을 느낄 수 있었다. 이러한 경험은 원 운영으로 긍정적인 파장을 일으켰다.

갑자기 옛일을 끄집어낸 이유가 있다. 그때 교사들과 만난 뜻깊은 기억, 그 따뜻한 기억이 금세 현재로 소환된 느낌이랄까. 우리는 어린이집 영아반 교사들을 위한 온라인 교육시간을 만들고 싶었다. 그동안 각자가 영아반을 경험했고 느꼈던 아쉬움과 바람들까지 대화하며 무엇이 글들에 필요한지를 곰곰이 생각했다. 우리는 한참 동안 왜 이 교육을 해야 하는지, 영아반 놀이, 영아반 교사들을 위한 교육은 무엇이어야 하는지를 서로의 목소리를 들었고, 그 마음을 나누기에 몰두했다. 이것이 더좋은보육채널의 이름으로 시작된 첫 온라인 교육이 바로 '영아 놀이 특강'이었다.

보육교사는 전문가, 연구자이고 자기 교육을 만드는 실행자이다. 나아가 스스로 자기 교육에 관한 경험과 교실을 연구할 수 있어야 한다. 그리고 교사로 살아가면서 시행착오를 겪으며 무엇이 최선인지, 무엇이 의미 있는지를 깊은 이해로 성장하도록 배움이 가능한 커뮤니티가 필요하다. 그런 커뮤니티는 어쩌다 경험해서는 지속적인 배움과 성장을 충족하기 어렵게 만든다. 우리는 이런 교사들의 삶을 옆에서 지켜봤기에 잘 알고 있었고, 보육 현장, 보육 교직원에 대한 우리의 시선은 우리가 앞으로 해야 할 여러 지원에 스며들도록 노력을 하게 되었다.

영아보육이 유아교육에서 비교적 비주류라고 보는 사회적인 인식과 시선들. 그 불편한 현실을 매번 마주해야 했던 교사들이었다. 이런 현실을 이겨내며 묵묵히 보육 현장을 살아낸 보육교사들, 영·유아반 모든 교사가 겪어 온 편견의 벽이었다. 보육 현장에서 보육교사들이 전문가로서 자기 정체성을 차곡차곡 쌓아 가도록 하려면 누군가의 도움이 필요하다. 왜냐하면, 전문성은 혼자서 단번에 완성하기 어렵기 때문이다.

교사들의 전문성은 재교육을 통해 지원하는데, 우리는 우선은 교사들의 전문성을 지원하기, 동시에 보육교사로서 자신을 되돌아보며 일의 의미와 가치를 성찰하며 자기 교육을 해 나가도록 교육적인 만남을 구상하였다. 현장 교사들과 만남은 영아 놀이 특강, 현장 지원, 지속가능한 협력공동체 모임 등으로 진행되었다. 기대했던 이상으로 우리와 만난 사람들은 더욱 확고한 정체성을 세우게 되었고, 직업인으로서 자기 이해와 실천을 이어 가는 일의 가치와 의미를 스스로 찾게 되었다.

참여자들은 더보채가 지향하는 교육은 조금 달랐다고 평가하였다. 조금은 달랐던 차이는 어떻게 만들어졌을까? 바로 우리가 교사들을 사랑하는 마음에서 비롯되었기 때문이다. 영아반 교사를 위한 놀이 특강이라면, 영아반 교사들이 단편적인 놀이 특성을 이해하고 교사로서 역할을 잘 아는 지식에 머물지 않고, 정서적인 지지와 실질적인 지원을 지속가능한 공동체로서 더좋은

보육채널이 되는 것이었다. 이렇게 함께할 때 우리는 서로가 서로에게 의미를 발견하고 함께 성찰하며 느낀 점들을 나누며 해석하는 공동체로서 만들어 가게 된다.

'선생님! 지금 잘하고 있어요.'라고 의미를 부여해 주는 해석의 공동체로서 우린 서로를 지켜 주고 있었다. 더보채는 먼저는 나와 우리에게 공동체로서 소속감을 주었고, 교육적인 만남을 통해 교육하는 마음을 느껴 선생님들은 우리와 함께 의미를 또 만들어 가는 공동체로서 존재하고 있다.

교육 시간을 만남의 공간으로 보는 우리는 누구든지 자기 교육을 말할 수 있는 분위기를 중요하게 생각하였다. 교사가 자기 경험을 말하는 건 고유한 일로 보아야 한다. 우리가 주최하는 교육에서 바라보는 시선은 교사들이 말하는 존재이기 때문이다. 교육의 대상이 원장일지라도 이러한 관점은 동일성을 유지한다. 예를 들어, 영아 놀이 특강 시간에 교사들은 단지 강사로부터 지식을 전달받는 존재가 아니어야 한다. 교육과정의 실행자인 교사들은 교실 놀이에서, 어린이의 일상에서 보고 체험한 사례들에서 스스로가 자기 교육을 성찰하며 무엇을 알고 있는지, 어떤 지점이 어렵고 힘든지를 말할 수 있어야 한다. 그런데 동료들과 나의 놀이, 나의 수업을 주제로 논의해 본 경험이 부족했던 교사들은 더좋은보육채널 교육에서 교육적인 만남, 마주침이 특별했다고 회고하였다.

6. 가치 실현을 고민하는 연구원들

더보채는 영유아 교육과정을 연구하고 개발하며, 교사교육을 지원하는 곳이다. 그런데 왜! 더 좋은 보육연구소, 더좋은보육채널 연구소가 아니라 '더좋은보육채널'로 이름을 만들었을까?

채널은 '어떠한 일을 이루는 방법이나 정보가 전달되는 경로(네이버 국어사전)'를 뜻한다. 우리 연구소는 하나의 채널이 되어 교사와 교사, 현장과 현장, 나아가 다른 전문가 집단과 연결되는 통로가 되어 함께 더 좋은 보육을 만들어 가고 싶다는 마음을 담아 '더좋은보육채널'이 되었다. 그런 저희 채널이 지원하는 교사교육은 달라야 한다고 생각했다. 연구원이나 컨설턴트에 의해 전달되는 강의나 장학보다는 영유아 교육기관의 현장 가까이 다가가서 원장, 교사, 그리고 연구원이 함께 시선을 견주며 새로운 생각과 문화를 만들어 가는 교사교육이 되길 바라며 지원해 왔다. 이처럼 '함께하는 가치'는 실천을 만들어 가는 교육적 지원에 구심점이 되어 주었다.

이를 실현하기 위해 현장 중심의 구성원들과 연구원이 모여 작지만 지나칠 수 없는 다양한 명제에 대해 함께 성찰하고 사유하는 생각을 공유해 왔다. 이를 통해 교사들은 전문가로서 나의 정체성을 발견하고, 공동체에서 함께 성장을 도왔다. 나 혼자가 아닌 옆 반 교사, 동료, 선임 교사와 함께 고민을 나누는 그 과정에 참여하는 것만으로도 교사는 성장하며 자기 일에 대한 전문성을 키워 가는 일이고, 함께하는 연구원들도 이전의 배움에서 새로운 의미들을 발견하며 변화되어 가는 나 자신을 느낄 수 있었다.

연구원은 교사들과 또 다른 경험을 가진 협력자로 함께 하는 일을 한다. 이 만남에서 연구원의 역할은 차이를 만드는 시선을 제공하고, 때로는 교사들의 생각과 고민에 공감하며 더 나은 방향을 찾아갈 수 있도록 하는 동료이자 퍼실리테이터(Facilitator)**이다.

글을 쓰고 강의와 현장 지원을 해 왔던 연구원은 한 해를 돌아보며 자신을 다시금 성찰하게 되었다. '그렇게 조금 더 성장한 나를 성찰하며'라는 해석에서 스스로가 정의한 자기 역할을 진실한 마음이 보였다. 먼저 한 해를 되돌아보니 감사가 가득했던 연구원은 함께하는 공동체가 있으므로 인해 가치 있게 느끼고 있었다.

『영유아 교육기관의 ESG, ESD 실천을 위한 안내서』를 출판하며, '지속가능한 미래를 위한 유아교육은 어떠한 가치와 철학을 담아내야 할까?', '이를 가능하게 하는 교사의 역할은 어떠해야 하는가?'를 연구원은 고민했었다. 교사는 ESG, ESD를 위해 이벤트와 같은 행사가 아닌 일상의 놀이 속에서 ESD의 가치를 발견하고 이에 의미를 부여해야 함을, 이를 통해 영유아는 미래사회를 위한 삶의 역량을 함양해 나가야 함을 강조했다. 이를 위해 필요한 교사의 역할은 결국 성찰과 협력임을 책 곳곳에서 힘주어 이야기했다.

연구원은 한 해 동안 영유아 놀이 특강을 지원하며 영유아 놀이 사례를 중심으로 강의를 진행하였다. 그 이유를 생각해 보면 먼저는 당연한 듯 익숙하게 지나가는 일상의 놀이를 바라보는 교사들이 교육을 들으며 잠깐! 익숙함을 멈추고 일상을 낯설게 바라보게 하고 싶었기 때문이다. 또한, 정해진 길이 없으므로 여전히 고민하는 교사들이 다양한 사례를 보며 어떻게 영유아의 놀이를 이해하고 지원해야 하는가에 대한 구체적인 나눔이 이루어지길 바랐다.

** 퍼실리테이터(Facilitator)란 팀 구성원들에게 질문을 던지고, 팀 구성원들의 생각에 맞서며, 한편으로는 독려한다. 팀이 그들 자신의 행동에 대해 더 잘 알도록 해 주는 것이 퍼실리테이터의 역할이다. 퍼실리테이터의 목적은 궁극적으로 학습을 가속화시키는 것으로 팀이 취하는 다양한 행동에 대한 피드백을 제공하고 성찰을 고무하며 학습자들이 문제를 어떻게 해결하고 있는지에 대해 성찰하고 학습을 촉진하는 데 도움을 준다.
[네이버 지식백과] 퍼실리테이터[促進者, Facilitator] (HRD 용어사전, 2010. 9. 6. (사)한국기업교육학회)

협력공동체 시간에는 교사들과 만남을 잇고 현장 지원을 하면서 아이들과 함께했던 그 현장에서의 즐거움을 경험하며 자신도 보람을 느꼈다. 자신의 반 아이들 놀이 이야기를 하며 반짝 빛나는 그 선생님들의 표정과 눈빛은 여전히 생생했고, 아이들을 사랑하기 때문에 더 이상의 나로 안주할 수 없다던 Ayers의 말처럼 교사들이 교육을 듣고 연구원과 모임을 기대하는 것은 아이들의 사랑하는 마음이 원동력이 되었다.

책임연구원이라는 이름으로 선생님들과 만나고 연구하며 올 한 해 나 또한 많은 성장이 있었다. 나 자신을 성찰하며, 과거 교사들을 가르치는 사람으로 그 앞에 서고자 했던 나 자신을 보았던 시간. 선생님들과 만나면서 내 생각이 얼마나 교만했었는가를 느끼게 되었다. 많은 교사가 그 치열한 일상 속에서 아이들과 함께 살아가기 위해 고군분투하고 있는가를 다시 한번 눈으로 보았고 마음으로 느꼈기 때문이다.

교육하며 교사들과 만날수록 나는 교사들에게 그동안 교사들이 보지 못했던 새로운 시선과 조금의 다른 색을 보여 주는 그런 사람으로, 그들과 함께 협력하는 그런 타자가 되고자 노력했던 연구원으로서 배움이었다. 더 많이 알고 있는 사람으로 교사의 놀이를 평가하고 가르치는 사람이 아닌, 그들의 삶을 이해하고 관계 맺는 그런 타인 말이다. 그것이 바로 더좋은보육채널이 지향하는 선한 가치를 나누는 서로 간의 협력이기도 하였다.

다음은 더보채 블로그 글이다. 연구원이 공동체를 만남으로 변화되는 자신을 느꼈고, 그 배움을 독자들에게 나누었다. 보육 현장에서 학습공동체 지원과 교사교육을 하며 이전에 경험하지 못한 더 나은 배움을 잇고 있던 연구원은 진솔하게 글로 그 마음을 나누었다. 공동체를 만나 자신이 변화되었고, 공동체와 함께 나도 성장해 나를 만나는 사람들이 보석처럼 빛나는 존재라는 걸 발견해 주는 것이 바로 나의 일이라는 것을. 빛나는 연구자로 그렇게 우리는 변화되어 가고 있었다.

> 과거에 저는 교사들에게 무엇인가를
> 가르쳐 주는 사람이라고 생각했습니다.
> 하지만, 교사들과 만날수록 교사들은
> 각자 자신의 보석을 하고 있더라고요.

다만 발견하지 못할 뿐이죠.

저는 지원자로서 "교사들이 가진 각각의 보석을 발견해 주고

그것이 어떻게 더 귀하게 쓰일 수 있을지 함께 빛을 내는 일을 해야겠구나."

라는 생각을 합니다.

[블로그_2025.4.2.]

1) 가치를 실현하는 배움의 장, 조금은 다른 교육

　영유아 기관의 교사들은 교육적인 의미를 생성하고 가르침을 행하며 수많은 상황에서 윤리적 물음에 답하며 살아내야 하는 직업으로 살아가고 있다. 자신의 성찰이 이뤄지는 물음들은 '개인적인 차원'과 '사회적인 차원' 모두 이뤄진다. 핵심적인 물음들은 교사들의 도덕적 판단과 성장을 위해 필수적이며 핵심이 되는 물음들이다(정창우, 2017:154). 이러한 근본 물음은 원장연구소모임이나 교사교육 시간에도 이뤄질 수 있도록 교육 내용으로 고려하고 깊은 사고를 돕는 일지나 실천 양식도 제공한다. 영유아 교육기관의 복잡하고 다층적인 일들을 관리하고 운영해 나가기 위해서는 사고하는 힘, 사고하는 역량이 요구되기 때문이다. 이러한 지점이 조금은 다른 교육적 가치로 말할 수 있다.

매일 교실에서 살아가는 유아 교사는 대 순간 윤리적 사유와 성찰을 한다. 교사의 삶은 성찰하는 일상에서 배움의 기록을 매일 해야 한다. 어디까지가 삶이고 사유이며 성찰인지를 구분하지 못하도록 엉켜 있는 일상 그 자체인 상태로 살아가는 존재이다. 삶의 영역에 깊이 삼투된 물음들은 성찰로 소환하지 않으면 그 안에서 젖어 들어 살아내기 급급하게 된다. "사실상 자신의 행동에 대한 무지와 아무 생각 없이 지내는 것에 취하여 살거나 최상의 길이 무엇인지에 대해 무지하다면, 그것은 인간 존엄을 훼손하는 것과 다름이 없다(정창우, 2017:154)."와 같이, 나는 사람에게 '윤리적 사유와 성찰'은 인간다움을 존중하는 길로 의미 부여를 하고 싶다.

#학습공동체, 어린이집 교사, 가치 있는 성장 행복한 대(多)가치 성장 두 번째 이야기_
더보채가 상상하고 꿈꾸는 #보육교사교육 #교사지원후기 [블로그_2024.7.8.]

> 교실에서의 놀이가 잘 이루어지고 있는 것인지, 이 놀이가 환경을 위한 놀이라고 볼 수 있는 것인지 고민이 될 때쯤 연구원님이 현장 지원을 와주셔서 교실의 놀이를 관찰해 주셨습니다. 연구원님은 아이들의 놀이를 또 다른 관점과 시각에서 바라봐 주셨고, 써 주신 놀이 기록지를 읽어보면서 아이들의 놀이 하나하나가 의미있고 가치 있을 수 있구나를 느끼게 되었습니다.
> 이를 통해 아이들이 놀이를 할 때 더 적극적인 도움과 다양한 지원을 해줄 수 있는 교사가 되어야 겠다고 다짐하기도 했습니다.

> 그동안 정신없이 지나가는 일과 속에서 그저 하루를 무사히 끝낸 것에 안도하고 그치던 저의 모습을 반성하게 되었습니다.
> ESD협력공동체 활동을 함께서 한 개인으로서, 교사로서 저의 모습과 하루를 정리해보게 되고 성찰할 수 있는 기회가 되었던 것 같습니다.
> 또, 교육 공동체를 하면서 함께 생각을 나누고 함께 고민하고 함께 같은 반 한명을 향해 나아가다보니 '이런 것 또한 지속가능한 삶을 위한 협력, 연대라는 것이 아닐까?' 하는 느낌을 받게 되었던 것 같습니다.

> 이번 ESD교육공동체를 형성하여 '우리'를 경험했기에 앞으로도 우리는 할 수 있는 일을 실천하고, 지속가능한 가치를 찾아볼 수 있을 것이다.
>
> 현재 나의 일상생활 중, 원에서의 하루일과 중 가치를 찾는다는 것은 처음 한 발자국을 떼었다고 할 수 있을 정도로 미미하지만, 지금처럼 우리의 노력들이 지속된다면 ESD 말 그대로, 지속가능발전교육이 이루어질 것이라고 생각한다.

　더보채가 지금까지 해 온, 앞으로 하게 될 교육은 한 번에 완성되는 것이 아니며, 재교육(Retraining)을 통한 우리와 참여하는 사람 모두의 노력이 필요하다. 단 한 번의 교육을 잘했다고 해서 그 목적을 달성하기 힘들기 때문이다. 더욱더 교사와 원장들 모두에게 어떤 형식이든 배움과 성장을 함께할 수 있는 공동체가 필요하다. 현장의 교사들이 '학습공동체', '공동체', '함께 가치 있게 바라보는 문화'를 만들어 가는 원동력이 되게 했었고, 참여했던 선생님들의 교육 후기에서 우린 느낄 수 있었다.

　우리 안에서만 함께 지어져 가는 게 아니라, 그 가치로 지원해 왔던 교육들이 의미를 생성하도록 이끌었다. 우리의 '가치'를 의미 있게 본 한 사람, 자발적으로 참여한 한 사람이 모이고 연결되어 공동체의 기초를 세우고 기틀을 만든 셈이다. 교사와 함께 만들어 가는 협력공동체를 통해 교사로서 나와 우리가 함께 미래를 그리는 주체가 되어 갈 수 있길 바라던 우리의 마음이 열매로 맺어지고 있다.

7. 서로 지어져 가는 공동체

지어야 가는 더보채의 일하는 방식은 대화로 열고, 우리의 관계는 지속가능한 공동체로 의미를 발견하고 여러 실천을 모색하며 만드는 데 성찰이 강력한 장치이자 도구로 작동하였다. 선한 가치는 '무엇을, 왜 해야 하는지?'에 관하여 의미를 발견하고 목적을 향하도록 연결해 주는 방향성과 같았다. 큰 틀에서 더보채가 일하고 만들고자 하는 교육들은 '선함'의 가치가 목적이자 우리가 도달하고 싶은 방향성으로 볼 수 있다.

우리의 가치는 공동의 의미를 만들고 열매를 맺게 했다. 의미를 찾도록 이끌었던 선한 가치는 나에게 배움과 성장이 있듯, 우리를 넘어서서 새로운 사람들과의 교육적인 만남에서도 그 가치는 이어졌다. 일하는 방식은 각자가 편한 방법이어도 괜찮았고 자율성을 중요하게 보았다. 각자 주인의식을 갖고 내가 잘하고 싶은 길어 어도 나와 관계하는 사람들에게 선한 가치로 영향을 주기 어렵다면 기꺼이 내려놓았던 것도 이 가치가 일하는 목적이었기 때문이다. 이처럼 선한 가치는 일하는 목적을 선명하게 해 주었다.

대화, 관계, 성찰 그리고 선함의 가치로 운영되는 더좋은보육채널은 일하는 우리에게 끊임없이 영향을 주었다. 가치는 감각적으로 분별할 수 있지 않고 보이지 않는 이미지라면, 그 가치를 반영한 교사교육이나 ESG 교육, ESD 가치로 학습공동체 운영 프로그램 사례들은 눈에 보이는 것들이었다. 이처럼 우리가 일하는 방식은 가치가 모든 것을 연결하고 의미를 만드는 중심축에 놓여 있었다. 그런데 중심을 만들어 가는 핵심적인 역할은 나와 우리였고, 우리 공동체였다. 우리는 서로서로 잇는 '관계' 자체를 중요한 가치로도 보았다. 본질에서 인간은 사회·문화적인 존재로서 살아가기 때문에 우리는 관계를 벗어나 교육을 할 수 없다.

한 알의 대추가 스스로 저절로 자라고 열매를 맺는 것 같아도, 세계 내에서 존재하는 하나의 자연물조차도 혼자 스스로 성장할 수 없는 이치와도 닿아 있다. 맺기까지 햇빛, 바람과 비, 그늘과 물이 때때마다 함께해야 가능한 대추 열매. 성장의 물줄기로 생명력을 더하도록 도움을 주었고 그 시간을 통과하면서 한 알의 대추가 세상에 나올 수 있듯이, 생태계의 위기 앞에서 불확정의 미래를 살아가야 하는 우리에게 함께하는 공동체는 필요하다. 그게 삶이고 우리가 일하는 방식에도 이 가치들이 지속해서 영향을 주고 있다.

이 관계를 지속하게 하는 가치가 '진심'이다. 대화와 성찰은 서로의 마음을 깊은 이해로 이끌어 주는 좋은 도구로 본다면, 진심은 내면에서 모든 가치를 잇는 접점이 된다. 더좋은보육채널이 지향하는 운영의 목표는 내가 아니어도 나와 함께하는 사람들이 잘되는 것을 우선으로 둔다. 이런 가치 때문에 적잖은 곤란을 겪기도 했지만, 그래도 잘한 선택이고 더 나은 방향으로 함께 나가도록 이끄는 선한 가치라 생각한다.

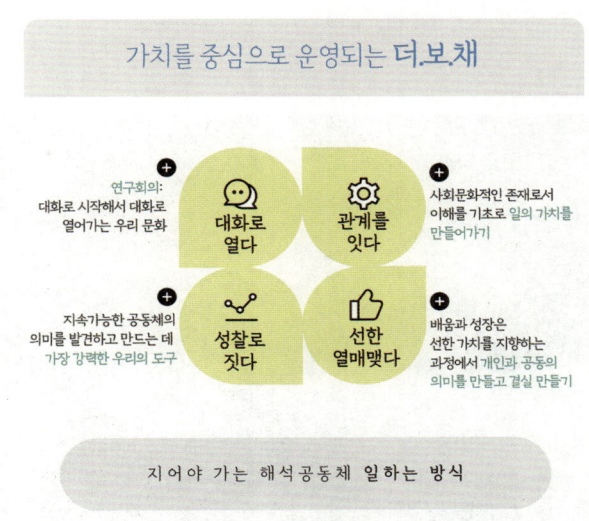

지난해 겨울은 유난히 많은 눈이 내렸다. 서울과 경기, 충청권까지 폭설 예보가 있었던 날에 우리에겐 몇 차례 지속해 왔던 어린이집 현장 지원이 있었다. 시간을 앞당기면서까지 여러 번 조율했기에 차마 다른 날로 변경할 순 없었던 우리는 도로 상황이 좋지 않을 거라는 예상과 여러 고민 속에 일정을 강행했다. "현장교육이 뭐라고 그렇게까지 하니?" 우리를 지켜봐 온 가족들은 하나같이 그런 나를 걱정했었다. 현장교육을 해야 할지, 중단해야 할지는 어린이집 사정에 좌우될 수도 있으나, 그날은 우리에게 결정할 권한이 있었음에도 지금껏 말해 왔던 가치를 붙잡고 싶었다.

그 가치를 선택했다고 해서 갈등이나 어려움이 사라지는 건 아니다. 특히나 폭설로 길이 막히고 정체 구간이 길어지면서 곳곳에 사고 소식이 속출했던 날이었다. 선택한 가치를 도전해 오는 환경 앞에 잠시 흔들렸던 몇 시간도 있었지만, 우리의 진심이 전달되었고, 그날의 상황을 알았던 교사들은 고마운 마음과 희망찬 얼굴들로 화답해 주었다. 그런데 복귀할 때는 전쟁터를 방불케 했다. 그날의 교육은 우리의 '진심(眞心)'이 확고했기에 가능했다.

어떤 악재 조건 속에서도 기꺼이 몸을 움직여 타자에게 다가서는 실천은 사랑하는 마음, 그 진심에서 가능한 일이었다. 경기 지역 폭설로 산속에 갇혀 늦은 밤 자정이 돼서야 도착했었던 무섭고 추웠지만, 마음만은 사랑으로 따뜻했었다. 그 멀리 있는 길을 지나서 돌아온 그날의 영감을 내 기억의 저장소 깊은 곳에, 꼭꼭 담아 둔 추억이 되었다.

눈에 보이는 공간을 넘어 진심의 공간을 향하여(블로그_2024.11.27.)

# 제4장 현장 실천을 돕는 자료

1. '협력공동체(Governance)'로 그리는 어린이집 운영 계획안
2. 돌봄의 윤리(S)를 실천하는 학급 운영 계획안
3. 지속가능한 공동체를 만들어 가며 성찰을 돕는 '근본 물음들'
4. 지속가능한 실천을 돕는 학습공동체 계획안
5. 부모공동체 지원을 위한 계획안

1. '협력공동체(Governance)'로 그리는 어린이집 운영 계획안

1) 보육사업에 대한 철학

> "협력공동체(Governance)로 그리는 미래 교육"

- 영유아를 건강하고 안전하게 보호하기 위한 최적의 보육 환경 제공 및 우수한 질의 보육으로 따뜻한 돌봄(Caring)을 제공한다.
- 놀이 중심, 어린이 중심 표준 보육 프로그램을 토대로 창의적이고 스스로 사고하며 행복한 어린이로 자라도록 가정의 육아와 교육을 지원하며 영유아들의 권리 존중과 가정의 행복을 추구한다.
- 어린이집은 '만남'을 통해 함께 만들어 가는 '학습공동체'로서 아동 권리를 존중하고, 교직원과 학부모, 지역사회와 소통하고, 성장을 지향한다.

하나. ○○어린이집은 다가치 행복공동체를 추구합니다.
- ESG, ESD 가치로 영유아 중심 놀이 중심의 교육과정 실천
- 연대와 협력으로 학부모와 함께 운영하는 어린이집
- 교사의 협력공동체를 통한 전문성 신장과 상생의 가치와 배움 실현

둘. 가치와 비전을 나누는 상생하는 어린이집을 실현하겠습니다.
- 부모와 소통하며 함께 하는 열린 어린이집 운영으로 부모님들과 신뢰를 구축
- 우수한 열린 어린이집 프로그램 실천을 통한 상생의 어린이집
- 지역사회와 연계한 어린이집 특색프로그램 실천 도모

셋. 영유아의 삶의 역량을 키우는 미래 교육을 만들겠습니다.
- 영유아의 삶의 역량을 키우는 어린이집
- 배움의 주체로서 역량을 가진 미래의 생태 시민으로 양성
- 한 명도 소외됨 없는 진심 돌봄으로 영유아와 가족의 행복 증진

2) 보육사업 운영 계획안

비전	공동체와 함께 배움의 주체로서 역량을 가진 생태 시민 양성

목표	• 자아 존중하고 배움의 주체로 민주시민으로서 함께 성장 • 기후 위기에 대응하고 지구 살리기를 실천하는 생태 시민 양성 • 자연과 더불어 살아가는 존중과 배려의 공동체적 역량 함양

슬로건	THE-나음: 협력공동체를 넘어 더 나은 미래를 위한

중점 과제	기반 조성	전개 및 확산	지원 체제 강화
	• 어린이집 공간 생태적 전환 • 환경생태교육 학습공동체 활성화 • 교직원 환경교육 역량 강화	• 환경생태 영유아 교육과정 편성 • 실천 중심 프로그램 운영 • 가정과 지역사회 연계 실천 운영	• 환경교육 활성화를 위한 협력 체제 구축 • 학교-마을-지역사회 네트워크 강화 • 환경교육 사업 지원

연계	유관기관	지자체	지역사회
	학습공동체 전문가학습 ESG, ESD 가치연수	실천역량 지원 컨설팅-사고 공유	자원 공유 자원 협력 배움공동체
	어린이집 현장 중심 배움의 공동체		
	영유아·교직원·학부모가 함께 만드는 학습공동체 중심의 어린이집에서 지속해서 실천 활동 전개 배움의 공동체를 통해 지역사회 함께 배우고 함께 성장하는 어린이집		

3) 보육사업 비전

THE : 나음

더 나은 미래를 위한 영아 놀이의 시작
: 영아 지속가능발전교육의 실제

"함께, 연대, 협력, 상생의 가치 지향"

비전	공동체와 함께 배움의 주체로서 역량을 가진 생태 시민 양성

- 표준 보육과정을 근간으로 인성 및 올바른 기본 생활 습관 형성을 위한 프로그램, 문해력 발달 지원. 지속가능한 환경 및 생명 존중의 가치를 담은 보육 프로그램 진행 및 확산
- 영유아기 마음 교육, 사회정서발달 지원, ESD 역량 증진 프로그램 구성
- 영아기 애착 형성과 자발적인 탐색을 통한 자기 이해, 주도성, 창의성 지원 적용
- 연령별 발달적 요구를 반영한 사회정서발달 지원 프로그램 반영
- 유초연계, 유보통합의 방향과 함께 이음 교육 2세, 5세 기초 학습 역량 집중 편성

놀이 중심	• 어린이들이 몰입하는 놀이 지원을 통해 발견적 학습과 발달이 일어나도록 지원한다. • 영유아가 놀이에 몰입할 수 있는 인적, 환경적 지원을 위해 힘쓴다.
아동 권리 존중 중심	• 영유아가 자신의 삶과 배움의 주체임을 인정하여 자발적 참여를 격려한다. • 영유아의 흥미와 호기심에 귀 기울이고 반응적으로 상호작용한다. • 영유아의 발달 단계와 성향을 고려하여 지원한다.
통합적 접근	• 영유아의 개별 차이를 존중하여 통합 보육과정을 운영한다. • 모든 발달 영역의 전인적인 발달을 목표로 한다.
관계 중심	• 영유아 주변 환경과의 관계 맺기를 통해 배워 나갈 수 있도록 지원한다. • 영유아 간의 건강한 또래 관계 형성과 영유아를 둘러싼 영향력 있는 성인들 간의 건강한 상호작용을 통한 성장과 발달이 이루어질 수 있도록 지원한다.
공동체 협력 중심	• 영유아가 더불어 생각하고 토론하며 생각을 키우는 경험을 갖도록 한다. • 구성원 모두가 협력의 가치를 인식하고 배움공동체를 이루도록 한다.

4) 운영 기준

기준	세부내용
표준 보육과정에 기초한 놀이 중심 협력공동체 가치로 보육 프로그램 운영	• 표준 보육과정을 기초로 '놀이 중심, 영유아 중심'의 핵심 가치 실천 • 구성주의 철학을 바탕으로 영유아를 배움의 주체로 존중 • 협력공동체로서 국가와 지자체 보육 정책과 동반자적 보육 프로그램 적용 개발
배움의 주체로서 함께 놀이하며 배우는 유능한 유아와 교사	• 교육과정의 실행자로서의 교사의 배움과 성장을 지원 • 배움공동체로서 협력, 사고 공유, 지속적인 지원, 상생의 주체 • 영유아, 교사 배움의 주체로서 보육 프로그램의 전문성 신장
유보통합, 유초이음 연계 교육을 반영한 상위 연령 연계 교육 운영	• 유아에서 안정적인 전이를 돕고 배움과 성장을 지원 • 이음 교육 적용과 심화, 확장되는 교육으로 함께 성장 도모 • 유보통합 이음교육의 교육과정 양질의 교육으로 발달, 학습 지원

5) 보육 목표

- 신체, 언어, 인지, 사회, 정서의 통합적 발달을 위한 **영유아 중심**
- 영유아의 발달 정도와 흥미를 바탕으로 하는 **놀이 중심**
- 다양한 영역별 놀이를 통한 **경험 위주의 놀이 교육**
- 자신과 타인을 존중하며 **민주시민의 기초를 향상**할 수 있는 능력 배양
- 준비된 환경에서 자유로운 활동을 통한 영유아의 **창의성 최대 발휘**

영유아	학부모	교사	어린이집
• 몸과 마음이 건강한 영유아 • 배려하고 협력하는 영유아 • 자연과 생명을 사랑하는 영유아	• 아이를 존중하는 부모 • 참여하고 협력하는 부모 • 신뢰하고 존중하는 부모	• 사랑으로 가르치는 교사 • 가치를 실천하는 교사 • 대화하고 연구하는 교사	• 배움의 공동체로서 어린이집 • 안전한 놀이터 행복한 어린이집 • 생명을 존중하는 어린이집

6) 기본 방향

근거	「영유아보육법」 제27조에 근거한 영유아 최우선 원칙을 중심으로, 어린 시기부터 자연과 함께하며 영유아들이 선택한 놀이를 통해 잠재력과 창의성을 키우고 다른 사람을 배려할 줄 아는 아이로 성장할 수 있도록 하며, 개별 영유아의 흥미에 맞는 전문적인 보육 서비스를 제공하여 영유아들의 건강한 성장과 발달을 이룰 수 있도록 지원한다.

【ESG 가치로 지속가능한 운영을 위한 전략】

A. 나누다	B. 함께하다	C. 실천하다	D. 성장하다

ESG 관점을 토대로 윤리 경영 실천(운영·교육·이해관계)

구분	내용
영유아를 중심에 두는 보육	• 영유아의 권리를 존중하며, 정서적으로 안정적인 일과 운영 • 영아의 발달 특성과 개인차를 고려하여 수준별 보육과정 운영하며, 어린이집에서 편안하고 행복한 일상생활이 되도록 중점을 두어 구성 • 유아 자신의 주도적·자발적으로 놀이가 이루어질 수 있도록 하며, 이를 통해 의미 있는 배움이 일어날 수 있도록 창의적 놀이 중심 교육과정 실천
영유아의 건강과 안전을 최우선으로 하는 운영	• 영유아 연령별 안전교육의 계획 및 실천 지속 실천으로 안전 문화 조성 • 시설 설비의 철저한 안전 관리 및 예방 교육 실천 • 영유아 손 씻기 등 청결한 생활과 습관 실천 • 지역 농수산물 제공으로 안전한 자연 재료로 균형 잡힌 식단 제공
양질의 보육 프로그램	• 표준 보육과정(개정 누리과정)을 운영하고 맞춤형 특성화 프로그램 연계 • 지속가능한 미래를 위한 특성화된 프로그램 운영 • 신체 활동과 실외 놀이 등 체력 강화를 위한 프로그램 운영
맞춤형 프로그램	• 맞벌이 부모의 요구에 맞는 '야간 연장 보육 프로그램' 제공 • 취약 계층 영유아 및 부모를 지원하는 '포괄적 보육 서비스' 제공 • 영아를 위한 안정적 물리적 환경과 맞춤형 영아보육 프로그램 운영 • 취학 전 유아를 위한 이음 프로그램 운영
지역사회와 함께 협력하는 특색 보육	• 지역 자원을 활용한 프로그램을 기반으로 질 높은 양육 환경 조성 • 협력공동체를 통한 지역사회 연계 활동으로 선한 가치 사회 공헌, 소속감 도모 • 지역사회의 전문가와 유대를 맺어 영유아를 위한 다각적인 협력 실천 및 지원
더 나은 미래로 어린이집	• 지속가능한 ESG·ESD 가치 위원회와 함께 만들어 가는 어린이집 운영 • 평가제를 위한 시설 및 보육과정의 준비와 우수한 수준의 평가제

7) 교사 전문성 및 질 관리 방향

개요

- 교사들이 지속가능한 미래를 위한 가치와 책임감을 갖고, 배움의 공동체로서 영유아의 삶의 역량을 키우는 교육을 실천한다.
- 교사는 자기 성찰과 협력, 경청의 자세로 교육의 질을 지속적으로 발전할 수 있도록 하는 핵심적인 주체이다.
- 어린이집은 여러 주체 간의 민주적인 문화의 토양을 쌓는 거버넌스를 구축하며 운영해 나간다.
- 함께하는 교육문화 형성을 위해 지속적인 실천과 계획, 평가의 환류로 운영한다.

교사 전문성 향상 및 지원 관리

지속가능성 패러다임 교육	전문가 학습공동체 연수	함께, 참여로 만드는 교육
• 주기적인 지속가능성 시선 더하는 교육 • 보육 정책, 사회문화 관련 소양 교육 • 인문학적 상상력, 미래 교육 성찰	• 전문가로서 소양 함양 • 전문가로서의 윤리적 실천 성찰 • 수업, 놀이학습공동체 참여 • 지속가능한 실천 나눔 동아리 운영	• 직무, 승급, 학회, 워크숍 등 내부, 외부 다양한 교육 지원 체계 • 보육 교직원 멘토링 • 자기 이해 평가와 지원, 전문가 역량

8) 학습공동체를 통한 ESD 4가지 핵심 가치

지속가능한 미래	더불어 사는 우리	실천하는 우리	지속가능한 공동체
• 불안정한 미래 시대를 이해하고 기술, 태도, 지식을 반영한 지속가능성 패러다임을 기초로 특색 보육, 행사 운영 및 질을 관리한다.	• 영유아가 자연과 더불어 사는 삶의 태도, 역량을 목표로 전 연령을 대상으로 교육 프로그램을 운영한다.	• 지속가능성의 가치를 나누는 변혁적인 어린이집. 교사와 함께 실천하는 영유아, 부모와 함께 배우고 생활 속에서 실행한다.	• 영유아, 학부모, 교사, 지역사회가 함께 지속가능한 발전을 위해 서로가 서로에게 협력하는 주체로 이해하고 다양한 연결고리를 잇는다.

학습공동체(D: 거버넌스)를 통한 ESG 실천을 '잇다'

9) 교사 전문 학습공동체를 통한 ESD 연간 운영 계획안

- 지속가능한 삶을 위한 실천적 영유아 연간 운영 계획은 지속가능성 보존을 위하여 생태 전환을 실천할 수 있는 미래 생태 시민을 양성하는 것을 목적으로 한다.
- 지속가능성의 가치를 반영한 어린이집 학습공동체를 교육 행사로 통합적으로 운영한다.
- 영유아 놀이 중심 교육으로 삶 속에서 실천하고 행동할 수 있도록 함으로써 '앎·함·삶'을 통한 생태 전환이 일어날 수 있도록 한다.

월	주제	내용	어린이집 간 학습공동체
3월	첫 만남	• 자기소개 • ESD 가치 나눔	• 참여하는 교사들 소개 • 전문가 강의: 연수
4월	학습공동체	• 각 어린이집이 지향하는 학습공동체	• 학습공동체 정하기
5월	학습공동체 이야기(1)	• 실천하고 있는 사례 나눔 및 토의 • 성찰 및 숙론: 다음 실천으로	• 원내 공동체 운영 이야기
6월	학습공동체 이야기(2)	• 만들어 가는 학습공동체 가치 나눔 • 더 나은 실천을 위한 협의	• 전문가 강의: 연수
7월	학습공동체 포럼	• 어린이집 현장 교실 관찰 • 실천 사례 나눔	• ESD 전시회
8월	평가 및 2학기	• 2학기 학습공동체 재정향	• 자체 평가회
9월	책 읽기: 학습공동체(1)	• 지속가능성 책 읽기와 성찰 나눔	• 도서『눈이 보이지 않는 사람은 세상을 어떻게 보는가』
10월	책 읽기: 학습공동체(2)	• 지속가능성 책 읽기와 성찰 나눔	• 교사 성찰일지
11월	책 읽기: 학습공동체(3)	• 지속가능성 책 읽기와 성찰 나눔	• 교사 성찰일지
12월	하반기 학습공동체 포럼	• 어린이집 현장 교실 관찰 • 실천 사례 나눔	• ESD 전시회

2. 돌봄의 윤리(S)를 실천하는 학급 운영 계획안

\# THE : 다움 "나는 전문가입니다"
　신학기, 학급 운영 계획하기

THE : 다움
"나는 전문가 입니다"

신학기, 학급운영계획하기

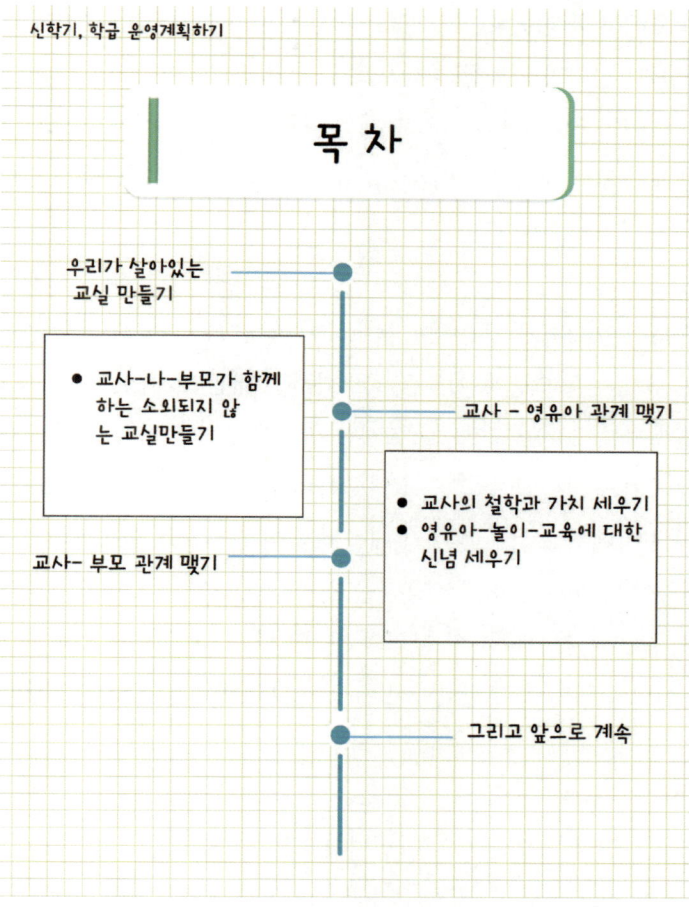

신학기 학급 운영 계획하기 목차

1) 우리 반의 철학과 가치 세우기

"학급 운영 계획, 왜 철학과 가치에 대한 고민이 필요하지?"

'학급 운영 계획'의 '학급'이라는 말이 어쩐지 조금은 낯설게 느껴집니다. 학급이란, 한 교실에서 공부하는 학생의 단위 집단(네이버 국어사전)으로 정의합니다. 학급 운영은 교사인 내가 맡은 학급(우리 반)을 일 년 동안 어떻게 운영해 나갈 것인가에 대한 한 해의 계획입니다. 많은 영유아 교사는 이 시기가 되면 연간 계획안, 월간 계획안을 구상하며 놀이 계획, 부모 참여, 지역사회 연계 등 다방면을 두루 살피며 계획합니다.

이때, 우리가 숙고해야 할 점은 무엇일까요? 교사인 내가 가진 학급 운영에 대한 철학과 가치, 신념입니다. 나는 어떤 철학과 가치를 중심으로 일관되게 영유아를 마주하고, 교육과정을 만들어 갈 것인지, 또 다른 주체인 부모와 어떤 관계를 만들어 갈 것인지에 대한 보다 깊은 성찰이 필요합니다. 이 철학과 가치는 교사로서 영유아의 놀이를 이해하고, 지원하는 중심이 되어 주기 때문입니다.

놀이 중심 교육과정은 교사가 영유아는 놀이하며 배운다는 가치를 실현할 수 있도록 영유아들이 배워야 하는 국가 수준의 공통 기준을 최소화하는 대신 교사의 자율성과 다양성을 존중합니다(교육부, 보건복지부, 2019). 그러므로 교사는 활동을 통해 영유아를 가르치는 것이 아닌, 놀이를 통한 배움의 가치가 실현될 수 있도록 영유아의 놀이를 관찰하고, 이해하고 지원하기 위해 애써야 합니다. 이 과정에서 교사는 정해진 내용이 없이 흘러가는 영유아의 놀이를 관찰하며 어떻게 무엇을 지원해야 할지에 대한 많은 혼란을 경험하기도 합니다. 이때, 교사의 이해와 지원의 구심점이 되어 줄 수 있는 것이 교사의 철학과 가치입니다. 내가 가진 철학과 가치는 놀이를 바라보고 지원하는 신념이 되어 우리 학급을 바라보는 렌즈의 역할을 할 수 있습니다.

"철학과 가치, 어떻게 세우지?"

철학과 가치는 이름만큼 거창한 것이 아닙니다. 교육의 목적과 목표, 삶에 대한 신념, 미래를 살아가는 영유아에게 필요한 삶의 역량. 교육과정의 인간상, 4차 산업혁명을 살아가야 하는 인재상 등, 교사로서 내가 가치 있다고 생각하는 것은 무엇이든지 학급 운영 철학이 될 수 있습니다. 필요한 것은 내가 중요하다고 생각하는 삶의 가치를 되짚고, 앞으로 만들어 가고 싶은 교실 운영에 대한 상상력을 펼치는 것입니다.

다음 질문들을 중심으로 우리 반 운영을 위한 철학과 가치를 생각해 보세요. 다른 반 교사들과 함께 생각을 나누는 것도 좋습니다. 타인의 의견을 듣는 것만으로도 나에게 새로운 생각을 가져다줄 수 있습니다.

● 내 생각 성찰하기
· 나는 영유아들이 놀이하며, 배우고 그 배움이 영유아의 삶을 변화시킨다는 믿음을 가지고 있는가?

- 영유아 시기에 가장 중요한 배움은 무엇이라고 생각하는가?
- 그 배움을 위해 교사인가 해야 할 일은 무엇이라고 생각하는가?
- 미래를 살아가는 영유아들에게 가장 필요한 삶의 역량은 무엇이라고 생각하는가?
- 왜 그렇게 생각하는가?

생각 넓히기 - 어떤 철학과 가치를 세울 수 있을까?

- 철학과 가치의 예시
- 선정 이유와 담긴 내용은 연구원들의 의견입니다. 같은 철학과 가치이지만 선정 이유는 각자의 가치관에 따라 달라질 수 있습니다.

철학과 가치	선정 이유 - 철학과 가치에 담긴 내용
기쁘게 생활하는 어린이	• 영아: 처음으로 세상에 나와 타인과 관계 맺기 시작하는 영아가 놀이하며 마음껏 즐거워하며 안정적인 애착을 형성하는 것이 중요하다. • 유아: 자신의 경험을 놀이로 표현하며 유능함을 경험한다. 유아의 '기쁨'은 순간의 즐거움을 포함하여 어려운 문제를 해결하고자 하는 진지함, 해결 후에 느끼는 성취감, 또래 관계 속에서 누리는 우정 등을 포함할 수 있다.
협력하는 어린이	• 영아: 영아는 또래의 놀이를 보며 모방하고 같은 반 아이들에게는 낯선 이보다 친밀감을 느낀다. 개별 놀이가 존중받는 교실을 통해 영아의 놀이가 서로 전염되는 것이 협력이 될 수 있다. • 유아: 유아의 협력은 다른 사람과 사이좋게 지내는 것을 넘어서서 함께 놀이하기 위해 서로의 사고를 공유하고 이견을 조율하며 서로 새로운 놀이를 만들어 가는 과정 자체를 의미한다. 즉, 협력의 과정을 경험하는 것이 필요하다.
건강하게 마음을 표현하는 어린이	• 영아: 영아는 자신이 원하는 것이 좌절되었을 때, 신체적인 공격성을 자주 보인다. 그 때문에 교사는 이를 예방하기 위한 환경을 제공하는 곳이 필요하다. 또한, 정서가 발달하는 시기에 있는 영아가 자신의 감정을 알고 표현하도록 돕는 것이 중요하다. • 유아: 자신이 느끼는 감정을 알고 언어로 표현하도록 돕는다. 쉽지 않은 과정이지만, 자신의 마음을 알고 건강하게 표현할 줄 아는 것은 또래 관계의 시작이라고 할 수 있다.
미래를 살아가는 어린이	• 영아: 우리 교실에서 지구를 위해 행동할 수 있는 작은 일부터 함께 실천한다. • 유아: 지속가능한 미래를 위한 삶을 살아갈 수 있는 역량을 기른다.

도전하는 어린이 : 회복 탄력성을 가진 어린이	• 영아: 영아는 도움을 받아야 하는 미숙한 존재가 아닌 자신만의 방식으로 놀이하며 성장하는 유능함을 지녔다. 특히 영아는 자신의 신체를 조절하며 스스로 도전하고 이를 통해 성취감을 경험할 수 있다. • 유아: 자신만의 방식으로 놀이하며 마주하는 실패에 좌절하지 않고, 스스로 다시 시도하고, 타인에게 도움을 요청하며 문제를 해결하고자 도전하는 과정이 중요하다고 생각한다. 이는 유아의 회복탄력성과도 연관되며 학령기에도 꼭 필요한 역량이라고 생각한다.
창의적인 어린이	• 영아: 감각으로 놀이하며 다양한 시도를 통한 창의성 발달이 중요하다. • 유아: 창의성이란 자유로운 사고뿐만 아니라 자기 생각을 실행하는 것까지 포함한다.

2) 놀이 중심 교육과정을 운영하는 교사의 영유아-놀이-교육 신념 세우기

"나는 교육과정, 영유아, 놀이에 대한 어떤 관점을 가지고 있을까?"

영유아 놀이 중심 교육과정 운영의 출발점은 '교사가 영유아의 존재를 어떻게 생각하는가', '놀이를 어떤 방식으로 대하고 있는가', '교사의 역할은 무엇이라고 생각하는가', '영유아에게 배움이란 무엇이라고 생각하는가'에 대한 교사의 인식입니다. 각각에 대해 교사가 가지고 있는 인식이 교육과정 운영에 영향을 미치기 때문입니다.

예를 들어 생각해 봅시다. '영아는 유능한 존재이다.'라고 생각한다면, 유능성을 가진 영아 자체를 존중하고, 영아가 스스로 자신이 흥미를 느낀 대상을 선택하고 속도에 맞춰 탐구하고 알아가도록 돕습니다. 그런데 만약 영아를 '발달적으로 미성숙한 도움을 주어야 하는 존재'라고 생각한다면 교사의 역할 역시 수동적인 영아를 위해 성인이 내가 무엇인가를 가르쳐야 하는 것으로 생각하게 됩니다.

> • 아래의 내용을 생각해 보면서 교사로서 내가 가진 [영유아-놀이-배움-교사]에 대한 관점을 점검해 보세요.
>   · 교실에서 영유아를 대하는 태도
>   · 어떤 내용을 중심으로 영유아의 놀이를 지원하고 있는지, 또는 지원하고 싶은지
>   · 영유아가 어떤 모습을 보일 때 교사로서 가장 보람을 느끼는지

- 교사로서 가장 소진을 느낄 때는 언제인지

고민해 보셨나요? 선생님, 올해는 어떤 반을 만들고 싶으세요?

● **어느 교사의 이야기**

· **교육에 대한 신념**

'교사가 즐거워야 아이들도 즐겁다.'

저는 제가 즐겁지 않은 수업, 제가 관심 없는 놀이는 아이들도 금방 흥미를 잃고, 무의미한 놀이로 이어진다고 생각합니다. 교사가 놀이하며 함께 즐거워할 때, 교사 역시 이해와 지원에 더 적극성을 갖게 되고 아이들은 지지받는 상황 속에 더 몰입하게 됩니다. 이때 현장에서 일과에 보람을 느끼고, 아이들의 생동감 있는 놀이를 함께 따라가며 더 의미 있는 수업 준비가 가능해지는 것 같아요. 그리고 그 과정이 교사 효능감과도 연결되는 것 같아요.

· **영유아에 대한 신념**

'뭐든지 할 수 있는 무한한 존재: 할 수 있다! 가능성 인정하기'

현장에서 아이들을 만날 때 영아, 유아 불문하고 제일 신경 써야 하는 부분은 바로 안전인 것 같습니다. 늘 안전사고의 우려로 인해 많은 교사는 불안한 마음을 안고 "선생님이 도와줄게."라며 먼저 제안할 때가 많았어요. 하지만, 아이들은 교사(성인)의 도움 없이도 스스로 시도하고, 도전할 수 있다는 믿음을 갖는 것이 필요하다고 생각합니다.

아이들의 가능성을 존중하고, 지지할 때 더 넓은 세계로 도전하는 영유아를 볼 수 있게 되고, 교사도 다음 단계를 위한 준비 과정에 돌입하며 교사로서의 성취감을 느낍니다. 지나친 위험 상황이 아닌 교사의 지도하에 충분히 가능성 있는 상황이 많이 만들어질 수 있도록 아이들을 믿고 지원할 때 교사의 예상 밖을 벗어난 무궁무진한 배움의 세계가 펼쳐질 수 있을 것 같아요.

· **놀이에 대한 신념**

'경험이 재산이다.'

앞서 이야기한 영유아들에 대한 신념과 맥을 같이하는 부분이기도 합니다. 놀이 중심, 영유아 중심의 환경 속에서 우리 아이들이 '우리 교실'에서 마음껏 펼치고 뻗어 나가려면 일단 실행할 수 있도록 지원해 주는 것이 제일 필요하다고 생각합니다. 아이들의 물음에 교사도 감독관이 아닌 조력자로서 임해야 합니다. 물음표를 갖고 직접 과정과 결과를 관찰하며 느낌표를 만들어 갈 수 있도록 지원하는 것. 그 속에서 참된 가치를 스스로 찾고 다 같이 성장할 수 있는 발판을 마련해 줄 수 있는 고사가 되기 위한 마음가짐이 무엇보다 중요하다고 생각합니다. 즉, 놀이는 영유아와 함께 경험하며 같이 그 즐거움을 알아 가는 그것으로 생각합니다.

3) 나의 철학과 가치, 신념을 담은 교육을 계획해 볼까?

〈기쁘게 생활하는 어린이〉

- 선정 이유
- 철학: 처음으로 세상에 나와 타인고 관계 맺기 시작하는 영아는 즐겁게 놀이하며 안정적인 애착을 형성할 수 있다.
- 신념: 영아(안정적인 애착 형성이 필요한 존재), 교사(영아가 안정을 느낄 수 있도록 놀이를 지원하는 사람), 놀이(영아의 발달 특성에 맞는 놀이를 통한 즐거운 경험)

- 내용
- 발달에 적합한 놀이: 감각으로 탐색하는 놀이
- 가정과의 연계: 가정에서 영아들이 좋아하는 놀이

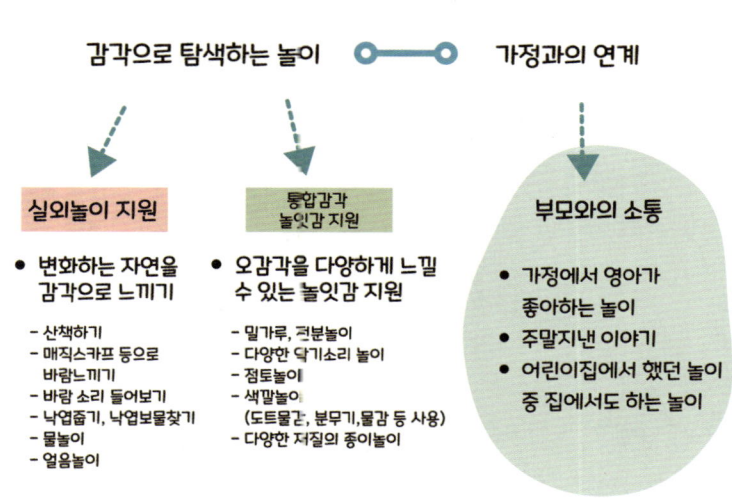

〈도전하는 어린이〉

- 선정 이유
- 철학: 영아는 도움을 받아야 하는 미숙한 존재가 아닌 자신만의 방식으로 놀이하며 성장하는 유능함을 가졌다. 특히 영아는 자신의 신체를 조절하며 스스로 도전하고 이를 통해 성취감을 경험할 수 있다.
- 신념: 영아(자신만의 방식으로 놀이하는 유능한 존재), 교사(영아의 유능함을 지지하며 도전할 수 있도록 돕는 사람), 놀이(자신만의 방식으로 성장하는 것을 가능하게 하는 것)

- 내용
- 다양한 신체 움직임이 가능한 놀이
- 영아가 흥미를 느끼는 놀이에 대한 지원

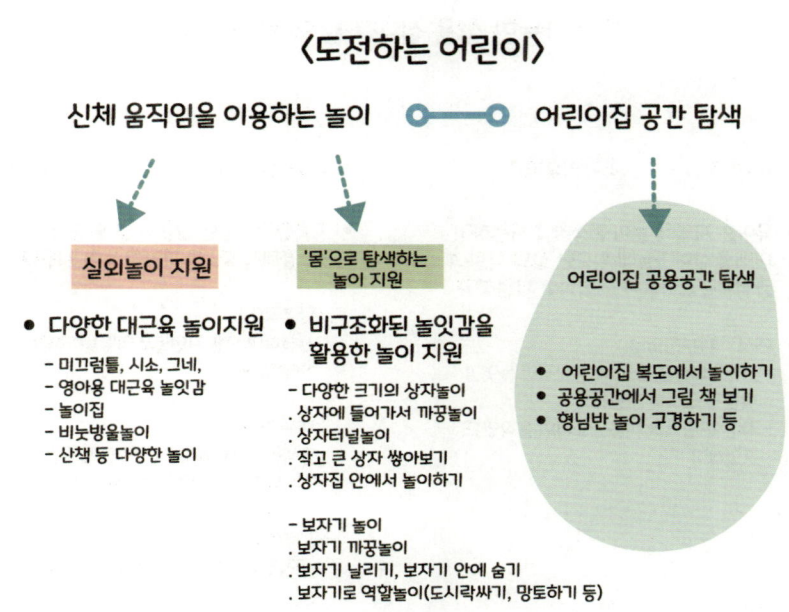

〈미래를 살아가는 어린이〉

- 선정 이유
- 철학: 지속가능한 미래를 위한 삶을 살아갈 수 있는 역량을 기른다.
- 신념: 유아(지속가능한 미래를 만들어 가야 하는 주인공), 교사(지속가능한 삶에 대한 관점으로 교육과정을 재정행 하는 사람), 놀이(지속가능한 삶의 역량과 내용을 포함할 가능성을 지닌 놀이)

- 내용
- 지속가능한 삶을 위해 우리가 지금 실천할 수 있는 일: 가정과의 연계
- 지속가능발전 목표의 환경적 – 사회적 – 경제적 요소가 포함된 놀이

〈미래를 살아가는 어린이〉

지속가능한 삶을 살아가는 역량 키우기

미래를 살아가는 역량 키우기
- 유아의 자발적 놀이 존중하고 지원하기
- 미래를 살아가는데 필요한 삶의 역량의 관점으로 유아놀이 해석하고 지원하기

  예시) 역량: 창의성
  - 유아가 폐품을 활용 해 창의적인 놀잇감 만들 수 있도록 지원하기
  - 자신의 생각과 마음을 노래와 움직임으로 표현하기

지속가능한 삶을 위한 요소 알고, 실천하기
- 지속발전가능한 삶을 위한 환경적, 사회적, 경제적 요소를 고려한 놀이 지원하기

  - 환경적요소
    - 산책하며 모은 자연물로 역할놀이하기
      : 환경캠페인

  - 사회적요소
    : 동생들의 놀이를 위해 필요한 놀잇감 만들기, 동생들과 함께 놀이하기

  - 경제적요소
    : 공정무역 알리기, 아나바다 장터 등

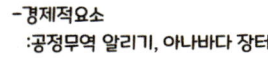
가정과의 연계를 통해 일상속에서 실천할 수 있도록 돕기
부모와의 협력을 통해 삶의 역량을 경험할 수 있도록 하기

〈건강하게 마음을 표현하는 어린이〉

- 선정 이유
- 철학: 자신이 느끼는 감정을 알고 언어로 표현하도록 돕는다. 쉽지 않은 과정이지만, 자신의 마음을 알고 건강하게 표현할 줄 아는 것이 관계의 시작이다.
- 신념: 유아(자신의 감정을 소중히 여김받아야 하는 존재, 타인과의 관계 속에서 살아가야 하는 존재), 교사(유아의 감정에 공감해 주고, 표현할 수 있도록 돕는 지원자), 놀이(놀이는 유아가 다양한 감정을 느끼고 표현하는 방법을 돕는 매개체)

- 내용
- 그림책 놀이(감정에 대한 다양한 그림책 지원 및 동극)
- 일상 놀이 안에서의 감정 표현 지원

〈건강하게 마음을 표현하는 어린이〉

자신의 감정을 알고 표현하기 　　　정서 및 자기조절력 키우기

놀이하며 감정을 알고 표현하기	문제행동 지원
● 다양한 상황에서 자신이 느끼는 감정을 알고 표현할 수 있는 놀이지원 -그림책 놀이 (예: 이게정말 마음일까? 멀리멀리퍼지는 웃음, 덜덜덜 겁이나요 등) -동극 놀이 -역할놀이: 놀이 안의 상황에서 느끼는 감정을 표현하도록 지원하기, 교사가 시범보이기	● 공격성을 보이는 유아, 떼쓰는 유아, 울음으로 자신의 감정을 표현하는 유아 등에 대한 지원 -유아가 어려움을 보이는 상황 관찰하고 지원하기 -놀이 지원 :감정카드놀이, 감정 그림일기 :감정을 표현하는 방법 직접 안내

부모교육: 정서학습의 중요성 알리기
가정연계: 감정일기

3. 지속가능한 공동체를 만들어 가며 성찰을 돕는 '근본 물음들'

1) ESG, ESD 가치로 그리는 학습공동체 운영: 핵심 질문

ESG, ESD 가치로 그리는 학습공동체 운영: 핵심 질문

- ☑ 지속 가능한 미래를 위한 교육은 왜 필요한가?
- ☑ 내가 중요하다고 생각하는 미래 삶의 가치는 무엇인가?
- ☑ 나는 교실에서 어떤 교육적 신념을 가지고 놀이를 바라보고 지원할 것인가?
- ☑ 그리고 이를 실천하기 위해 교사로서 나는 어떤 역할을 해야 하는가?

2) 원장연구 소모임 학습공동체 운영: 핵심 질문

1차 사전모임: 연구 소모임 그 시작

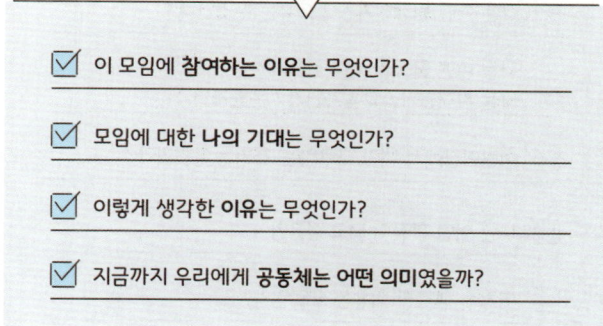

나눔 자료

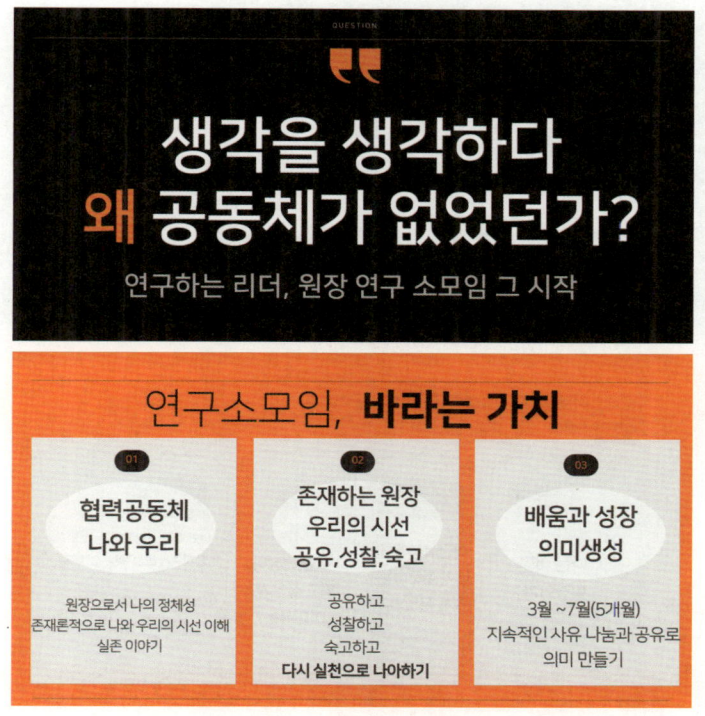

2차. 원장의 시선, 나의 이해

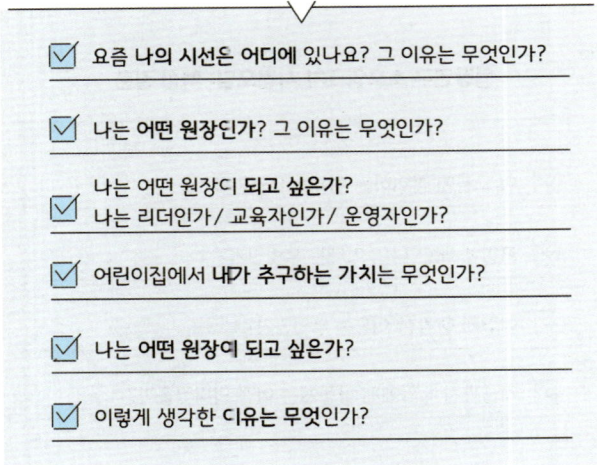

| 나눔 자료

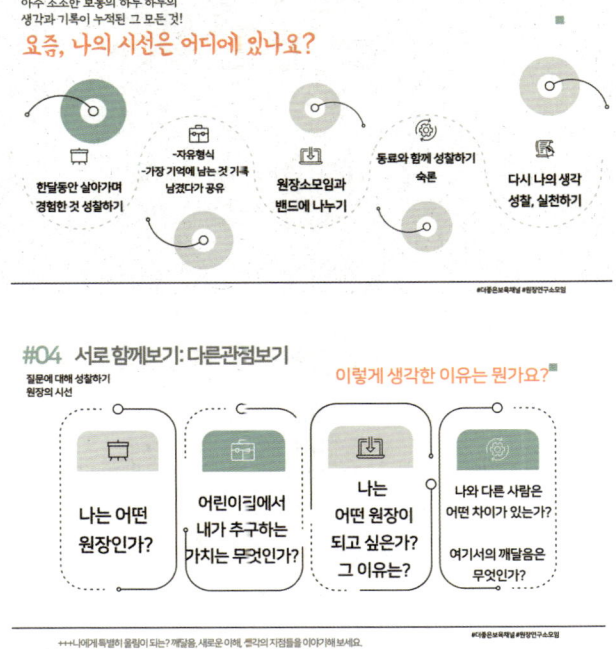

3차. 공동체란 어디에 있을까?

원장연구 소모임 3차 모임: 핵심 질문

- ☑ 내가 생각하는 공동체는 무엇인가? 어떤 의미인가?
- ☑ 내가 만들고 싶은 공동체는 무엇인가?
- ☑ 어떤 가치로 운영되는 공동체인가?
- ☑ 나는 어린이집을 공동체로 생각하는가?
  그 이유는 무엇인가?
- ☑ 우리 어린이집 조직문화는 어떤가?
- ☑ 내가 생각하는 어린이집은 어떤 조직인가?
- ☑ 나는 어떤 조직을 꿈꾸는가?

나눔 자료

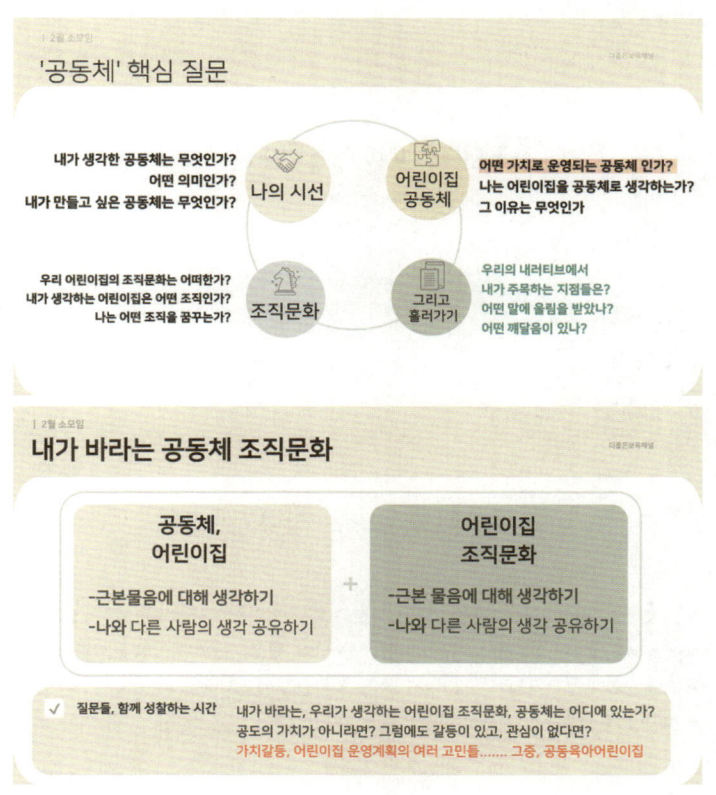

3. 지속가능한 공동체를 만들어 가며 성찰을 돕는 '근본 물음들'

4차. 공동체와 나, 나와 공동체: 마음 공유

원장연구 소모임 4차 모임: 핵심 질문

- ☑ 공동체를 지원하면서 지키고 싶었던 하나의 원칙이 있었다면 무엇이었나요?
- ☑ 공동체를 만들며 외로웠던 순간이 있나요? 그때, 원장님은 어떤 선택을 하셨나요?
- ☑ 원장님이 운영한 모임이 누군가에게 어떤 의미였길 바라나요?
- ☑ 내가 만든 공동체는 나 자신에게 어떤 공간이었나요?

나눔 자료

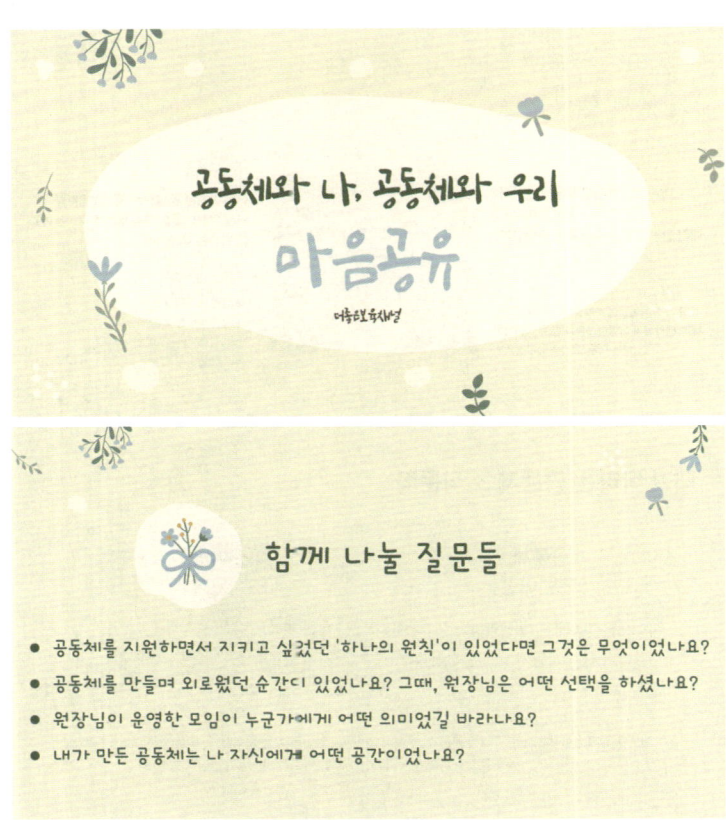

5차. 우리의 여정을 묻고, 길을 여는 시간

원장연구 소모임 5차 모임: 핵심 질문

- ☑ 나에게 원장연구 소모임은 (   ) 이었다.
- ☑ 원장 연구 소모임은 (   ) 이 힘들었다.
- ☑ 원장연구 소모임은 (   ) 이 좋았다.
- ☑ 원장연구 소모임은 (   ) 성장하였다.
- ☑ 앞으로 만들어 갈 나와 우리의 여정을 이미지로 표현하기

나눔 자료

우리의 여정을 묻고, 길을 여는 시간

5월 원장연구 소모임
2025. 05. 26 (월)

마지막 질문 앞에서 - 인사/ 우리를 묻고, 길을 여는 시간

이제 우리는 내러티브를 통해 걸어온 여정을 마무리 할 자리에 와있습니다.
1회기부터 4회기까지의 시간동안 우리는 '공동체와 나', '나와 우리의 관계', '원장으로서 감당해온 책임과 감정들'을 이야기하며, 각자의 삶을 있는 그대로 들여다보는 경험을 해왔습니다.
그 이야기 속에는 외로움이 있었고, 오래된 신념도 있었으며, 쉽게 말하지 못했던 갈등도 있었습니다.

그러나 동시에, 서로의 이야기를 마주하면서 우리는 보이지 않던 공동'맥락'을 발견했습니다.
바로, "우리는 함께 성장하는 공동체의 중심에 있다"는 생각입니다.
이번 5회기는 단순한 마무리가 아닙니다.
오히려 그동안 나눈 이야기들을 되짚고, 가다듬고, 다음 길을 준비하는 전환의 자리입니다.
우리는 여기에서 다시 묻습니다.

4. 지속가능한 실천을 돕는 학습공동체 계획안

1) 놀이학습공동체 운영 계획안

- **목적**
  - 영유아의 놀이를 이해하고 지원하는 나의 시선을 성찰한다.
  - 다양한 방법(관찰, 기록, 대화, 성찰 질문 등)을 통해 놀이하는 개별 영유아의 놀이 의미를 발견하고, 놀이 특성을 이해한다.
  - 놀이를 지원하는 교사로서의 전문성을 함양한다.

- **내용**
  - 가치 공유를 통해 교사들의 자기 정체성을 세우고, 이를 바탕으로 협력공동체에 능동적으로 참가하도록 한다.
  - '교육과정-영유아-놀이-교사'에 대한 자신의 관점을 성찰하고, 자신의 역할에 대해 인식한다.
  - 놀이 이해와 지원을 위한 '평가'로서 기록에 대해 협의하며, 우리 안의 '기록'의 의미를 공유한다.
  - 협력공동체 안에서 놀이 기록을 나누며 함께 놀이를 이해하고 지원해 나간다.

- **차시별 계획안**
  - 각 주제를 중심으로 다룰 핵심 내용은 다음과 같다.

표-1

제목	내용	연구원 역할
1차 가치 공유	• 전문가로서의 교사 정체성 세우기 • 자기 이해와 성찰로 나 돌아보기 • 어린이집 교사로서 수업 철학 바라보기	교사 대상 강의

2차 놀이와 평가	나의 시선에 집중하고, 차이 발견하기	• 나에게 흥미 있었던 놀이(내 생각 성찰하기) / 지금 우리 반에서 가장 흥미 있는 놀이 나눔 • 나는 어떤 교육적 가치와 신념을 가진 교사인가?	의미 유목화 성찰 기록지 나눔
	놀이를 이해하기 위한 평가-기록	• 나는 기록을 무엇이라고 생각하는가? • 기록을 어렵게 하는 이유는 무엇인가? • 평가를 위한 기록 이해하기 • 우리는 어떤 기록을 공유할 것인가?	• 브레인스토밍 • 강의: 평가로서 기록
3차 개별적인 영유아의 놀이 주목하기	개별 영유아 놀이 기록하기	• 영유아의 놀이 관찰 및 기록	• 4월 25일까지 연구원에게 놀이 기록 전달: 형식 자유
	연구자 사전 방문	• 신청한 교사의 교실을 연구자가 방문하여 영유아의 놀이 영상을 촬영 • 촬영본을 가지고 연구자의 놀이 기록을 작성한 후, 3차 모임에서 나눔	• 관찰 및 기록 • 놀이하는 영유아의 흥미에 대한 다른 측면 조명하기 • 익숙한 것을 낯설게 바라보게 하기 • 우리가 발견한 놀이 특성 • 성찰 기록지 나눔
	협의	• 우리의 발견 및 이해 및 지원에 대한 고민 나눔 • 놀이 기록 공유 → 가설 → 협의 → 지원	
4차 관계 속의 영유아 놀이에 주목하기	연구원의 나눔	• 다양한 관점으로 놀이 이해하기	• 자료 나눔(사전 메일 전달)
	관계 안에서 영유아의 놀이 관찰하기	• 영유아-영유아, 영유아-놀잇감, 영유아-문화, 영유아-교육과정 내용 등 다양한 측면에서 놀이 관찰하고 기록하기	• 5월 16일까지 연구원에게 놀이 기록 전달: 형식 자유
	협의	• 우리의 발견 및 이해 및 지원에 대한 고민 나눔 • 놀이 기록 공유 → 가설 → 협의 → 지원	• 교사가 주목하고 있는 관계 외의 측면 제안하기 • 성찰 기록지 나눔

- **협조 사항**
  - 협력공동체는 신뢰를 바탕으로 합니다.

  연구자는 교사들을 '장학(獎學)'하는 존재가 아니라, 새로운 관점과 질문을 던지는 협력자입니다. 동료 교사는 서로의 놀이에 대한 다양한 시선을 나누며, 그 안에서 새로운 의미를 발견하고 공유하는 동반자입니다. 따라서 열린 마음으로 참여하는 자세가 매우 중요합니다.

  - 놀이 중심 교육과정 운영에 핵심이 되는 교사 역량은 '성찰적 사고'입니다.

  영유아 교육은 정해진 교과서가 없으므로, 교사는 영유아의 놀이를 자발적으로 관찰하고, 그 의미를 해석하며, 교육적으로 연결하는 성찰적 사고' 과정이 필요합니다. 성찰적 사고는 '호기심'과 '익숙한 것을 새롭게 바라보는 시선'에서 시작됩니다. 이를 돕기 위해 연구자는 차시별 주제에 맞춘 성찰 나눔 일지를 제공합니다. 교사들은 일지를 통해 "왜?"라는 질문을 던지고, "아하!" 하는 통찰의 순간을 경험할 수 있길 바랍니다.

2) 원장연구 소모임 학습공동체 운영 계획안

- **목적**
  - 많은 원장은 불확실한 보육의 미래 안에 놓여 있다. 다양한 사람과 상황을 잘 관리해야 할 무거운 책임감과 책무로 스트레스와 소진을 경험한다.
  - 지속가능한 보육을 위한 원장으로서 경험하는 시선을 깊이 숙고하는 성찰의 시간을 지속적으로 갖는 것은 원장으로서의 정체성을 견고하게 만드는 일로 의미가 있다.

- **목표**
  - 원장은 기관의 운영자, 리더, 교육자로서의 정체성을 갖고 그 의미와 가치를 생성하는 주체로서 자기 역할에 대한 이해를 돕는다.
  - 구체적인 운영 사례, 대화를 통해 원장으로서 지속할 수 있고 좋은 어린이집을 만드는 역량을 키울 수 있도록 성찰과 실천을 지원한다.
  - 지속적인 가치 공유와 성찰을 통해 정서적인 연대와 협력을 쌓으며 전문가로서 역량을 기른다.

- 방법
  - 모임은 월 1회, 90분 이상으로 진행을 원칙으로 온·오프라인으로 유연하게 진행한다.
  - 강의는 원장들의 사전 질문과 사례를 중심으로 구성한다.
  - 구체적 사례를 공유하고 원장의 역할과 실천 방안에 대해 함께 숙고한다.
  - 숙고한 내용을 다시 현장에서 실천하며 깨달은 점을 나누며 성찰한다.
  - 개인, 집단과 함께 깊이 성찰하는 시간을 통해 새로운 의미 생성을 해 나간다.

- 진행 과정
  - 원장 소모임의 진행 과정은 순환적이다.
  - 사전 질문 제공 – 성찰 – 성찰일지 작성 및 공유 – 연구자의 성찰 – 원장 모임

- 차시별 주제
  - 차시별 주제는 원장으로 살아가는 자신의 삶과 관련된 다양한 가치를 다룬다.
  - 각 주제에 대해서는 가치를 중시하는 근본 질문을 내용으로 삼는다.
  - 주제에 대한 성찰을 구체화시킬 수 있는 도서, 그림, 음악 등을 제공한다.

- 차시별 계획안
  - 각 주제를 중심으로 다룰 핵심 내용은 다음과 같다.

차시	주제	내용	실행
사전 모임	연구 소모임에 대한 기대 / 연구 소모임, 그 시작	· 인사, 자기소개 · 내가 소모임에 기대하는 바는 무엇인가? · 모임을 하는 이유, 지향점, 앞으로 여정 소개	· 성찰 및 공유
1차	원장의 자기 이해 / 원장의 시선, 나의 이해	· 나는 공동체에 대해 어떤 이미지를 가지고 있는가? · 우리 어린이집의 조직문화는 어떠한가? · 나는 어떤 조직을 꿈꾸는가? · 나는 어떤 원장인가? · 원장(원의 리더로서)의 가장 중요한 역할은 무엇이라고 생각하는가? · 어떤 리더인가? 어떤 교육자인가?	· 성찰 및 공유

2차	공동체란 어디에 있을까?	• 공동체란 무엇인가? • 내가 만들고 싶은 공동체는? • 나는 어떤 가치로 운영하는가?	• 성찰 및 공유 • 어린이집 현장 방문
		[원장님의 나눔] ESD 운영 : 현장 사례 [연구원의 나눔] (사회적 협동조합) 공동육아 어린이집 부모로서의 삶	
3차	공동체 운영 사례 : 리더의 역할 숙론	• 리더의 역할 숙론 [연구원의 나눔] 교사연구 소모임: 학습공동체 교사협의체 사례: 공간 프로젝트	• 성찰 및 공유
4차	공동체와 나, 공동체와 우리	공동체와 나, 공동체와 우리: 마음 공유 [원장님의 나눔] ESD 운영: 현장 사례	• 성찰 및 공유 • 어린이집 현장 방문
5차	우리의 마지막 숙론	• 지나온 여정을 묻고, 길을 여는 시간 • 현장 만남으로 소회 • 걸어온 의미, 다시 들여다보기 • 마무리: 배움공동체에서 깨달음, 의미 생성해 나가기	• 성찰 및 공유 • 현장 만남

● 안내 사항
• 학습공동체 운영은 6차시로 하되, 필요시 추가 지원을 할 수 있습니다.
• 학습공동체 특성상 지속적인 사고 공유가 중요합니다. 사전 준비는 열린 마음입니다.
• 사전 준비: 모임 일주 전에 나눔 자료의 질문을 읽고 물음에 대한 내 생각을 자유로운 형식으로 정리해 옵니다.

5. 부모공동체 지원을 위한 계획안

1) 개요

부모는 영유아·교육기관과 더불어 협력공동체를 형성하고 연대해야 하는 핵심 주체입니다. 부모가 '기관의 소비자'에 머무르지 않고, 어린이집 문화를 함께 만들어 가는 공동 구성원으로 자리매김하려면 다음 세 가지 인식 전환이 필수적입니다.

- **놀이의 가치 이해**

부모는 기관에서 이루어지는 놀이가 지닌 교육적 의미를 이해하고 '놀이=배움'이라는 관점을 공유해야 합니다. 이를 통해 아이의 놀이를 존중하는 태도가 가정·기관 모두에서 일관되게 유지됩니다.

- **교사 전문성에 대한 신뢰 구축**

놀이의 가치를 공유하고 이해하는 것은 부모가 놀이 중심 교육과정을 운영하는 교사의 전문성을 인정하는 것을 가능하게 합니다. 이는 영유아의 놀이에 대한 신뢰뿐만 아니라 서로에 대한 존중을 바탕으로 부모와 교사가 '동등한 교육 파트너'로 설 수 있게 합니다. 상호 존중은 자연스럽게 기관 전체에 대한 신뢰로 확장됩니다.

- **부모 간 협력 네트워크 형성**

교육기관에서 만난 부모들이 공동체를 구성하여 함께 협의하는 것 자체는 지속가능한 미래를 만들어 가는 부모의 역량을 함양할 수 있도록 돕습니다. 이러한 협력 경험은 영유아에게도 '더불어 사는 힘'을 몸소 보여 주는 살아 있는 교육이 됩니다.

결국 부모가 놀이의 가치와 교사 전문성을 이해·존중하고, 다른 부모들과 연대할 때 비로소 영유아·교사·부모가 모두 주체로 서는 진정한 협력공동체가 완성됩니다. 이러한 인식 함양을 위해 제안할 수 있는 '놀이'는 다음과 같습니다. 이 놀이에 접근하는 방식은 '참여 행사', '열린 교실', '공동체 소모임' 등의 형식으로 실천 가능합니다.

2) 부모-영유아 놀이공동체 계획안

● **목표**
- 부모가 영유아의 놀이의 가치를 안다. 이를 위한 관찰·해석할 수 있는 시선을 기른다.
- 가정과 지역에서 영유아와 함께 ESD 가치를 실천한다.
- 부모·영유아·공동체가 상호 존중하며 협력하는 관계를 형성한다.

● **놀이 개요**

놀이명	개요
놀이하며 자라는 영유아 놀이 가치 공유하기	• 영유아 놀이 영상을 보며 느낌, 생각 등을 기록한 후 공유하기
비구조화된 놀잇감으로 놀이하기	• 상자, 천, 지관으로 상상의 집 만들어 마을 구성하기
가정 연계: 지구를 위해 할 수 있는 일	• 우리 집 쓰레기 지도

3) 세부 계획안

● **1차시: 놀이하며 자라는 영유아**
- 목표: 놀이에 대한 가치 공유하며 놀이에 대한 시선 확장하기
- 준비물: 실내·외 놀이 동영상(약 10분 내외), 관찰 카드, 사전 질문 카드(내가 좋아했던 놀이, 우리 아이가 좋아하는 놀이), 쓰기 도구, 메모지
- 세부 내용

	내용	비고
어린 시절 내 최애 놀이는?	• 어린 시절 부모가 가장 좋아했던 놀이 나누기 • 놀이하며 들었던 기분, 느낌, 생각 등 나누기	메모지 쓰기 도구
우리 아이가 좋아하는 놀이	• 우리 아이가 좋아하는 놀이 나누기 • 우리 아이는 왜 그 놀이를 좋아할까?	질문 카드
작은 강의: 놀이의 가치와 놀이 특성	• 놀이의 가치와 특성 이해하기 • 나눔(아래 질문 예시) - 아이들은 왜 놀이해야 한다고 생각하세요? - 나는 놀이를 어떻게 생각하고 있었나요?	30분 내외의 강의

놀이 영상 시청	• 놀이 영상 시청(실내/실외 놀이) • 놀이 영상 보며 눈에 띄는 장면, 발견한 가치, 무엇을 더 지원할 수 있을지에 대한 기록	기록 카드 준비 쓰기 도구
소그룹 협의	• 내가 발견한 놀이의 가치와 지원에 대한 나눔 • 놀이를 바라보는 관점에 대한 나눔	-

- 가정 연계: 가정에서 아이의 놀이 관찰한 후 가치 찾아보기, 아이와 함께 놀이하며 아이가 좋아하는 놀이 지지와 격려하기

● **2차시: 미래의 마을 협의하기**
- 목표: 미래의 마을은 구성하며 서로 협의하고 협력하는 경험을 한다. 이를 통해 서로 간에 공동체 의식을 갖는다.
- 준비물: 다양한 크기·높이·재질의 상자, 천, 지관, 4절(지도 그릴 수 있는) 종이, 펜
- 세부 내용

	내용	비고
미래 마을 구성 협의하기	• (세 가족 이상) 모둠 짓기 • 협의하기: '내가 살고 싶은 미래의 마을은?' 협의 • 구체화하기: 협의 내용을 바탕으로 협력하여 마을 지도 그리기(건물, 길, 집 등을 중심으로 구상해 보기)	사전에 신청자를 받아 모둠 구성하기
재료 탐색하기	• 마을을 구성하기 위해 필요한 재료 탐색하기 • 재료를 탐색하며 떠오른 아이디어 바탕으로 지도 수정하기	마을 구성 재료 4절 종이, 펜
상상의 집 구성하기	• 상자, 지관, 천 등을 가지고 팀별로 협의하여 구성해 보기	-
상상의 집에서 역할 놀이	• 여러 가지 역할 인형, 레고 등으로 놀이하기(사전에 아이들이 좋아하는 놀잇감 가져오도록 해서 놀이하기)	놀잇감

● **3차시: 가정 연계 - 우리가 지구를 위해 할 수 있는 일**
- 목표
 - 가정에서 발생하는 쓰레기의 종류와 양에 대해 경각심을 갖는다.
 - 지구를 위해 우리가 가정에서 실천할 수 있는 일에 대해 관심을 갖는다.
- 준비물: 가정 연계 안내지
- 세부 내용(안내지)

단계	내용	활동 Tip
집안 그리기	• 가족이 머무는 주요 공간(주방·거실·욕실·아이방·베란다 등)을 평면도로 간단히 그린다.	• 어떤 공간이 빠졌을까? • 층수가 다르면 겹쳐서 그리거나 다른 종이에 붙여도 OK
쓰레기 수집	• 각자 포스트잇에 최근 하루 동안 그 공간에서 버렸던 물건·포장·음식물 등을 1개씩 적어 온다.	• 아이와 함께 '기억나는 쓰레기'를 이야기하며 찾기
지도에 붙이기	• 적어 온 포스트잇을 해당 공간 위에 붙인다. • 같은 항목은 겹쳐 붙여 양·빈도) 강조	• 색상 구분: 플라스틱(파란색), 종이(갈색) 등 • 스티커로 '가장 많은 쓰레기' 표시
유형별 색칠·아이콘	• 색연필로 공간 테두리를 유형별로 칠하거나, 아이콘 스티커 부착	• 예: 음식물/일회용 컵/택배 박스
쓰레기가 많이 나오는 곳 찾기	• 지도 전체를 보며 '쓰레기 Hot Zone'을 찾는다. • "왜 여기서 많이 나올까?" 토론	• 줄일 수 있는 방법이 있을까?
해결책 찾기	• 쓰레기가 많은 공간 옆에 파란 포스트잇: '바로 실천할 수 있는 것' • 초록 포스트잇: '도전이 필요한 것'	• 예: 주방 → 음식물 줄이기 위해 주간 식단표 만들기
우리의 약속	• 가족이 각 공간별로 1~2개씩 실천 약속 스티커 붙이기	• 목표는 작고 구체적으로 세우기

• 가정 연계: (유아반) '우리 집 쓰레기 지도' 활동지 발표하기 / (영아반) 교사가 대신하여 또래들에게 이야기해 주기

참고문헌

강현아, 정혜영(2023). 유아교사의 놀이기록 여정 탐구: 교사학습공동체의 참여경험을 중심으로. 교사교육연구, 62(4), 399-416.

권정아, 이지영(2022). 어린이집 보육과정 운영지원을 위한 원장학습공동체 실행과정. 한국육아지원학회 2022년도 추계학술대회, 121~126.

교육부, 보건복지부(2019). 2019개정 누리과정 해설서.

교육정책디자인연구소(2017). 교사학습공동체. 서울: 즐거운학교.

김남균, 심영택, 김민조, 이현명. (2014). 교사 학습공동체의 대화 분석과 교육적 의미 탐색-초등 수학 교과를 중심으로. 화법연구, 25, 7-40

샤인, 에드거 H.(2025). 리더의 덕목, 존경받는 리더는 무엇이 다른가. (노승영 옮김). 서울: 심심

서근원(2004). 공동체란 어디에 있을까?. 서울: 교육과학사

요스타케 신스케(2019), 보이거나 안 보이거나, (고향옥 역), 서울: 토토북

유네스코위원회(2019). 지속가능발전교육 달성을 위한 교육-학습목표, 유네스코위원회. 10.

유네스코·유네스코한국교육위원회(2022). 함께 그려보는 우리의 미래: 교육을 위한 새로운 사회계약. 국제교육위원회보고서.

이경화, 손원경, 남미경, 정혜영, 김남희, 손유진, 정혜영, 이연선(2018), 유아교사-되기운동 유아교사론, 서울: 학지사

이금자, 김희진, 김나래(2024). 영유아 교육기관의 ESG, ESD 실천을 위한 안내서, 서울: 공동체

이돈희(2020), 질성적 사고와 교육적 경험 -존 듀이와 함께한, 서울: 학지사

이승호, 이지혜, 허소윤, 박세준, 한송이, 한은정. (2015). 교사학습공동체의 속성에 관한 질적 메타 분석. 교육학연구, 53(4), 77-101.

이진희, 강진주, 허정민, 권미정(2020). '함께하는' 유아평가: 경계를 넘나들며 대화 이어 가기 경계를 넘나들며 대화 이어 가기, 서울: 창지사.

이토아사(2009), 눈이 보이지 않는 사람은 세상을 어떻게 보는가, (박상곤 역), 경기: 에쎄

정창우(2015). 인성교육의 이해와 실천. 서울: 교육과학사.

지옥정, 김경숙(2021). 유아교육기관장의 학습공동체 참여 경험의 의미. 한국유아교육연구. 23(3), 116-141.

최원형(2016). 세상은 보이지 않는 끈으로 연결되어 있다. 서울: 샘터.

Buber, M. (2001). 나와 너 [Ich und du]. (표재명 역). 서울: 문예출판사. (원저 1923년 출판).

Donald Schon(1983), 『Reflective Practice: Theory and Practice』

Fagnan, J., Rabbany, R., Takaffoli, M., Verbeek, E., & Zaiane, O. R. (2014). "Community Dynamics: Event and Role Analysis in Social Network Analysis." ADMA 2014. https://webdocs.cs.ualberta.ca/~zaiane/postscript/ADMA2014.pdf

Leavitt Robin Lynn (2014), 어린이집에서의 권력과 정서, 양옥승, 신은미 역, 서울: 창지사

Noddings, N. (2013). Caring: A relational approach to ethics and moral education (2nd ed.). University of California Press.

Susan stacey(2015), 발현적 교육과정이론에서 실제로의 적용, 정선아, 윤은주 역, 서울: 창지사

Ayers, W. (2004). Teaching toward freedom: Moral commitment and ethical action in the classroom. Beacon Press.

더좋은보육채널 원장연구 소모임 1~6회기 전사기록본 · 모임 나눔 자료 · 현장 사례 자료.

더좋은보육채널 ESG, ESG 온라인 협력공동체 자료, 놀이학습공동체, 놀이연구소모임 자료.

더좋은보육채널 블로그 https://blog.naver.com/jayai76

더좋은보육채널 네이버 프리미엄 콘텐츠 https://contents.premium.naver.com/theboche/24theboche

심리학 용어 사전. 네이버 지식백과. https://terms.naver.com

ESG, ESD 두번째
지속가능한 영유아학습공동체 실천 이야기

1판 1쇄 발행 2025년 10월 22일
지은이 이금자, 김희진　표지 그림 김희정

교정 신선미　편집 이새희
마케팅·지원 이창민

펴낸곳 (주)하움출판사　펴낸이 문현광

이메일 haum1000@naver.com　홈페이지 haum.kr
블로그 blog.naver.com/haum1000　인스타 @haum1007

ISBN 979-11-7374-202-6(03370)

좋은 책을 만들겠습니다.
하움출판사는 독자 여러분의 의견에 항상 귀 기울이고 있습니다.
파본은 구입처에서 교환해 드립니다.

이 책은 저작권법에 따라 보호받는 저작물이므로 무단전재와 무단복제를 금지하며,
이 책 내용의 전부 또는 일부를 이용하려면 반드시 저작권자의 서면동의를 받아야 합니다.